(사)한국어문회 주관 | 교육급수 지침서

한자능력 검정시험

5급
5급Ⅱ

부록 · 쓰기연습 포함

한자능력검정시험 5급(5급Ⅱ 포함)에 대비한

최상의 지침서!

- 한자능력검정시험 분야의 베스트셀러!
- 한자어의 이해와 활용능력을 길러주기 위한 다양한 예

이 책을 펴내며...

한자능력검정시험 5급(5급II 포함)

문자는 언어를 체계화하고 인간의 내면세계를 구체화하고 서술하는 데에 필요한 도구이다. 따라서 한 나라의 문자 정책은 그 나라의 이상과 추구를 구체화하며 아울러 세계 인류의 의식 세계를 교류하는 데에 가교架橋 역할을 한다.

지금 우리나라는 문자 정책의 혼선으로 말미암아 어문 교육 정책은 실마리를 잡지 못하고 있음은 물론, 사회 각처에서의 언어적 무가치와 무분별한 외래어 남용으로 인해 내 나라 내 글인 한국어의 우수성을 저버리고 있다. 새삼 한국어의 구성을 말하지 않더라도 한국어는 한자와 한글로 구성되었음은 누구나 아는 사실이다. 그러나 그 구성에 있어서 한자 어휘가 약 70% 이상을 차지하고 있기 때문에 한자와 한글은 따로 떼어서 교육할 수 없는 언어이다. 그럼에도 불구하고 학자들 간의 이권利權으로 말미암아 어문 정책이 양분되어 논쟁을 벌인다는 것은 불필요한 지식 소모라고 여겨진다.

이로 인하여 (사)한국어문회에서는 우리글인 한국어를 올바로 인식시키고, 고급 지식의 경제 생산을 이룩하기 위하여 초등학생부터 일반인에 이르기까지 한자능력검정시험을 실시하고 있다.

이 책을 펴내며...

매년 수험생이 증가하고 있어 다행한 일이라 여겨지기는 하나 전 국민이 학교에서부터 의무 교육 속에서 교육받을 수 있는 정책을 세우는 것보다는 못할 것이다.

요즘 사회 각처에서 국한國漢혼용의 필요성이 대두되자, 한자 교육학회의 난립과 검정시험이 난무하고 있어 오랜 세월 주장되어 온 올바른 학자들의 국한 혼용의 본래 취지와 한국어 교육의 참뜻을 저해할까 두려운 마음이 앞선다.

다행히 무분별한 외래문화의 수용 속에서 우리것을 바로 알고 지켜나가는 (사)한국어문회에서 어문 정책의 일환으로 추진하는 검정시험이 꾸준히 뿌리를 내려가고 있어 한결 마음 뿌듯하며, 수험생에게도 조금이나마 보탬이 되고자 이 책을 펴낸다.

元基春

차례

시작 하기 전에

01 본 책은 학생이나 사회인에게 한자어의 이해와 활용 능력을 길러 주기 위해 제정한 급수별 시험에 대비해 엮어진 수험 교재이다. 시험은 (사단법인)한국어문회에서 주관하고 한국한자능력검정회에서 시행하는 한자능력검정시험과 국내 각종 한자자격시험 및 한자 경시대회 등이 있다.

02 본 책은 급수별로 8급(50자) / 7급Ⅱ(100자) / 7급(150자) / 6급Ⅱ(225자) / 6급(300자) / 5급Ⅱ(400자) / 5급(500자) / 4급Ⅱ(750자) / 4급(1,000자) / 3급Ⅱ(1,500자) / 3급(1,817자) / 2급(2,355자) / 1급(3,500자) 등에 해당하는 한자를 중심으로, 각 권으로 엮어서 「이 책의 차례」와 같이 다양한 방법으로 학습할 수 있도록 꾸몄다.

03 본 책은 (사)한국어문회에서 배정한 급수별 한자를 기준으로, 일상생활에서 자주 쓰이는 한자어와 시사성에 관련된 한자어를 구성하여 각각 그 뜻을 헤아릴 수 있도록 하였다.

04 본 책은 한자어가 쓰이는 예문을 제시하여, 한자말을 생활화하는 습성을 통해 한자능력검정시험과 각종 전공시험 및 논술시험을 대비할 수 있도록 하였다.

05 본 책은 한자능력검정시험 유형에 맞추어 부문별로 구성하였고, 「평가문제」 및 「기출·예상문제」를 수록하여 배우고 익힌 것을 스스로 평가·복습할 수 있도록 하였다.

06 본 책에 수록된 한자의 훈과 음은 대체적으로 (사)한국어문회에서 정한 대표 훈과 음을 따랐으나 간혹 뜻의 전달이 정확하지 않은 것은 옥편의 대표적인 훈과 음으로 보충하였다.

출제기준

- 상위급수 한자는 모두 하위급수 한자를 포함하고 있습니다.
- 쓰기 배정 한자는 한두 급수 아래의 읽기 배정한자이거나 그 범위 내에 있습니다.
- 공인급수는 특급 ~ 3급Ⅱ이며, 교육급수는 4급 ~ 8급입니다.
- 출제기준표는 기본지침자료로서, 출제자의 의도에 따라 차이가 있을 수 있습니다.
- 급수는 특급, 특급Ⅱ, 1급, 2급, 3급, 3급Ⅱ, 4급, 4급Ⅱ, 5급, 5급Ⅱ, 6급, 6급Ⅱ, 7급, 7급Ⅱ, 8급으로 구분합니다.

구분	특급	특급Ⅱ	1급	2급	3급	3급Ⅱ	4급	4급Ⅱ	5급	5급Ⅱ	6급	6급Ⅱ	7급	7급Ⅱ	8급
독음	45	45	50	45	45	45	32	35	35	35	33	32	32	22	24
한자쓰기	40	40	40	30	30	30	20	20	20	20	20	10	0	0	0
훈음	27	27	32	27	27	27	22	22	23	23	22	29	30	30	24
완성형(成語)	10	10	15	10	10	10	5	5	4	4	3	2	2	2	0
반의어(相對語)	10	10	10	10	10	10	3	3	3	3	3	2	2	2	0
뜻풀이	5	5	10	5	5	5	3	3	3	3	2	2	2	2	0
동음이의어	10	10	10	5	5	5	3	3	3	3	2	0	0	0	0
부수	10	10	10	5	5	5	3	3	0	0	0	0	0	0	0
동의어(類義語)	10	10	10	5	5	5	3	3	3	3	2	0	0	0	0
약자	3	3	3	3	3	3	3	3	3	3	0	0	0	0	0
장단음	10	10	10	5	5	5	3	0	0	0	0	0	0	0	0
한문	20	20	0	0	0	0	0	0	0	0	0	0	0	0	0
필순	0	0	0	0	0	0	0	0	3	3	3	3	2	2	2
출제문항(計)	200			150			100				90	80	70	60	50
합격문항	160			105			70				63	56	49	42	35
시험시간(분)	100	90		60			50								

• 자료 출처 : 《(사)한국어문회》

- 「한자능력검정시험」은 《(사)한국어문회》가 주관하고, 《한국한자능력검정회》가 1992년 12월 9일 전국적으로 시행하여 현재에 이르기까지 매년 시행하고 있는 국내 최고의 한자자격시험입니다. 또한 시험에 합격한 재학생은 내신 반영은 물론, 2000학년부터 3급과 2급 합격자를 대상으로 일부 대학에 서 특기자 전형 신입생을 선발함으로써 더욱 권위있고, 의미있는 한자자격시험으로 인정받고 있습니다.
- 《(사)한국어문회》는 1992년 6월 22일에 문화부 장관 인가로 발족하고, 그 산하에 《한국한자능력검정회》를 두고 있습니다.
- 「한자능력검정시험」은 국어의 전통성 회복과 국어 생활을 바르게 하는 데에 그 목적이 있습니다. 따라서 시험에 출제되는 내용은 교과서·교양서적·논고 등에서 출제될 것입니다.

명시감상

작자作者 : 양사언楊士彦

태산泰山이 높다 ᄒᆞ되 하ᄂᆞᆯ 아래 뫼히로다
오르고 또 오르면 못 오를 리 업건마ᄂᆞᆫ
사ᄅᆞᆷ이 제 아니 오르고 뫼흘 놉다 ᄒᆞ더라

해석 : 태산이 아무리 높다 하더라도 하늘 아래에 있는 산이다.
오르고 또 오르면 언젠가 그 정상에 오를 것이니,
사람이 오르지 않고서 산만 높다고 한탄하는구나.

설 명

- 위 시는 농촌의 아름답고 평화로운 봄날 풍경을 노래한 것으로, 자연을 그리는 작자의 소박素朴한 마음이 꾸밈없이 표현된 글입니다.
- 작자 황희黃喜는 조선朝鮮 세종世宗 때 영의정領議政을 18년간 지낸 분으로, 자字는 구부懼夫이며, 아호雅號는 방촌厖村입니다. 농사의 개량, 예법禮法의 개정, 천첩賤妾 소생의 천역賤役 면제 등 훌륭한 업적을 남겨 세종대왕에게 가장 신임 받던 재상宰相으로서 후세의 추앙推仰을 받고 있습니다.

한자능력 검정시험

급수별 배정한자

(8급 ~ 6급 : 300자)

✓ 다음 배정한자의 대표 훈과 음은 (사)한국어문회에서 발표한 것을 수록한 것입니다.

✪ 일一 자字 다多 음音 어語 ✪

다음은 8급부터 6급까지의 한자 중 하나의 한자漢字가 두 가지 뜻과 소리로 쓰이는 한자漢字입니다.

金	쇠	금	☞ 黃金(황금)	度	법도	도	☞ 溫度(온도)
	성姓	김	☞ 金氏(김씨)		헤아릴	탁	☞ 度地(탁지)
北	북녘	북	☞ 南北(남북)	讀	읽을	독	☞ 讀書(독서)
	달아날	배	☞ 敗北(패배)		구절	두	☞ 句讀(구두)
車	수레	거	☞ 車馬(거마)	樂	즐길	락	☞ 苦樂(고락)
	수레	차	☞ 車道(차도)		노래	악	☞ 音樂(음악)
洞	골	동	☞ 洞長(동장)	省	살필	성	☞ 反省(반성)
	밝을	통	☞ 洞視(통시)		덜	생	☞ 省略(생략)
不	아닐	불	☞ 不便(불편)	行	다닐	행	☞ 行動(행동)
	아닐	부	☞ 不正(부정)		항렬	항	☞ 行高(항고)
便	편할	편	☞ 便利(편리)	畫	그림[畵]	화	☞ 書畫(서화)
	똥오줌	변	☞ 便所(변소)		그을[劃]	획	☞ 畫順(획순)

✪ 도움한자 ✪

氏(각시 씨) 敗(패할 패) 馬(말 마) 視(볼 시)
句(글귀 구) 略(간략할 략) 順(순할 순)

: 표는 長音, ▸ 표는 長·短音 漢字임

배정한자 8급

教	가르칠	교:
校	학교	교:
九	아홉	구
國	나라	국
軍	군사	군
金	쇠	금
	성姓	김
南	남녘	남
女	계집	녀
年	해	년
大	큰	대▸
東	동녘	동
六	여섯	륙
萬	일만	만:
母	어미	모:
木	나무	목▸
門	문	문
民	백성	민
白	흰	백
父	아비	부
北	북녘	북
	달아날	배
四	넉	사:
山	메	산
三	석	삼
生	날	생
西	서녘	서
先	먼저	선
小	작을	소:
水	물	수
室	집	실
十	열	십
五	다섯	오:
王	임금	왕
外	바깥	외:
月	달	월
二	두	이:
人	사람	인
日	날	일
一	한	일
長	긴	장▸
弟	아우	제:
中	가운데	중
青	푸를	청
寸	마디	촌:
七	일곱	칠
土	흙	토
八	여덟	팔
學	배울	학
韓	나라	한▸
	한국	한▸
兄	형	형
火	불	화▸

※ 8급은 모두 50자입니다. 8급 시험에서 한자쓰기 문제는 출제되지 않습니다.
많이 읽고, 그 쓰임에 대하여 알아보는 것이 중요합니다.

배정한자 7Ⅱ급

家	집	가
間	사이	간▸
江	강	강
車	수레	거
	수레	차
空	빌[虛]	공
工	장인	공
記	기록할	기
氣	기운	기
男	사내	남
內	안[內=内]	내:
農	농사	농
答	대답	답
道	길	도:
	말할	도:
動	움직일	동:
力	힘	력
立	설	립
每	매양	매▸
名	이름	명
物	물건	물
方	모[四角]	방
不	아닐	불
事	일	사:
上	윗	상:
姓	성姓	성:
世	인간	세:
手	손	수▸
時	때	시
市	저자	시:
食	먹을	식
	밥	사/식
安	편안	안
午	낮	오:
右	오를	우:
	오른(쪽)	우:
自	스스로	자
子	아들	자
場	마당	장
電	번개	전:
前	앞	전
全	온전	전
正	바를	정▸
足	발	족
左	왼	좌:
直	곧을	직
平	평평할	평
下	아래	하:
漢	한수	한:
	한나라	한:
海	바다	해:
話	말씀	화
活	살[生活]	활
孝	효도	효:
後	뒤	후:

※ 7급Ⅱ는 8급[50자]에 새로운 한자 50자를 더한 100자입니다. 7급Ⅱ에서 한자쓰기 문제는 출제되지 않습니다.

배정한자 7급

歌	노래	가
口	입	구▸
旗	기	기
冬	겨울	동▸
洞	골	동:
	밝을	통:

한자	훈	음
同	한가지	동
登	오를[登壇]	등
來	올	래▸
老	늙을	로:
里	마을	리:
林	수풀	림
面	낯	면:
命	목숨	명:
文	글월	문
問	물을	문:
百	일백	백
夫	지아비	부
算	셈	산:
色	빛	색
夕	저녁	석
所	바	소:
少	적을	소:
數	셈	수:
	자주	삭
植	심을	식
心	마음	심
語	말씀	어:
然	그럴	연
有	있을	유:
育	기를	육
邑	고을	읍
入	들	입
字	글자	자
祖	할아비	조
住	살	주:
主	임금	주
	주인	주
重	무거울	중:
地	땅[따]	지
紙	종이	지
川	내	천
千	일천	천
天	하늘	천
草	풀	초
村	마을	촌:
秋	가을	추
春	봄	춘
出	날	출
便	편할	편▸
	똥오줌	변
夏	여름	하:
花	꽃	화
休	쉴	휴

※ 7급은 7급Ⅱ[100자]에 새로운 한자 50자를 더한 150자입니다. 7급에서 한자 쓰기 문제는 출제되지 않습니다.

배정한자 6Ⅱ급

한자	훈	음
各	각각	각
角	뿔	각
計	셀	계:
界	지경	계:
高	높을	고
功	공[勳]	공
公	공평할	공
共	한가지	공:
科	과목	과
果	실과	과:
光	빛	광
球	공	구
今	이제	금
急	급할	급
短	짧을	단▸
堂	집	당
代	대신할	대:
對	대할	대:
圖	그림	도
讀	읽을	독
	구절句節	두
童	아이	동▸
等	무리	등:
樂	즐길	락
	노래	악
	좋아할	요
利	이할	리:
理	다스릴	리:
明	밝을	명
聞	들을	문▸
班	나눌	반
反	돌이킬	반:
半	반	반:
發	필	발
放	놓을	방▸
部	떼[部類]	부
分	나눌	분▸
社	모일	사
書	글	서
線	줄[針線]	선
雪	눈	설
省	살필	성
	덜	생
成	이룰	성
消	사라질	소
術	재주	술
始	비로소	시:
神	귀신	신
身	몸	신
信	믿을	신:
新	새	신
藥	약	약
弱	약할	약
業	업	업
勇	날랠	용:
用	쓸	용:
運	옮길	운:
飮	마실	음▸
音	소리	음
意	뜻	의:
昨	어제	작
作	지을	작
才	재주	재
戰	싸움	전:
庭	뜰	정
題	제목	제
第	차례	제:
注	부을	주:
集	모을	집
窓	창	창
淸	맑을	청
體	몸	체
表	겉	표
風	바람	풍
幸	다행	행:
現	나타날	현:
形	모양	형
和	화할	화
會	모일	회:

※ 6급Ⅱ는 7급[150자]에 새로운 한자 75자를 더하여 모두 225자 입니다.

단, 6급Ⅱ의 한자쓰기 문제는 8급[50자] 범위에서 출제됩니다.

배정한자 6급

感 느낄 감:
強 강할 강▸
開 열 개
京 서울 경
苦 쓸[味覺] 고
古 예 고:
交 사귈 교
區 구분할 구
지경地境 구
郡 고을 군:
近 가까울 근:
根 뿌리 근
級 등급 급
多 많을 다
待 기다릴 대:
度 법도 도▸
헤아릴 탁
頭 머리 두
路 길 로:
綠 푸를 록
例 법식 례:
禮 예도 례:
李 오얏 리:
성姓 리:
目 눈 목
米 쌀 미
美 아름다울 미▸
朴 성姓 박
番 차례 번
別 다를 별
나눌 별
病 병 병:
服 옷 복
本 근본 본
死 죽을 사:
使 하여금 사:
부릴 사:
石 돌 석
席 자리 석
速 빠를 속
孫 손자孫子 손▸
樹 나무 수
習 익힐 습
勝 이길 승
式 법 식
失 잃을 실
愛 사랑 애▸
野 들[坪] 야:
夜 밤 야:
陽 볕 양
洋 큰바다 양
言 말씀 언
永 길 영:
英 꽃부리 영
溫 따뜻할 온
園 동산 원
遠 멀 원:
油 기름 유
由 말미암을 유
銀 은 은
衣 옷 의
醫 의원 의
者 놈 자
章 글 장
在 있을 재:
定 정할 정:
朝 아침 조
族 겨레 족
晝 낮 주
親 친할 친
太 클 태
通 통할 통
特 특별할 특
合 합할 합
홉 홉
行 다닐 행▸
항렬行列 항
向 향할 향:
號 이름 호▸
畫 그림[畵] 화:
그을[劃] 획
黃 누를 황
訓 가르칠 훈:

※ 6급은 6급Ⅱ[225자]에 새로운 한자 75자를 더한 300자입니다. 단, 6급의 한자 쓰기 문제는 7급[150자] 범위에서 출제됩니다.

✎ 한자는 서체에 따라 글자 모양이 달라져 보이나 모두 정자로 인정됩니다.

〈참고 漢字〉

示=礻	靑=青
神(神) 福(福) 祖(祖) 禮(禮)	淸(清) 請(請) 晴(晴) 情(情)
糸=糹	食=飠
線(線) 綠(綠) 級(級) 紙(紙)	飮(飲) 飯(飯) 餘(餘) 飽(飽)
辶=⻌	八=丷
近(近) 運(運) 通(通) 速(速)	說(説) 尊(尊) 曾(曾) 墜(墜)

명시감상

작자作者 : 남구만南九萬

동창東窓이 ᄇᆞᆯ갓ᄂᆞ냐 노고지리 우지진다
쇼칠 아해ᄂᆞᆫ 여태 아니 니럿ᄂᆞ냐
재너머 ᄉᆞ래 긴 밧츨 언제 갈려 ᄒᆞᄂᆞ니

해석 : 동쪽 창이 밝았구나 종달새가 울음 운다.
소 치는 아이는 아직도 일어나지 않았느냐.
고개 너머 이랑 긴 밭을 언제 갈려고 하느냐.

설 명

- 위 시는 시조時調라고 하면 이 작품을 떠올릴 정도로 대중에게 널리 알려져 있는 작품이다.
봄철을 맞이한 바쁜 전원田園생활을 노래한 것으로, 우리나라 특유의 토속적土俗的인 정서가 넘치는 작품으로 평가받고 있다.
- 작자 남구만南九萬의 아호雅號는 약천藥泉으로, 효종孝宗 때 과거시험에 급제及第하여 벼슬이 영의정領議政에까지 올랐다.

한자능력 검정시험

기초학습

(8급 ~ 6급 : 300자)

학습 도움

기초학습

한자를 처음 접하는 이들과 한자의 기초가 부족한 이들을 위해 본문의 내용과는 별도로, 일상생활에서 자주 접하는 한자를 비롯해서 기초편을 엮은 것입니다.

학습방법

① 한자를 쓰는 순서에 따라 한 획 한 획을 정확하게 빈칸에 씁니다.
② 교재는 반복하여 쓸 수 있는 공간이 부족하므로, 별도의 한자 공책을 마련하여 한자와 훈訓과 음音을 반복하여 학습합니다.
③ 기초편의 내용을 충분히 익힌 후에, 연습장에다 한자의 훈訓과 음音을 적어 놓고, 한자로 바꾸어 써 보는 연습을 합니다.

일러두기

多	多	多	多	多	少	少	少	少	少
많을 다					적을 소	젊을 소			
(夕부 총6획) [夕 多] 순으로 내려쓴다. ☞ '많다, 넓다' 등의 뜻으로 쓰인다.					(小부 총4획) [小 少] 순으로 쓴다. ☞ '적다, 약간, 젊다' 등의 뜻으로 쓰인다.				

※(夕부 총6획) ⇨ '多'자의 부수는 '夕(저녁 석)'이며, 모두 6획의 글자임을 뜻합니다.
※(小부 총4획) ⇨ '少'자의 부수는 '小(작을 소)'이며, 모두 4획의 글자임을 뜻합니다.

다음은 8급 한자로 구성된 한자어입니다. 순서에 따라 쓰며 익혀봅시다.

一						
한 일	一					
二						
두 이	一 二					

돋보기
- 뜻 : **한 / 하나** • 소리 : **일** • 부수 : 一부 • 획수 : 총 1획
- 뜻 : **두 / 둘** • 소리 : **이** • 부수 : 二부 • 획수 : 총 2획

三						
석 삼	一 二 三					
四						
넉 사	丨 冂 冂 四 四					

돋보기
- 뜻 : **석 / 셋** • 소리 : **삼** • 부수 : 一부 • 획수 : 총 3획
- 뜻 : **넉 / 넷** • 소리 : **사** • 부수 : 囗부 • 획수 : 총 5획

✓ '총'은 '모두 합하여 몇'임을 뜻합니다. 따라서 '총 3획'이란 '모두 세 개의 점이나 획으로 이루어진 한자'를 뜻합니다.

새김글

- '一'자의 뜻인 '한'은 그 수량이 '하나'임을 나타내는 말입니다.
- '二'자의 뜻인 '두'는 그 수량이 '둘'임을 나타내는 말입니다.
- '四'자의 부수 '囗(에워쌀 위)'는 '口(입 구)'자와 쓰임이 다른 글자입니다.

다음은 8급 한자로 구성된 한자어입니다. 순서에 따라 쓰며 익혀봅시다.

五						
다섯 오	一 丆 五 五					
六						
여섯 륙	丶 亠 六 六					

돋보기
- 뜻 : **다섯** • 소리 : **오** • 부수 : 二부 • 획수 : 총 4획
- 뜻 : **여섯** • 소리 : **륙** • 부수 : 八부 • 획수 : 총 4획

七						
일곱 칠	一 七					
八						
여덟 팔	丿 八					

돋보기
- 뜻 : **일곱** • 소리 : **칠** • 부수 : 一부 • 획수 : 총 2획
- 뜻 : **여덟** • 소리 : **팔** • 부수 : 八부 • 획수 : 총 2획

새김글

- '六'자는 '六'자와 같이 윗부분의 '丶'와 '一'을 붙여서 쓰기도 합니다.
- '七'자는 'L'이 '一'자의 테두리를 벗어나지 않게 씁니다.
- '八'자와 모양이 비슷한 글자로는 '人(사람 인)'자, '入(들 입)'자 등이 있습니다.

✿ 다음은 8급 한자로 구성된 한자어입니다. 순서에 따라 쓰며 익혀봅시다.

九							
아홉 구	丿 九						
十							
열 십	一 十						

돋보기
- 뜻 : **아홉** • 소리 : **구** • 부수 : 乙부 • 획수 : 총 2획
- 뜻 : **열** • 소리 : **십** • 부수 : 十부 • 획수 : 총 2획

月							
달 월	丿 冂 月 月						
火							
불 화	丶 丷 少 火						

돋보기
- 뜻 : **달** • 소리 : **월** • 부수 : 月부 • 획수 : 총 4획
- 뜻 : **불** • 소리 : **화** • 부수 : 火부 • 획수 : 총 4획

새김글

- '十'자에서 가로획[一]은 '동쪽과 서쪽[東西]', 세로획[丨]은 '남쪽과 북쪽[南北]'을 뜻합니다. 곧 '동서남북과 중앙이 모두 갖추어져 있다.'는 뜻을 담고 있습니다.
- '月'자는 '달'의 모양을 본떠서 만든 글자입니다. 이처럼 물건의 모양을 본떠서 만든 글자를 '상형자'라고 합니다. 예 火(불의 모양을 본뜸), 水(물의 모양을 본뜸)

다음은 8급 한자로 구성된 한자어입니다. 순서에 따라 쓰며 익혀봅시다.

水							
물 수	亅 刁 水 水						
木							
나무 목	一 十 才 木						

돋보기
- 뜻 : **물** • 소리 : **수** • 부수 : 水부 • 획수 : 총 4획
- 뜻 : **나무** • 소리 : **목** • 부수 : 木부 • 획수 : 총 4획

金							
쇠금/성김	ノ 人 亼 亼 今 숲 숲 金						
土							
흙 토	一 十 土 / 丨 十 土						

돋보기
- 뜻 : **쇠 / 성** • 소리 : **금 / 김** • 부수 : 金부 • 획수 : 총 8획
- 뜻 : **흙** • 소리 : **토** • 부수 : 土부 • 획수 : 총 3획

새김글

- '水'자의 세로획은 '亅(갈고리 궐)'자이고, '木'자의 세로획은 '丨(뚫을 곤)'자입니다.
- '金'자와 같이 한자는 보통 한 글자가 여러 개의 뜻과 소리를 지니고 있습니다. '金'자는 '쇠'를 뜻할 때에는 '금', 혈족을 나타내기 위해 붙이는 '성'을 뜻할 때에는 '김'으로 적습니다.

다음은 8급 한자로 구성된 한자어입니다. 순서에 따라 쓰며 익혀봅시다.

東						
동녘 동	一 𠃌 ... 東					
西						
서녘 서	一 ... 西					

돋보기
- 뜻 : **동녘** · 소리 : **동** · 부수 : 木부 · 획수 : 총 8획
- 뜻 : **서녘** · 소리 : **서** · 부수 : 襾부 · 획수 : 총 6획

南						
남녘 남	一 十 ... 南					
北						
북녘 북	丨 ... 北 / 丨 ... 北					

돋보기
- 뜻 : **남녘** · 소리 : **남** · 부수 : 十부 · 획수 : 총 9획
- 뜻 : **북녘** · 소리 : **북** · 부수 : 匕부 · 획수 : 총 5획

새김글
- '동녘, 서녘, 남녘, 북녘' 등에서 '녘'은 방향을 가리키는 말로, 즉 '쪽'을 뜻합니다.
- '東西'는 서로 뜻이 상대되는 한자로 결합된 상대어입니다.
- '南北'은 서로 뜻이 상대되는 한자로 결합된 상대어입니다.

다음은 8급 한자로 구성된 한자어입니다. 순서에 따라 쓰며 익혀봅시다.

生	
날 생	丿 𠂉 𠂉 牛 生 / 丿 𠂉 牛 牛 生
日	
날 일	丨 冂 日 日

돋보기
- 뜻 : **낳다** • 소리 : **생** • 부수 : 生부 • 획수 : 총 5획
- 뜻 : **날** • 소리 : **일** • 부수 : 日부 • 획수 : 총 4획

大	
큰 대	一 ナ 大
小	
작을 소	亅 小 小

돋보기
- 뜻 : **크다** • 소리 : **대** • 부수 : 大부 • 획수 : 총 3획
- 뜻 : **작다** • 소리 : **소** • 부수 : 小부 • 획수 : 총 3획

새김글

- 生日(생일) : 태어난 날, 또는 해마다의 그날.
- 大小(대소) : 크고 작음.
- '大小'는 서로 뜻이 상대되는 한자로 결합된 상대어입니다.

다음은 8급 한자로 구성된 한자어입니다. 순서에 따라 쓰며 익혀봅시다.

父	
아비 부	ノ ハ グ 父
母	
어미 모	㇙ 𠃊 口 毋 母

돋보기
- 뜻 : **아비** • 소리 : **부** • 부수 : 父부 • 획수 : 총 4획
- 뜻 : **어미** • 소리 : **모** • 부수 : 毋부 • 획수 : 총 5획

青	
푸를 청	一 二 キ 主 丰 青 青 青
白	
흰 백	ノ 亻 白 白 白

돋보기
- 뜻 : **푸르다** • 소리 : **청** • 부수 : 青부 • 획수 : 총 8획
- 뜻 : **흰** • 소리 : **백** • 부수 : 白부 • 획수 : 총 5획

새김글

- '父'자의 뜻인 '아비'는 '아버지'의 낮춤말로, '결혼하여 자식을 둔 아들' 또는 '자녀를 둔 여자가 웃어른 앞에서 자기 남편'을 이르는 말입니다. '母'자의 뜻인 '어미'도 이와 같은 뜻으로 이해할 수 있습니다.
- '父母'는 서로 뜻이 상대되는 한자로 결합된 상대어입니다.

다음은 8급 한자로 구성된 한자어입니다. 순서에 따라 쓰며 익혀봅시다.

外	
바깥 외	ノ ク タ 夕 外
國	
나라 국	丨 冂 冂 冂 冋 冋 囗 國 國 國 國

돋보기
- 뜻 : **바깥** • 소리 : **외** • 부수 : 夕부 • 획수 : 총 5획
- 뜻 : **나라** • 소리 : **국** • 부수 : 囗부 • 획수 : 총11획

四	
넉 사	丨 冂 罒 四 四
寸	
마디 촌	一 寸 寸

돋보기
- 뜻 : **넉 / 넷** • 소리 : **사** • 부수 : 囗부 • 획수 : 총 5획
- 뜻 : **마디** • 소리 : **촌** • 부수 : 寸부 • 획수 : 총 3획

새김글

- '外'자는 '바깥, 겉, 멀리하다, 벗어나다, 외국, 외가' 등의 뜻을 지니고 있습니다.
- 外國(외국) : 자기 나라가 아닌 다른 나라.
- 四寸(사촌) : 아버지의 친형제자매의 아들이나 딸과의 촌수.

다음은 8급 한자로 구성된 한자어입니다. 순서에 따라 쓰며 익혀봅시다.

王							
임금 왕	一 二 干 王 / 一 丅 干 王						
室							
집 실	丶 丷 宀 宀 宊 宎 室 室 室						

돋보기
- 뜻 : **임금** • 소리 : **왕** • 부수 : 玉부 • 획수 : 총 4획
- 뜻 : **집** • 소리 : **실** • 부수 : 宀부 • 획수 : 총 9획

學							
배울 학	ノ ⺁ ⺁ ⺁ ⺁ ⺁ ⺁ ⺁ ⺁ ⺁ ⺁ ⺁ 與 學 學 學						
校							
학교 교	一 十 才 木 木 杧 杧 柼 校 校						

돋보기
- 뜻 : **배우다** • 소리 : **학** • 부수 : 子부 • 획수 : 총16획
- 뜻 : **학교** • 소리 : **교** • 부수 : 木부 • 획수 : 총10획

새김글

- 王室(왕실) : 임금의 집안.
- 한자의 훈(뜻)과 음(소리)을 동시에 표기할 때에는 훈과 음의 사이를 한 칸 띄웁니다. 그리고 훈이 명사가 아니고 동사나 형용사인 경우에는 원형을 밝히지 않고 '~ㄹ', ~할'의 형태로 표기하는 것을 원칙으로 합니다.

❀ **다음은 8급 한자로 구성된 한자어입니다. 순서에 따라 쓰며 익혀봅시다.**

年	
해 년/연	ノ 𠂉 𠃊 𠂎 𠂔 年
中	
가운데 중	丨 冂 口 中

돋보기
- 뜻 : **해** • 소리 : **년** • 부수 : 干부 • 획수 : 총 6획
- 뜻 : **가운데** • 소리 : **중** • 부수 : 丨부 • 획수 : 총 4획

萬	
일만 만	一 十 卄 艹 艹 艹 苩 苩 萬 萬 萬 萬 萬
民	
백성 민	𠃍 コ 尸 ⺋ 民

돋보기
- 뜻 : **일만** • 소리 : **만** • 부수 : 艸부 • 획수 : 총13획
- 뜻 : **백성** • 소리 : **민** • 부수 : 氏부 • 획수 : 총 5획

새김글

○ '年中(연중 : 한 해 동안 내내)'의 '年'자는 본래 음이 '년'이나 'ㄴ'이 단어의 첫 머리에서 발음되는 것을 꺼려 '연'으로 읽고 적습니다.

참 두음법칙[47쪽]

○ '萬'자의 부수는 '艸(풀 초)'자입니다. '艸'자가 부수로 쓰일 때에는 '艹' 또는 '⺌'와 같은 모양으로 변하여 글자의 머리 부분이나 밑 부분에 자리하기도 합니다.

다음은 8급 한자로 구성된 한자어입니다. 순서에 따라 쓰며 익혀봅시다.

長	
긴 장	一 厂 F F Ε 토 長 長
女	
계집 녀	𡿨 女 女

돋보기
- 뜻 : **길다** · 소리 : **장** · 부수 : 長부 · 획수 : 총 8획
- 뜻 : **계집** · 소리 : **녀** · 부수 : 女부 · 획수 : 총 3획

敎	
가르칠 교	ノ 乂 爻 𠂔 孝 孝 孝 孝 孝 敎 敎
室	
집 실	丶 丶 宀 宀 宀 宀 室 室 室

돋보기
- 뜻 : **가르치다** · 소리 : **교** · 부수 : 攴부 · 획수 : 총11획
- 뜻 : **집** · 소리 : **실** · 부수 : 宀부 · 획수 : 총 9획

새김글

- '**長女**(장녀 : 맏딸)'에서 '**長**'자는 '맏이(여러 형제자매 가운데서 제일 손위인 사람)'를 뜻합니다.
- '**敎**'자의 부수는 '攴(칠 복)'이나 글자 속에서 부수로 쓰일 때에는 '攵'과 같은 모양으로 변하여 쓰이기도 합니다.

다음은 8급 한자로 구성된 한자어입니다. 순서에 따라 쓰며 익혀봅시다.

校							
학교 교	一 十 才 木 木' 木'' 杧 栌 校 校						
門							
문 문	丨 𠃌 戶 戶 門 門 門 門						

돋보기
- 뜻 : **학교** • 소리 : **교** • 부수 : 木부 • 획수 : 총10획
- 뜻 : **문** • 소리 : **문** • 부수 : 門부 • 획수 : 총 8획

先							
먼저 선	丿 𠂉 ⺧ 生 丛 先						
生							
날 생	丿 𠂉 ⺧ 牛 生 / 丿 𠂉 ⺧ 牛 生						

돋보기
- 뜻 : **먼저** • 소리 : **선** • 부수 : 儿부 • 획수 : 총 6획
- 뜻 : **낳다** • 소리 : **생** • 부수 : 生부 • 획수 : 총 5획

새김글

○ '生'자의 뜻인 '날'은 '낳다'를 뜻하며, 이외에 '살다, 생기다, 자라다, 서투르다, 싱싱하다, 백성' 등의 뜻으로도 쓰입니다. 이와 발음이 유사한 '日'자의 '날'은 '하루 중 환한 동안'을 뜻합니다. '日'자는 이외에 '해, 낮, 일본' 등의 뜻으로도 쓰입니다.

✿ 다음은 8급 한자로 구성된 한자어입니다. 순서에 따라 쓰며 익혀봅시다.

靑	靑					
푸를 청	一 二 丰 主 丰 青 靑 靑					
山						
메 산	丨 山 山					

돋보기
- 뜻 : **푸르다** • 소리 : **청** • 부수 : 靑부 • 획수 : 총 8획
- 뜻 : **메** • 소리 : **산** • 부수 : 山부 • 획수 : 총 3획

軍						
군사 군	丶 冖 冖 冖 肎 肎 冒 宣 軍					
人						
사람 인	丿 人					

돋보기
- 뜻 : **군사** • 소리 : **군** • 부수 : 車부 • 획수 : 총 9획
- 뜻 : **사람** • 소리 : **인** • 부수 : 人부 • 획수 : 총 2획

새김글

- '靑'자는 서체에 따라 글자의 모양이 달라집니다. 보통 필기체로 쓸 때에는 '青'자처럼 아래를 '月'로 쓰기도 합니다. 물론 시험에서도 두 글자 모두 인정합니다.
- '山'자의 뜻인 '메'는 '산을 예스럽게 이르는 말'입니다.
- 靑山(청산) : 풀과 나무가 무성한 푸른 산.

다음은 8급 한자로 구성된 한자어입니다. 순서에 따라 쓰며 익혀봅시다.

兄	
형 형	丶 口 口 尸 兄
弟	
아우 제	丶 丷 弓 弟 弟 弟 弟

돋보기
- 뜻 : **형** • 소리 : **형** • 부수 : 儿부 • 획수 : 총 5획
- 뜻 : **아우** • 소리 : **제** • 부수 : 弓부 • 획수 : 총 7획

韓	
나라 한	一 十 古 古 古 吉 直 卓 卓 韩 韓 韓 韓 韓 韓 韓 韓
國	
나라 국	丨 冂 冂 冂 同 同 同 國 國 國 國

돋보기
- 뜻 : **나라** • 소리 : **한** • 부수 : 韋부 • 획수 : 총17획
- 뜻 : **나라** • 소리 : **국** • 부수 : 口부 • 획수 : 총11획

새김글

- '兄弟'는 서로 뜻이 상대되는 한자로 결합된 상대어입니다.
- '韓'은 춘추 전국 시대에 으뜸의 자리를 다투었던 7대 강국 중의 하나였으나 조선 고종 34년(1897)에 국호를 '대한제국'이라 선포하고, 다시 1948년 8월 15일에 국호를 '대한민국'이라 선언하면서 우리나라를 뜻하게 되었습니다.

다음은 7급Ⅱ 한자로 구성된 한자어입니다. 순서에 따라 쓰며 익혀봅시다.

手	
손 수	一 二 三 手
足	
발 족	丨 口 口 ㄗ ㄗ 𧾷 足

돋보기
- 뜻 : **손** • 소리 : **수** • 부수 : 手부 • 획수 : 총 4획
- 뜻 : **발** • 소리 : **족** • 부수 : 足부 • 획수 : 총 7획

時	
때 시	丨 冂 日 日 日一 日十 日土 日寺 時 時
間	
사이 간	丨 ㄗ ㄗ 門 門 門 門 門 門 間 間 間

돋보기
- 뜻 : **때** • 소리 : **시** • 부수 : 日부 • 획수 : 총10획
- 뜻 : **사이** • 소리 : **간** • 부수 : 門부 • 획수 : 총12획

새김글
- '手足'은 서로 뜻이 상대되는 한자로 결합된 상대어입니다.
- 手足(수족) : ① 손과 발. ② 형제나 자식. ③ 마음대로 부리는 사람.
- 時間(시간) : ① 어떤 시각에서 어떤 시각까지의 사이. ② 어떤 행동을 할 틈.

다음은 7급Ⅱ 한자로 구성된 한자어입니다. 순서에 따라 쓰며 익혀봅시다.

間	
사이 간	丨 冂 冂 冂 冂 門 門 門 門 問 間 間
食	
먹을 식	丿 人 𠆢 今 今 今 食 食 食

돋보기
- 뜻 : **사이** • 소리 : **간** • 부수 : 門부 • 획수 : 총12획
- 뜻 : **먹다** • 소리 : **식** • 부수 : 食부 • 획수 : 총 9획

電	
번개 전	一 ㄏ 帀 帀 雨 雨 雨 雨 霄 雪 雷 電
氣	
기운 기	丿 𠂉 气 气 气 気 氣 氣 氣

돋보기
- 뜻 : **번개** • 소리 : **전** • 부수 : 雨부 • 획수 : 총13획
- 뜻 : **기운** • 소리 : **기** • 부수 : 气부 • 획수 : 총10획

새김글

- '間食'에서 '間'자는 '때 : 끼니 또는 식사 시간'을 뜻합니다.
- '電'자의 뜻인 '번개'는 '구름과 구름, 대지 사이에서 번쩍이는 불꽃'을 뜻합니다.
- '氣'자의 뜻인 '기운'은 '하늘과 땅 사이에 가득 차서, 만물이 나고 자라는 힘의 근원'을 뜻합니다.

다음은 7급Ⅱ 한자로 구성된 한자어입니다. 순서에 따라 쓰며 익혀봅시다.

不	
아닐 불/부	一 ア 不 不
足	
발 족	丨 口 口 ⺊ ⺊ 只 足

돋보기
- 뜻 : **아니다** • 소리 : **불** • 부수 : 一부 • 획수 : 총 4획
- 뜻 : **발** • 소리 : **족** • 부수 : 足부 • 획수 : 총 7획

直	
곧을 직	一 十 𠂇 冇 有 有 直 直
立	
설 립	丶 亠 亠 亣 立

돋보기
- 뜻 : **곧다** • 소리 : **직** • 부수 : 目부 • 획수 : 총 8획
- 뜻 : **서다** • 소리 : **립** • 부수 : 立부 • 획수 : 총 5획

새김글

- '不'자는 본음이 '불'입니다. 그러나 뒤에 오는 말의 첫 소리가 'ㄷ'이나 'ㅈ'으로 시작되는 경우에는 '부'라고 읽고 적습니다.
- 不足(부족) : 넉넉하지 않음. 여기에서 '足'자는 '넉넉하다'를 뜻합니다.
- 直立(직립) : 꼿꼿하게 똑바로 섬.

다음은 7급Ⅱ 한자로 구성된 한자어입니다. 순서에 따라 쓰며 익혀봅시다.

活	
살 활	丶 丶 氵 氵 氵 汗 汗 活 活
力	
힘 력	フ 力

돋보기
- 뜻 : **살다** • 소리 : **활** • 부수 : 水부 • 획수 : 총 9획
- 뜻 : **힘** • 소리 : **력** • 부수 : 力부 • 획수 : 총 2획

工	
장인 공	一 丅 工
場	
마당 장	一 十 土 圠 圸 坦 坦 埍 埸 場 場 場

돋보기
- 뜻 : **장인** • 소리 : **공** • 부수 : 工부 • 획수 : 총 3획
- 뜻 : **마당** • 소리 : **장** • 부수 : 土부 • 획수 : 총12획

새김글

- '活'자의 부수는 '水(물 수)'이나 글자 속에서는 '氵'와 같은 모양으로 변하여 쓰이기도 합니다.
- '工'자의 뜻인 '장인'은 '손으로 물건을 만드는 일을 업으로 하는 사람'을 뜻합니다.

다음은 7급Ⅱ 한자로 구성된 한자어입니다. 순서에 따라 쓰며 익혀봅시다.

車							
수레 차	一 丆 万 百 百 亘 車						
道							
길 도	丶 丷 䒑 䒑 丬 产 芮 首 首 首 㣥 道 道						

돋보기
- 뜻 : **수레** • 소리 : **차/거** • 부수 : 車부 • 획수 : 총 7획
- 뜻 : **길** • 소리 : **도** • 부수 : 辵부 • 획수 : 총13획

安							
편안 안	丶 丷 宀 它 安 安						
全							
온전 전	丿 入 亼 仝 全 全						

돋보기
- 뜻 : **편안** • 소리 : **안** • 부수 : 宀부 • 획수 : 총 6획
- 뜻 : **온전** • 소리 : **전** • 부수 : 入부 • 획수 : 총 6획

새김글

- '車'자는 쓰임에 따라 소리가 변하여 '거' 또는 '차'로 읽고 적습니다.
  - 참 자동차自動車, 자전거自轉車.
- '道'자의 대표 훈은 '길'이나 '행정구역'을 뜻하는 말로 쓰이기도 합니다. 우리나라의 행정구역으로는 '특별시市, 광역시市, 도道, 군郡, 읍邑, 면面' 따위가 있습니다.

다음은 7급Ⅱ 한자로 구성된 한자어입니다. 순서에 따라 쓰며 익혀봅시다.

男	
사내 남	丨 口 曰 田 田 男 男
子	
아들 자	了 了 子

돋보기
- 뜻 : **사내** • 소리 : **남** • 부수 : 田부 • 획수 : 총 7획
- 뜻 : **아들** • 소리 : **자** • 부수 : 子부 • 획수 : 총 3획

每	
매양 매	丿 𠂉 𠂉 each 每 每 每
事	
일 사	一 一 冖 戸 写 写 写 事

돋보기
- 뜻 : **매양** • 소리 : **매** • 부수 : 毋부 • 획수 : 총 7획
- 뜻 : **일** • 소리 : **사** • 부수 : 亅부 • 획수 : 총 8획

새김글

- '每'자의 뜻인 '매양'은 '번번이 : 매 때마다'를 뜻합니다.
- '每'자와 '事'자는 '뚫고 지나는 획은 맨 나중에 쓴다.'는 필순 규칙에 따라 '一'과 '亅'을 맨 나중에 씁니다.

다음은 7급Ⅱ 한자로 구성된 한자어입니다. 순서에 따라 쓰며 익혀봅시다.

動							
움직일 동	一 二 千 㐄 㐄 㐄 亩 重 重 動 動						
物							
물건 물	丿 𠂉 牛 牛 牜 牞 物 物						

돋보기
- 뜻 : **움직이다** • 소리 : **동** • 부수 : 力부 • 획수 : 총11획
- 뜻 : **물건** • 소리 : **물** • 부수 : 牛부 • 획수 : 총 8획

平							
평평할 평	一 丆 ㄫ 㕾 平						
方							
모 방	丶 亠 方 方						

돋보기
- 뜻 : **평평하다** • 소리 : **평** • 부수 : 干부 • 획수 : 총 5획
- 뜻 : **모** • 소리 : **방** • 부수 : 方부 • 획수 : 총 4획

새김글
- '物'자의 대표 훈은 '물건'이나 '動物'에서는 '생명을 지닌 물체'를 뜻합니다.
- '方'자의 대표 훈은 '모'이나 '平方'에서는 '네모'를 뜻합니다.
- 平方(평방) : 정사각형의 넓이. 예 50cm 평방의 종이에 그림을 그렸다.

다음은 7급Ⅱ 한자로 구성된 한자어입니다. 순서에 따라 쓰며 익혀봅시다.

農	
농사 농	丶 冂 冃 冉 曲 曲 曲 芦 芦 芦 農 農 農
家	
집 가	丶 丶 宀 宀 宁 宇 宇 家 家 家

돋보기
- 뜻 : **농사** • 소리 : **농** • 부수 : 辰부 • 획수 : 총13획
- 뜻 : **집** • 소리 : **가** • 부수 : 宀부 • 획수 : 총10획

正	
바를 정	一 丅 下 正 正
答	
대답 답	ノ ㅏ 𥫗 𥫗 𥫗 竺 竺 笅 答 答 答 答

돋보기
- 뜻 : **바르다** • 소리 : **정** • 부수 : 止부 • 획수 : 총 5획
- 뜻 : **대답** • 소리 : **답** • 부수 : 竹부 • 획수 : 총12획

새김글

- 農家(농가) : 농사를 생업으로 하는 사람의 집.
- 正答(정답) : 옳은 답. 예 수수께끼의 정답은 알고 나면 너무 쉽다.
- 상대어 : 서로 뜻이 반대, 또는 상대되는 한자의 결합어.
  예 男(사내 남) ↔ 女(계집 녀), 大(큰 대) ↔ 小(작을 소), 上(윗 상) ↔ 下(아래 하)

다음은 7급Ⅱ 한자로 구성된 한자어입니다. 순서에 따라 쓰며 익혀봅시다.

左	
왼 좌	一ナナ左左
右	
오른 우	ノナオ右右

돋보기
- 뜻 : **왼** • 소리 : **좌** • 부수 : 工부 • 획수 : 총 5획
- 뜻 : **오른** • 소리 : **우** • 부수 : 口부 • 획수 : 총 5획

自	
스스로 자	′ 亻 门 白 自 自
動	
움직일 동	′ 二 𠂉 𠂊 台 台 旨 重 重 動 動

돋보기
- 뜻 : **스스로** • 소리 : **자** • 부수 : 自부 • 획수 : 총 6획
- 뜻 : **움직이다** • 소리 : **동** • 부수 : 力부 • 획수 : 총11획

새김글

- '左右'는 서로 뜻이 상대되는 한자로 결합된 상대어입니다.
- '右'자는 'ノ'을 '一'보다 먼저 쓰고, '左'자는 'ノ'을 '一'보다 나중에 씁니다.
- '自'자의 뜻인 '스스로'는 '자기 자신' 또는 '제 힘으로'를 뜻합니다.

다음은 7급Ⅱ 한자로 구성된 한자어입니다. 순서에 따라 쓰며 익혀봅시다.

世	
인간 세	一 十 廿 廿 世
間	
사이 간	丨 𠃌 𠃌 𠃌 門 門 門 門 門 閒 間 間

돋보기
- 뜻 : **인간** • 소리 : **세** • 부수 : 一부 • 획수 : 총 5획
- 뜻 : **사이** • 소리 : **간** • 부수 : 門부 • 획수 : 총12획

孝	
효도 효	一 十 土 耂 耂 孝 孝
子	
아들 자	乛 了 子

돋보기
- 뜻 : **효도** • 소리 : **효** • 부수 : 子부 • 획수 : 총7획
- 뜻 : **아들** • 소리 : **자** • 부수 : 子부 • 획수 : 총3획

새김글

- 世間(세간) : 세상 일반. 세상에 널리 알려진 소문.
- '孝'자의 뜻인 '효도'는 '부모를 잘 섬기는 도리'와 '아버지나 어머니의 장례를 정성껏 잘 모시는 것'을 뜻합니다.

다음은 7급Ⅱ 한자로 구성된 한자어입니다. 순서에 따라 쓰며 익혀봅시다.

民	
백성 민	ㄱ ㅋ 𠃜 巳 民
話	
말씀 화	丶 亠 亠 言 言 言 言 訁 訁 詁 詁 話 話

돋보기
- 뜻 : **백성** • 소리 : **민** • 부수 : 氏부 • 획수 : 총 5획
- 뜻 : **말씀** • 소리 : **화** • 부수 : 言부 • 획수 : 총13획

前	
앞 전	丶 丷 䒑 广 肀 肖 肖 前 前
後	
뒤 후	ノ 彡 彳 彳 彸 彸 後 後 後

돋보기
- 뜻 : **앞** • 소리 : **전** • 부수 : 刀부 • 획수 : 총 9획
- 뜻 : **뒤** • 소리 : **후** • 부수 : 彳부 • 획수 : 총 9획

새김글
- 民話(민화) : 민간에 전해 내려오는 옛날이야기.
- '前後'는 서로 뜻이 상대되는 한자로 결합된 상대어입니다.
- '前'자의 부수는 '刀(칼 도)'이나 글자 속에서는 '刂'처럼 모양이 변하기도 합니다.

다음은 7급Ⅱ 한자로 구성된 한자어입니다. 순서에 따라 쓰며 익혀봅시다.

海	
바다 해	丶 丶 氵 氵 汇 汇 海 海 海 海
內	
안 내	丨 冂 冂 內

돋보기
- 뜻 : **바다** • 소리 : **해** • 부수 : 水부 • 획수 : 총10획
- 뜻 : **안** • 소리 : **내** • 부수 : 入부 • 획수 : 총 4획

正	
바를 정	一 丅 下 正 正
午	
낮 오	丿 𠂉 仁 午

돋보기
- 뜻 : **바르다** • 소리 : **정** • 부수 : 止부 • 획수 : 총 5획
- 뜻 : **낮** • 소리 : **오** • 부수 : 十부 • 획수 : 총 4획

새김글

- '內'자는 서체에 따라 부수 '入(들 입)'이 '人(사람 인)'으로 변하여 '内'자와 같이 쓰기도 하나 부수[入(들 입)]는 변함이 없습니다.
- 海內(해내) : ① '바다로 둘러싸인 육지'라는 뜻으로, '나라 안'을 이르는 말. ② '사해四海의 안'이라는 뜻으로, '천하'를 이르는 말.

다음은 7급Ⅱ 한자로 구성된 한자어입니다. 순서에 따라 쓰며 익혀봅시다.

漢	
한수 한	丶 冫 氵 氵 汁 汁 汁 洪 洪 洪 漢 漢 漢 漢
江	
강 강	丶 冫 氵 氵 汀 江

돋보기
- 뜻 : **한수** • 소리 : **한** • 부수 : 水부 • 획수 : 총14획
- 뜻 : **강** • 소리 : **강** • 부수 : 水부 • 획수 : 총 6획

記	
기록할 기	丶 亠 亠 亖 言 言 言 訁 記 記
事	
일 사	一 丅 亓 亖 亖 亖 亖 事

돋보기
- 뜻 : **기록하다** • 소리 : **기** • 부수 : 言부 • 획수 : 총10획
- 뜻 : **일** • 소리 : **사** • 부수 : 亅부 • 획수 : 총 8획

새김글

○ 漢江(한강) : ① 우리나라 중부를 흐르는 강. ② '물이 많이 괸 것'을 과장하여 이르는 말. 예 행주산성에 오르니 한강이 내려다 보였다.

○ '記'자는 '言(말씀 언)'자와 '己(몸 기)'자를 서로 결합하여 만든 글자로, '己(몸 기)'자는 '已(그칠 이)'자, '巳(뱀 사)'자 등과 혼동하기 쉬우므로 주의해야 합니다.

다음은 7급Ⅱ 한자로 구성된 한자어입니다. 순서에 따라 쓰며 익혀봅시다

姓	
성 성	𡿨 夊 女 女' 女' 女' 妵 姓
名	
이름 명	ノ ク タ タ 名 名

돋보기
- 뜻 : **성** • 소리 : **성** • 부수 : 女부 • 획수 : 총 8획
- 뜻 : **이름** • 소리 : **명** • 부수 : 口부 • 획수 : 총 6획

上	
윗 상	丨 卜 上
下	
아래 하	一 丁 下

돋보기
- 뜻 : **위 / 윗** • 소리 : **상** • 부수 : 一부 • 획수 : 총 3획
- 뜻 : **아래** • 소리 : **하** • 부수 : 一부 • 획수 : 총 3획

새김글

○ '姓'자의 뜻인 '성'은 같은 조상으로부터 갈려 나온 친족을 나타내기 위하여 붙이는 칭호로, 주로 아버지와 자식 간에 대대로 이어 나갑니다.

○ '上下'는 서로 뜻이 상대되는 한자로 결합된 상대어입니다.

다음은 7급Ⅱ 한자로 구성된 한자어입니다. 순서에 따라 쓰며 익혀봅시다.

空	
빌 공	丶 丶 宀 宀 穴 空 空 空
氣	
기운 기	丿 𠂉 ⺈ 气 气 气 気 氣 氣 氣

돋보기
- 뜻 : **비다** • 소리 : **공** • 부수 : 穴부 • 획수 : 총 8획
- 뜻 : **기운** • 소리 : **기** • 부수 : 气부 • 획수 : 총10획

市	
저자 시	丶 亠 亡 市 市
場	
마당 장	一 十 土 圵 坦 坦 坦 埕 埸 場 場 場

돋보기
- 뜻 : **저자** • 소리 : **시** • 부수 : 巾부 • 획수 : 총 5획
- 뜻 : **마당** • 소리 : **장** • 부수 : 土부 • 획수 : 총12획

새김글
- '空'자와 어울려 한자어를 이루는 낱말. 참 空車(공차), 空山(공산), 時空(시공).
- '市'자의 뜻인 '저자'는 '시장市場' 또는 '시장에서 물건을 파는 가게'를 뜻합니다.
  참 저잣거리 : 가게가 죽 늘어서 있는 거리.

다음은 7급 한자로 구성된 한자어입니다. 순서에 따라 쓰며 익혀봅시다.

歌	
노래 가	一 丆 丆 丙 可 可 哥 哥 哥 哥 哥 歌 歌 歌
手	
손 수	丿 二 三 手

돋보기
- 뜻 : **노래** • 소리 : **가** • 부수 : 欠부 • 획수 : 총14획
- 뜻 : **손** • 소리 : **수** • 부수 : 手부 • 획수 : 총 4획

國	
나라 국	丨 冂 冂 冂 冂 同 同 國 國 國 國
旗	
기 기	丶 亠 亠 方 方 方 方 方 方 旃 旃 旗 旗 旗

돋보기
- 뜻 : **나라** • 소리 : **국** • 부수 : 囗부 • 획수 : 총11획
- 뜻 : **기** • 소리 : **기** • 부수 : 方부 • 획수 : 총14획

새김글

- '手'자의 대표 훈은 '손'이나 '歌手'에서는 '그것을 직업으로 하는 사람'을 뜻합니다. 참 木手(목수), 旗手(기수).
- 歌手(가수) : 노래 부르는 것을 직업으로 하는 사람.
- 國旗(국기) : 한 나라의 역사, 국민성, 이상 따위를 상징하는 기.

다음은 7급 한자로 구성된 한자어입니다. 순서에 따라 쓰며 익혀봅시다.

登	
오를 등	登 (12획 필순)
山	
메 산	丨 山 山

돋보기
- 뜻 : **오르다** • 소리 : **등** • 부수 : 癶부 • 획수 : 총12획
- 뜻 : **메** • 소리 : **산** • 부수 : 山부 • 획수 : 총 3획

來	
올 래/내	一 厂 ㄏ 刀 双 巫 來 來
年	
해 년	ノ 𠂉 𠂉 仁 乍 年

돋보기
- 뜻 : **오다** • 소리 : **래** • 부수 : 人부 • 획수 : 총 8획
- 뜻 : **해** • 소리 : **년** • 부수 : 干부 • 획수 : 총 6획

새김글

- 登山(등산) : 산에 오름.
- '來年'에서 '來'자의 본음은 '래'이나 여기에서는 두음법칙에 따라 '내'로 읽고 적습니다. 참 두음법칙 : 낱말의 첫머리에서 'ㄴ'은 'ㅇ'으로 적고, 'ㄹ'은 'ㄴ'이나 'ㅇ'으로 적는 따위.
- 來年(내년) : 올해의 바로 다음 해.

다음은 7급 한자로 구성된 한자어입니다. 순서에 따라 쓰며 익혀봅시다.

洞	
골 동	丶 氵 氵 氵 汩 洞 洞 洞 洞
里	
마을 리	丨 口 日 日 旦 甲 里

돋보기
- 뜻 : **골** • 소리 : **동** • 부수 : 水부 • 획수 : 총 9획
- 뜻 : **마을** • 소리 : **리** • 부수 : 里부 • 획수 : 총 7획

問	
물을 문	丨 ｢ 尸 尸 尸 門 門 門 門 問 問
答	
대답 답	ノ ㇒ ⺮ ⺮ ⺮ 竹 竺 笁 笞 笭 答 答

돋보기
- 뜻 : **묻다** • 소리 : **문** • 부수 : 口부 • 획수 : 총11획
- 뜻 : **대답** • 소리 : **답** • 부수 : 竹부 • 획수 : 총12획

새김글

- '洞'자의 뜻인 '골'은 '골짜기, 구렁'을 뜻하나 '洞里'에서는 '마을'을 뜻합니다.
- 洞里(동리) : ① 마을 ② 행정구역인 동과 리를 이르는 말.
- 問答(문답) : 물음과 대답, 또는 서로 묻고 대답함.
- '問答'은 서로 뜻이 상대되는 한자로 결합된 상대어입니다.

다음은 7급 한자로 구성된 한자어입니다. 순서에 따라 쓰며 익혀봅시다.

同						
한가지 동	丨 冂 冂 冋 同 同					
心						
마음 심	丶 心 心 心					

돋보기
- 뜻 : **한가지** • 소리 : **동** • 부수 : 口부 • 획수 : 총 6획
- 뜻 : **마음** • 소리 : **심** • 부수 : 心부 • 획수 : 총 4획

老						
늙을 로/노	一 十 土 耂 老 老					
少						
적을 소	亅 小 小 少					

돋보기
- 뜻 : **늙다** • 소리 : **로** • 부수 : 老부 • 획수 : 총 6획
- 뜻 : **적다** • 소리 : **소** • 부수 : 小부 • 획수 : 총 4획

새김글
- 同心(동심) : 마음을 같이함. 또는 같은 마음.
- 老少(노소) : 늙은이와 젊은이.
- '少'자의 대표 훈은 '적다'이나 '老少'에서는 '젊다'를 뜻합니다.
- '老少'는 서로 뜻이 상대되는 한자로 결합된 상대어입니다.

다음은 7급 한자로 구성된 한자어입니다. 순서에 따라 쓰며 익혀봅시다.

植	
심을 식	一 十 オ 木 木' 木'' 村 柿 柿 植 植 植
木	
나무 목	一 十 オ 木

돋보기
- 뜻 : **심다** • 소리 : **식** • 부수 : 木부 • 획수 : 총12획
- 뜻 : **나무** • 소리 : **목** • 부수 : 木부 • 획수 : 총 4획

便	
편할 편	ノ 亻 亻 亻 亻 佰 佰 便 便
安	
편안 안	丶 丶' 宀 安 安 安

돋보기
- 뜻 : **편하다** • 소리 : **편** • 부수 : 人부 • 획수 : 총 9획
- 뜻 : **편안** • 소리 : **안** • 부수 : 宀부 • 획수 : 총 6획

새김글

- 植木(식목) : 나무를 심음. 나무심기.
- 便安(편안) : 편하고 걱정 없이 좋음.
- '便'자는 쓰임에 따라 뜻과 소리가 달라지는 글자입니다.
  참 便(편할 편, 똥오줌 변)
- '便安'은 서로 뜻이 비슷한 한자끼리 결합된 유의어입니다.

다음은 7급 한자로 구성된 한자어입니다. 순서에 따라 쓰며 익혀봅시다.

天	
하늘 천	一 二 チ 天
然	
그럴 연	ノ ク タ タ タ- 外 狄 狄 狄 狄 然 然

돋보기
- 뜻 : **하늘** • 소리 : **천** • 부수 : 大부 • 획수 : 총 4획
- 뜻 : **그러하다** • 소리 : **연** • 부수 : 火부 • 획수 : 총12획

有	
있을 유	ノ ナ 才 冇 有 有
色	
빛 색	ノ ク 슨 ㅋ ㅋ 色

돋보기
- 뜻 : **있다** • 소리 : **유** • 부수 : 月부 • 획수 : 총 6획
- 뜻 : **빛** • 소리 : **색** • 부수 : 色부 • 획수 : 총 6획

새김글

- '然'자의 부수는 '火'이나 글자 속에서는 '灬'처럼 모양이 변하기도 합니다.
- 天然(천연) : 사람의 힘을 가하지 아니한 상태. 천지자연.
- '有'자는 '右'자와 같이 '一'보다 'ノ'을 짧게 쓰므로 'ノ'을 먼저 씁니다.
- 有色(유색) : 빛깔이 있음. 참 유색인종.

다음은 7급 한자로 구성된 한자어입니다. 순서에 따라 쓰며 익혀봅시다.

春						
봄 춘	一 二 三 夫 夫 表 春 春 春					
秋						
가을 추	一 二 千 千 禾 禾 禾 秒 秋					

돋보기
- 뜻 : **봄** • 소리 : **춘** • 부수 : 日부 • 획수 : 총 9획
- 뜻 : **가을** • 소리 : **추** • 부수 : 禾부 • 획수 : 총 9획

母						
어미 모	乚 𠃊 母 母 母					
語						
말씀 어	丶 二 亠 言 言 言 言 訂 訂 訐 語 語 語 語					

돋보기
- 뜻 : **어미** • 소리 : **모** • 부수 : 毋부 • 획수 : 총 5획
- 뜻 : **말씀** • 소리 : **어** • 부수 : 言부 • 획수 : 총14획

새김글

- 春秋(춘추) : ① 봄가을. ② 1년의 세월. ③ 어른의 나이를 높여 이르는 말.
- '春秋'는 서로 뜻이 상대되는 한자로 결합된 상대어입니다.
- 母語(모어) : ① 자라나면서 배운, 바탕이 되는 말. ② 모국어.
- '母'자는 부수 '毋(말 무)'자에 1획을 더하여 만든 글자입니다.

다음은 7급 한자로 구성된 한자어입니다. 순서에 따라 쓰며 익혀봅시다.

育	
기를 육	丶 亠 亡 云 产 育 育 育
林	
수풀 림	一 十 才 木 木 村 材 林

돋보기
- 뜻 : **기르다** • 소리 : **육** • 부수 : 肉부 • 획수 : 총 8획
- 뜻 : **수풀** • 소리 : **림** • 부수 : 木부 • 획수 : 총 8획

入	
들 입	丿 入
口	
입 구	丨 冂 口

돋보기
- 뜻 : **들어가다** • 소리 : **입** • 부수 : 入부 • 획수 : 총 2획
- 뜻 : **입** • 소리 : **구** • 부수 : 口부 • 획수 : 총 3획

새김글
- 育林(육림) : 나무를 심거나 씨를 뿌려 인공적으로 나무를 가꾸는 일.
- '育'자의 부수는 '肉(고기 육)'이나 글자 속에서는 '月'처럼 모양이 변하기도 합니다.
- 入口(입구) : 들어가는 통로. 들어오는 곳.
- '入'자의 뜻인 '들'은 '들이다, 들어오다, 들어가다'를 뜻합니다.

다음은 7급 한자로 구성된 한자어입니다. 순서에 따라 쓰며 익혀봅시다.

地							
땅 지	一 十 土 𠃌 圵 地						
主							
주인 주	丶 亠 亍 主 主						

돋보기
- 뜻 : **땅** • 소리 : **지** • 부수 : 土부 • 획수 : 총 6획
- 뜻 : **주인** • 소리 : **주** • 부수 : 丶부 • 획수 : 총 5획

邑							
고을 읍	丨 口 口 吕 吕 邑 邑						
面							
낯 면	一 丆 𠂇 丙 而 而 而 面 面						

돋보기
- 뜻 : **고을** • 소리 : **읍** • 부수 : 邑부 • 획수 : 총 7획
- 뜻 : **낯** • 소리 : **면** • 부수 : 面부 • 획수 : 총 9획

새김글

- 地主(지주) : 토지의 소유자.
- '邑'자나 '面'자처럼 글자와 부수가 같은 글자를 '제부수 글자'라고 합니다.
- '面'자의 뜻인 '낯'은 '① 얼굴 ② 남을 대할 만한 체면'을 뜻합니다.
- 邑面(읍면) : 행정구역인 읍과 면을 아울러 이르는 말.

다음은 7급 한자로 구성된 한자어입니다. 순서에 따라 쓰며 익혀봅시다.

文						
글월 문	丶 亠 ナ 文					
字						
글자 자	丶 丶 宀 宁 字 字					

돋보기

- 뜻 : **글월** • 소리 : **문** • 부수 : 文부 • 획수 : 총 4획
- 뜻 : **글자** • 소리 : **자** • 부수 : 子부 • 획수 : 총 6획

祖						
할아비 조	丶 ⺀ ナ ネ 礻 礻 礿 祁 祖 祖					
上						
윗 상	丨 ⺊ 上 / ⺊ ⺊ 上					

돋보기

- 뜻 : **할아비** • 소리 : **조** • 부수 : 示부 • 획수 : 총10획
- 뜻 : **위 / 윗** • 소리 : **상** • 부수 : 一부 • 획수 : 총 3획

새김글

- 文字(문자) : 말이나 소리를 눈으로 볼 수 있도록 나타낸 부호.
- 祖上(조상) : 돌아간 어버이 위로 대대의 어른.
- '祖'자의 뜻인 '할아비'는 '할아버지'의 낮춤말로, '할아버지가 손자, 손녀에게 자기 자신을 이르는 말'입니다.

다음은 7급 한자로 구성된 한자어입니다. 순서에 따라 쓰며 익혀봅시다.

重							
무거울 중	一 二 亍 斤 台 亩 亩 重 重						
力							
힘 력	丁 力						

돋보기
- 뜻 : **무겁다** • 소리 : **중** • 부수 : 里부 • 획수 : 총 9획
- 뜻 : **힘** • 소리 : **력** • 부수 : 力부 • 획수 : 총 2획

百							
일백 백	一 丆 丆 丙 百 百						
花							
꽃 화	一 十 艹 艹 艿 花 花 花						

돋보기
- 뜻 : **일백** • 소리 : **백** • 부수 : 白부 • 획수 : 총 6획
- 뜻 : **꽃** • 소리 : **화** • 부수 : 艸부 • 획수 : 총 8획

새김글
- 重力(중력) : 지구 위의 물체가 지구로부터 받는 힘.
- 百花(백화) : 온갖 꽃. 참 白花(백화) : 흰 꽃.
- '百'자의 대표 훈은 '일백(십의 열배)'이나 '百花'에서는 '온갖, 모든'을 뜻합니다.
- '花'자의 부수는 '艸'이나 글자 속에서는 '艹, 艹'처럼 모양이 변하기도 합니다.

다음은 7급 한자로 구성된 한자어입니다. 순서에 따라 쓰며 익혀봅시다.

夏						
여름 하	一 丆 丆 丙 丙 百 百 頁 夏 夏					
冬						
겨울 동	ノ ク 夂 冬 冬					

돋보기
- 뜻 : **여름** • 소리 : **하** • 부수 : 夊부 • 획수 : 총10획
- 뜻 : **겨울** • 소리 : **동** • 부수 : 冫부 • 획수 : 총 5획

算						
셈 산	ノ 𠂉 𠂉 𥫗 竹 竹 竺 笞 笞 筲 筲 筸 算 算					
出						
날 출	丨 屮 屮 出 出					

돋보기
- 뜻 : **셈** • 소리 : **산** • 부수 : 竹부 • 획수 : 총14획
- 뜻 : **나오다** • 소리 : **출** • 부수 : 凵부 • 획수 : 총 5획

새김글
- 夏冬(하동) : 여름과 겨울을 아울러 이르는 말.
- '夏冬'은 서로 뜻이 상대되는 한자로 결합된 상대어입니다.
- '算'자의 뜻인 '셈'은 '수를 세는 일'을 뜻합니다.
- 算出(산출) : 계산을 해냄.

다음은 7급 한자로 구성된 한자어입니다. 순서에 따라 쓰며 익혀봅시다.

小							
작을 소	亅 小 小						
川							
내 천	丿 川 川						

돋보기
- 뜻 : **작다** • 소리 : **소** • 부수 : 小부 • 획수 : 총 3획
- 뜻 : **내** • 소리 : **천** • 부수 : 巛부 • 획수 : 총 3획

休							
쉴 휴	丿 亻 仁 什 休 休						
紙							
종이 지	𠃋 幺 幺 糸 糸 糸 糹 紅 紅 紙						

돋보기
- 뜻 : **쉬다** • 소리 : **휴** • 부수 : 人부 • 획수 : 총 6획
- 뜻 : **종이** • 소리 : **지** • 부수 : 糸부 • 획수 : 총10획

새김글

- 小川(소천) : 자그마한 내. 소하천.
- '川'자의 뜻인 '내'는 '시내보다는 크지만 강보다는 작은 물줄기'를 뜻합니다.
- 休紙(휴지) : 쓸모없는 종이.
- '紙'자의 부수는 '糸'이나 글자 속에서는 '糹'처럼 모양이 변하기도 합니다.

다음은 7급 한자로 구성된 한자어입니다. 순서에 따라 쓰며 익혀봅시다.

秋	
가을 추	丿 二 千 禾 禾 禾 禾' 秒 秋
夕	
저녁 석	ノ ク 夕

돋보기
- 뜻 : **가을** • 소리 : **추** • 부수 : 禾부 • 획수 : 총 9획
- 뜻 : **저녁** • 소리 : **석** • 부수 : 夕부 • 획수 : 총 3획

住	
살 주	ノ 亻 亻' 亻' 仁 住 住
所	
바 소	` ㄱ ㅋ 戶 戶' 所 所 所

돋보기
- 뜻 : **살다** • 소리 : **주** • 부수 : 人부 • 획수 : 총 7획
- 뜻 : **바** • 소리 : **소** • 부수 : 戶부 • 획수 : 총 8획

새김글

- 秋夕(추석) : 우리나라 명절의 하나인 음력 팔월 보름날.
- 住所(주소) : 일정한 곳에 자리를 잡고 사는 곳.
- '所'자의 뜻인 '바'는 '앞에서 말한 내용 그 자체나 일 따위를 나타내는 말' 또는 '곳, 처소'를 뜻합니다.

다음은 7급 한자로 구성된 한자어입니다. 순서에 따라 쓰며 익혀봅시다.

數	
셈 수	數 (15획 필순)
千	
일천 천	千 (3획 필순)

돋보기
- 뜻 : **셈** • 소리 : **수** • 부수 : 攴부 • 획수 : 총15획
- 뜻 : **일천** • 소리 : **천** • 부수 : 十부 • 획수 : 총 3획

花	
꽃 화	花 (8획 필순)
草	
풀 초	草 (10획 필순)

돋보기
- 뜻 : **꽃** • 소리 : **화** • 부수 : 艸부 • 획수 : 총 8획
- 뜻 : **풀** • 소리 : **초** • 부수 : 艸부 • 획수 : 총10획

새김글

- 數千(수천) : 천의 두서너 배가 되는 수.
- '數'자의 대표 훈은 '셈(수를 세는 일)'이나 '數千'에서는 '몇, 두서너'를 뜻합니다.
- '數'자의 부수는 '攴'이나 글자 속에서는 '攵'처럼 모양이 변하기도 합니다.
- 花草(화초) : 꽃이 피는 풀과 나무 또는 모든 식물을 통틀어 이르는 말.

다음은 7급 한자로 구성된 한자어입니다. 순서에 따라 쓰며 익혀봅시다.

村						
마을 촌	一 十 オ 木 木一 村 村					
夫						
지아비 부	一 二 ≠ 夫					

돋보기
- 뜻 : **마을** • 소리 : **촌** • 부수 : 木부 • 획수 : 총 7획
- 뜻 : **지아비** • 소리 : **부** • 부수 : 大부 • 획수 : 총 4획

天						
하늘 천	一 二 チ 天					
命						
목숨 명	ノ 人 스 今 合 合 侖 命					

돋보기
- 뜻 : **하늘** • 소리 : **천** • 부수 : 大부 • 획수 : 총 4획
- 뜻 : **목숨** • 소리 : **명** • 부수 : 口부 • 획수 : 총 8획

새김글

- 村夫(촌부) : 시골에 사는 남자.
- '夫'자의 뜻인 '지아비'는 '① 웃어른 앞에서 자기 남편을 낮추어 이르는 말. ② 남편을 예스럽게 이르는 말'을 뜻합니다.
- 天命(천명) : 타고난 수명. 타고난 운명.

다음은 6급Ⅱ 한자로 구성된 한자어입니다. 순서에 따라 쓰며 익혀봅시다.

新	
새 신	丶 亠 亠 立 立 立 辛 辛 亲 亲 新 新 新
聞	
들을 문	丨 𠃌 𠃌 𠃌 門 門 門 門 門 門 門 閒 聞 聞

돋보기
- 뜻 : **새롭다** • 소리 : **신** • 부수 : 斤부 • 획수 : 총13획
- 뜻 : **듣다** • 소리 : **문** • 부수 : 耳부 • 획수 : 총14획

清	
맑을 청	丶 氵 氵 氵 氵 汁 泩 泩 清 清 清
明	
밝을 명	丨 冂 月 日 日 明 明 明

돋보기
- 뜻 : **맑다** • 소리 : **청** • 부수 : 水부 • 획수 : 총11획
- 뜻 : **밝다** • 소리 : **명** • 부수 : 日부 • 획수 : 총 8획

새김글
- '新聞'에서 '聞'자는 '소식이나 견문見聞'을 뜻합니다.
- 新聞(신문) : 사회에서 일어난 사실이나 해설을 전달하는 정기 간행물.
- '清'의 부수는 '水'이나 글자 속에서는 '氵·氺'처럼 모양이 변하기도 합니다.
- 清明(청명) : ① (날씨, 소리가) 맑고 밝다. ② 형상이 깨끗하고 선명하다.

다음은 6급Ⅱ 한자로 구성된 한자어입니다. 순서에 따라 쓰며 익혀봅시다.

高	
높을 고	丶 亠 亠 亩 亩 亯 高 高 高 高
堂	
집 당	丨 丨丨 ⺌ 丷 尚 尚 尚 尚 堂 堂 堂

돋보기
- 뜻 : **높다** • 소리 : **고** • 부수 : 高부 • 획수 : 총10획
- 뜻 : **집** • 소리 : **당** • 부수 : 土부 • 획수 : 총11획

反	
돌이킬 반	一 厂 万 反
省	
살필 성	丨 小 小 少 少 省 省 省 省

돋보기
- 뜻 : **돌이키다** • 소리 : **반** • 부수 : 又부 • 획수 : 총 4획
- 뜻 : **살피다** • 소리 : **성** • 부수 : 目부 • 획수 : 총 9획

새김글
- '高'자는 출입문보다 월등하게 높은 건물[髙]의 모양을 본뜬 글자입니다.
- 高堂(고당) : ① 높다랗게 지은 집. ② '남의 부모'를 높여 이르는 말.
- '省'자는 '살피다'는 뜻에서는 '성'으로, '덜다'는 뜻에서는 '생'으로 읽습니다.
- 反省(반성) : 자신의 말과 행동에 대하여 잘못이나 부족함을 돌이켜 봄.

다음은 6급Ⅱ 한자로 구성된 한자어입니다. 순서에 따라 쓰며 익혀봅시다.

利	
이할 리	丿 二 千 禾 禾 利 利
用	
쓸 용	丿 冂 月 月 用

돋보기
- 뜻 : **이하다** • 소리 : **리** • 부수 : 刀부 • 획수 : 총 7획
- 뜻 : **쓰다** • 소리 : **용** • 부수 : 用부 • 획수 : 총 5획

急	
급할 급	ノ 𠂊 ⺈ ⺈ 刍 刍 急 急 急
作	
지을 작	ノ 亻 亻 仵 竹 作 作

돋보기
- 뜻 : **급하다** • 소리 : **급** • 부수 : 心부 • 획수 : 총 9획
- 뜻 : **짓다** • 소리 : **작** • 부수 : 人부 • 획수 : 총 7획

새김글

- '利'자의 뜻인 '이利하다'는 '이익이나 이득이 되다'를 뜻하는 말입니다.
- 利用(이용) : ① (필요에 따라) 물건을 이롭게 씀. 예 강물을 이용한 수력발전.
  ② (자신의 목적을 위해) 수단으로 삼는 것. 예 남에게 이용만 당하다.
- 急作(급작) : 시문詩文 따위를 짧은 시간 안에 급하게 지음.

다음은 6급Ⅱ 한자로 구성된 한자어입니다. 순서에 따라 쓰며 익혀봅시다.

戰	
싸움 전	丶 冂 口 吅 吅 吅 吅 吕 吕 㗊 單 單 戰 戰 戰 戰
術	
재주 술	丿 彳 彳 彳 祄 衔 衔 術 術 術 術

돋보기
- 뜻 : **싸우다** • 소리 : **전** • 부수 : 戈부 • 획수 : 총16획
- 뜻 : **재주** • 소리 : **술** • 부수 : 行부 • 획수 : 총11획

圖	
그림 도	丨 冂 冂 冂 冋 冋 冎 冎 圕 圕 圖 圖 圖 圖
書	
글 서	ㄱ ⺕ ⺕ 聿 聿 聿 聿 書 書 書

돋보기
- 뜻 : **그림** • 소리 : **도** • 부수 : 口부 • 획수 : 총14획
- 뜻 : **글** • 소리 : **서** • 부수 : 曰부 • 획수 : 총10획

새김글
- '戰術'에서 '術'자는 '꾀나 방법'을 뜻합니다.
- 戰術(전술) : 전쟁 또는 전투 상황에 대처하기 위한 기술과 방법.
- '圖書'에서 '書'자는 '책, 문서'를 뜻합니다.
- 圖書(도서) : 그림, 글씨, 책 따위를 통틀어 이르는 말. 예 추천 도서.

다음은 6급Ⅱ 한자로 구성된 한자어입니다. 순서에 따라 쓰며 익혀봅시다.

讀	
읽을 독	讀 (필순)
音	
소리 음	音 (필순)

돋보기
- 뜻 : **읽다** • 소리 : **독** • 부수 : 言부 • 획수 : 총22획
- 뜻 : **소리** • 소리 : **음** • 부수 : 音부 • 획수 : 총 9획

表	
겉 표	表 (필순)
題	
제목 제	題 (필순)

돋보기
- 뜻 : **겉** • 소리 : **표** • 부수 : 衣부 • 획수 : 총 8획
- 뜻 : **제목** • 소리 : **제** • 부수 : 頁부 • 획수 : 총18획

새김글

- '讀'자는 '읽다'는 뜻에서는 '독'으로, '구절'이라는 뜻에서는 '두'로 읽습니다.
- 讀音(독음) : ① 글을 읽는 소리 ② 한자의 음音.
- '表'자는 '거죽, 겉, 바깥, 밝히다, 나타내다, 모범, 표' 등의 뜻으로 쓰입니다.
- 表題(표제) : ① 책의 이름 ② 신문이나 잡지 기사의 제목.

다음은 6급Ⅱ 한자로 구성된 한자어입니다. 순서에 따라 쓰며 익혀봅시다.

業						
업 업	丨 丨丨 丨丨丨 丨丨丷 业 业 业 业 丵 丵 業 業 業					
界						
지경 계	丨 冂 日 田 田 甲 甼 畀 界					

돋보기
- 뜻 : **업/일** • 소리 : **업** • 부수 : 木부 • 획수 : 총13획
- 뜻 : **지경** • 소리 : **계** • 부수 : 田부 • 획수 : 총 9획

集						
모을 집	丿 亻 亻 亻 亻 亻 亻 隹 隹 隼 集 集					
計						
셀 계	丶 亠 亠 亠 言 言 言 訁 計					

돋보기
- 뜻 : **모으다** • 소리 : **집** • 부수 : 隹부 • 획수 : 총12획
- 뜻 : **세다** • 소리 : **계** • 부수 : 言부 • 획수 : 총 9획

새김글

- '界'자의 뜻인 '지경地境'은 '일정한 테두리 안의 땅'을 뜻하나 '業界'에서는 '영역領域, 세계世界'를 뜻합니다.
- 業界(업계) : 같은 일에 종사하는 사람들의 활동 분야. 예 자동차 관련 업계.
- 集計(집계) : 이미 계산된 것을 한데 모아서 계산함. 예 투표용지를 집계하다.

다음은 6급Ⅱ 한자로 구성된 한자어입니다. 순서에 따라 쓰며 익혀봅시다.

各						
각각 각	丿 ク 夂 冬 各 各					
班						
나눌 반	一 二 千 王 王 玎 玎 玎 玗 班					

돋보기
- 뜻 : **각각** • 소리 : **각** • 부수 : 口부 • 획수 : 총 6획
- 뜻 : **나누다** • 소리 : **반** • 부수 : 玉부 • 획수 : 총10획

公						
공평할 공	丿 八 公 公					
共						
한가지 공	一 十 廾 土 共 共					

돋보기
- 뜻 : **공평하다** • 소리 : **공** • 부수 : 八부 • 획수 : 총 4획
- 뜻 : **한가지** • 소리 : **공** • 부수 : 八부 • 획수 : 총 6획

새김글

- '班'자는 '나누다, 반, 돌이키다, 양반' 등의 뜻으로 쓰입니다.
- 各班(각반) : 각각의 학급.
- '公'자는 대표 훈은 '공평公平하다'이나 '公共'에서는 '여럿'을 뜻합니다.
- 公共(공공) : 사회의 모든 사람의 이익에 관계되는 일. 예 공공장소.

다음은 6급Ⅱ 한자로 구성된 한자어입니다. 순서에 따라 쓰며 익혀봅시다.

成	
이룰 성	丿 厂 F 万 成 成 成
功	
공 공	一 T I 巧 功

돋보기
- 뜻 : **이루다** • 소리 : **성** • 부수 : 戈부 • 획수 : 총 7획
- 뜻 : **공** • 소리 : **공** • 부수 : 力부 • 획수 : 총 5획

藥	
약 약	一 十 卄 艹 … 藥
果	
실과 과	丨 口 日 日 旦 甲 果 果

돋보기
- 뜻 : **약** • 소리 : **약** • 부수 : 艸부 • 획수 : 총19획
- 뜻 : **실과** • 소리 : **과** • 부수 : 木부 • 획수 : 총 8획

새김글

- 成功(성공) : 목적, 또는 뜻한 것을 이룸. 반 실패失敗.
- '果'자는 '과실果實, 결과結果, 결단하다, 과연' 등을 뜻합니다.
- 藥果(약과) : ① 곡식 가루를 기름에 튀기거나 지져서 꿀이나 물엿을 바른 한국식 전통 과자. ② (다른 것과 비교하면) 그 정도는 아무것도 아님.

다음은 6급Ⅱ 한자로 구성된 한자어입니다. 순서에 따라 쓰며 익혀봅시다.

科	
과목 과	丿 二 千 千 禾 禾 禾 禾 科
第	
차례 제	丿 𠂉 𠂉 𥫗 𥫗 𥫗 笃 笃 笃 第 第

돋보기
- 뜻 : **과목** • 소리 : **과** • 부수 : 禾부 • 획수 : 총 9획
- 뜻 : **차례** • 소리 : **제** • 부수 : 竹부 • 획수 : 총11획

光	
빛 광	丨 丬 丬 业 业 光
線	
줄 선	𠃋 幺 幺 糸 糸 糸 糸 糸 約 約 約 線 線 線 線

돋보기
- 뜻 : **빛** • 소리 : **광** • 부수 : 儿부 • 획수 : 총 6획
- 뜻 : **줄** • 소리 : **선** • 부수 : 糸부 • 획수 : 총15획

새김글

- '第'자는 '차례, 집, 과거科擧' 등의 뜻으로 쓰이나 '科第'에서는 '과거科擧, 시험'을 뜻합니다.
- 科第(과제) : ① 옛날 관리를 뽑을 때 실시하던 시험. ② 과거에 합격함.
- 光線(광선) : 빛의 줄기. 빛살. 예 태양광선.

다음은 6급Ⅱ 한자로 구성된 한자어입니다. 순서에 따라 쓰며 익혀봅시다.

代	
대신할 대	ノ 亻 仁 代 代
理	
다스릴 리	一 二 千 王 玑 玑 玾 玾 理 理 理

돋보기
- 뜻 : **대신하다** • 소리 : **대** • 부수 : 人부 • 획수 : 총 5획
- 뜻 : **다스리다** • 소리 : **리** • 부수 : 玉부 • 획수 : 총11획

昨	
어제 작	丨 冂 日 日 日' 旷 昨 昨 昨
今	
이제 금	ノ 人 亼 今

돋보기
- 뜻 : **어제** • 소리 : **작** • 부수 : 日부 • 획수 : 총 9획
- 뜻 : **이제** • 소리 : **금** • 부수 : 人부 • 획수 : 총 4획

새김글
- '代'자는 '伐(칠 벌)'자와 모양이 비슷하여 혼동하기 쉬운 글자입니다.
- 代理(대리) : 남을 대신하여 일을 처리함, 또는 그런 사람.
- '昨今'은 서로 뜻이 상대되는 한자로 결합된 상대어입니다.
- 昨今(작금) : 어제와 오늘. 요즈음. 요사이. 예 작금의 사회상을 볼 수 있다.

다음은 6급Ⅱ 한자로 구성된 한자어입니다. 순서에 따라 쓰며 익혀봅시다.

部						
떼 부	丶 亠 亠 亣 立 产 咅 咅 咅⁷ 咅⁷ 部					
分						
나눌 분	丿 八 分 分					

돋보기
- 뜻 : **떼** • 소리 : **부** • 부수 : 邑부 • 획수 : 총11획
- 뜻 : **나누다** • 소리 : **분** • 부수 : 刀부 • 획수 : 총 4획

短						
짧을 단	丿 𠂉 𠂉 乍 矢 矢 矢 知 知 短 短 短					
身						
몸 신	丿 亻 冂 自 自 身 身					

돋보기
- 뜻 : **짧다** • 소리 : **단** • 부수 : 矢부 • 획수 : 총12획
- 뜻 : **몸** • 소리 : **신** • 부수 : 身부 • 획수 : 총 7획

새김글

- '部'자의 뜻인 '떼'는 '무리'를 뜻하고, '時'자의 뜻인 '때'는 '시간'을 뜻합니다.
- 部分(부분) : 전체를 몇 개로 나눈 것의 하나. 예 썩은 부분을 잘라냈다.
- '短'자는 '짧다, 모자라다, 허물, 단점' 등의 뜻으로 쓰입니다.
- 短身(단신) : 키가 작은 몸. 반 장신長身. 예 그는 단신이지만 힘이 무척 세다.

다음은 6급Ⅱ 한자로 구성된 한자어입니다. 순서에 따라 쓰며 익혀봅시다.

消	
사라질 소	丶 丶 氵 氵 氵 氵 氵 消 消 消
風	
바람 풍	丿 几 凡 凡 凨 凨 風 風 風

돋보기
- 뜻 : **사라지다** • 소리 : **소** • 부수 : 水부 • 획수 : 총10획
- 뜻 : **바람** • 소리 : **풍** • 부수 : 風부 • 획수 : 총 9획

弱	
약할 약	㇆ ㇆ 弓 弓 弓 弓 弓 弱 弱 弱
體	
몸 체	冂 冂 冂 冎 冎 咼 骨 骨 骨 骨 骨 骨 骨 體 體 體

돋보기
- 뜻 : **약하다** • 소리 : **약** • 부수 : 弓부 • 획수 : 총10획
- 뜻 : **몸** • 소리 : **체** • 부수 : 骨부 • 획수 : 총23획

새김글

- ‘消風’에서 ‘消’자는 ‘거닐다’는 뜻에서 ‘逍(거닐 소)’자와 통용通用합니다.
- 消風(소풍) : 자연 관찰이나 역사 유적 따위의 견학을 겸하여 야외에 나갔다 오는 일. 예 아이들은 소풍을 간다고 좋아하였다.
- 弱體(약체) : ① 허약한 몸. ② 실력이나 능력이 약한 조직이나 단체.

다음은 6급Ⅱ 한자로 구성된 한자어입니다. 순서에 따라 쓰며 익혀봅시다.

社	
모일 사	丶 ㇀ ㇇ 礻 礻 礻 社 社
會	
모일 회	丿 人 亼 亼 合 侖 侖 侖 侖 會 會 會 會

돋보기
- 뜻 : **모이다** • 소리 : **사** • 부수 : 示부 • 획수 : 총 8획
- 뜻 : **모이다** • 소리 : **회** • 부수 : 曰부 • 획수 : 총13획

和	
화할 화	丿 二 千 禾 禾 禾 和 和
樂	
즐길 락	丿 亻 白 白 白 幺白 糸白 糸白 絲白 絲白 絲白 樂 樂 樂 樂

돋보기
- 뜻 : **화하다** • 소리 : **화** • 부수 : 口부 • 획수 : 총 8획
- 뜻 : **즐기다** • 소리 : **락** • 부수 : 木부 • 획수 : 총15획

새김글
- '社會'는 서로 뜻이 비슷한 한자로 결합된 유의어입니다.
- 社會(사회) : 공동생활을 하는 사람들의 집단. 예 인류 사회에 공적을 남겼다.
- '樂'자는 뜻에 따라 소리가 달라지는 글자입니다. 참 樂(즐길 락, 노래 악, 좋아할 요)
- 和樂(화락) : 화평和平하고 즐거움. 예 오늘 모임은 여느 때보다 화락했다.

다음은 6급Ⅱ 한자로 구성된 한자어입니다. 순서에 따라 쓰며 익혀봅시다.

才						
재주 재	一 十 才					
童						
아이 동	丶 亠 亠 立 立 产 音 音 音 音 章 童					

돋보기
- 뜻 : **재주** • 소리 : **재** • 부수 : 手부 • 획수 : 총 3획
- 뜻 : **아이** • 소리 : **동** • 부수 : 立부 • 획수 : 총12획

幸						
다행 행	一 十 土 圡 去 幸 幸 幸					
運						
옮길 운	丶 冖 冖 冖 冒 冒 冒 軍 軍 軍 運 運 運					

돋보기
- 뜻 : **다행** • 소리 : **행** • 부수 : 干부 • 획수 : 총 8획
- 뜻 : **옮기다** • 소리 : **운** • 부수 : 辵부 • 획수 : 총13획

새김글

- 才童(재동) : 재주가 뛰어난 아이. 예 지원이는 타고난 재동이면서도 많은 노력을 했다.
- '運'자는 '옮기다, 운전하다, 운수運數' 등으로 쓰이나 '幸運'에서는 '운수運數 : 인간의 힘으로는 어쩔 수 없는 하늘의 운명과 길흉화복'을 뜻합니다.
- 幸運(행운) : 좋은 운수. 행복한 운수. 예 행운은 노력하는 자의 몫이다.

다음은 6급Ⅱ 한자로 구성된 한자어입니다. 순서에 따라 쓰며 익혀봅시다.

勇	
날랠 용	㇇ ㇇ 乛 乛 乛 乛 乛 甬 勇
戰	
싸움 전	丶 口 口 吅 吅 吅 吅 吅 吅 吅 單 單 戰 戰 戰

- 뜻 : **날래다** • 소리 : **용** • 부수 : 力부 • 획수 : 총 9획
- 뜻 : **싸우다** • 소리 : **전** • 부수 : 戈부 • 획수 : 총16획

注	
부을 주	丶 丶 氵 氵 氵 氵 注 注
意	
뜻 의	丶 亠 亠 立 立 立 音 音 音 音 意 意 意

- 뜻 : **붓다** • 소리 : **주** • 부수 : 水부 • 획수 : 총 8획
- 뜻 : **뜻** • 소리 : **의** • 부수 : 心부 • 획수 : 총13획

새김글

- 勇戰(용전) : 용감하게 싸움. 예 아군이 용전하여 승리를 거두었다.
- '注'자의 대표 훈은 '붓다'이나 '注意'에서는 '정신을 쏟다'를 뜻합니다.
- 注意(주의) : ① 마음에 새겨 두고 조심함. 예 페인트칠을 주의하세요.
  ② 경고나 훈계의 뜻으로 일깨워 줌. 예 따끔한 주의를 들었다.

다음은 6급Ⅱ 한자로 구성된 한자어입니다. 순서에 따라 쓰며 익혀봅시다.

半	
반 반	丶 丷 㐅 亠 半
角	
뿔 각	丿 ⺈ 㔾 角 角 角 角

돋보기
- 뜻 : **반** • 소리 : **반** • 부수 : 十부 • 획수 : 총 5획
- 뜻 : **뿔** • 소리 : **각** • 부수 : 角부 • 획수 : 총 7획

對	
대할 대	(획순) 對 對
等	
무리 등	(획순) 等 等

돋보기
- 뜻 : **대하다** • 소리 : **대** • 부수 : 寸부 • 획수 : 총14획
- 뜻 : **무리** • 소리 : **등** • 부수 : 竹부 • 획수 : 총12획

새김글
- 半角(반각) : 어떤 각의 절반. 예 90°의 반각은 45°이다.
- '等'자의 대표 훈은 '무리 : 뭉친 한 동아리'이나 '對等'에서는 '등급等級 : 낮고 높음, 좋고 나쁨 등의 차이를 여러 층으로 구분한 단계'를 뜻합니다.
- 對等(대등) : 낮고 높음이나 낫고 못함이 없이 서로 비슷함. 예 대등한 관계.

다음은 6급Ⅱ 한자로 구성된 한자어입니다. 순서에 따라 쓰며 익혀봅시다.

表	
겉 표	一 = 𠂉 丰 主 声 幸 表
現	
나타날 현	一 = 干 王 玎 玑 玥 珼 珼 琲 現

돋보기
- 뜻 : **겉** • 소리 : **표** • 부수 : 衣부 • 획수 : 총 8획
- 뜻 : **나타나다** • 소리 : **현** • 부수 : 玉부 • 획수 : 총11획

庭	
뜰 정	丶 亠 广 广 庄 庄 庄 庭 庭 庭
球	
공 구	一 = 干 王 玗 玗 玗 玗 球 球 球

돋보기
- 뜻 : **뜰** • 소리 : **정** • 부수 : 广부 • 획수 : 총10획
- 뜻 : **공** • 소리 : **구** • 부수 : 玉부 • 획수 : 총11획

새김글

- '現'자는 '나타나다, 이제, 지금, 밝다' 등의 뜻으로 쓰입니다.
- 表現(표현) : 생각이나 느낌 따위를 드러내어 나타냄. 예 감정을 솔직하게 표현하다.
- 庭球(정구) : 네트를 가로지른 양쪽에서 라켓으로 공을 주고받아 승패를 겨루는 경기. 테니스. 예 구민 정구대회를 열었다.

다음은 6급Ⅱ 한자로 구성된 한자어입니다. 순서에 따라 쓰며 익혀봅시다.

放	
놓을 방	丶 亠 亠 方 方 方 放 放
出	
날 출	丨 屮 屮 出 出

돋보기
- 뜻 : **놓다** • 소리 : **방** • 부수 : 攴부 • 획수 : 총 8획
- 뜻 : **나다** • 소리 : **출** • 부수 : 凵부 • 획수 : 총 5획

雪	
눈 설	一 𠂇 冖 帀 雨 雨 雨 雪 雪 雪 雪
窓	
창 창	丶 丷 宀 穴 穴 空 空 空 窓 窓 窓

돋보기
- 뜻 : **눈** • 소리 : **설** • 부수 : 雨부 • 획수 : 총11획
- 뜻 : **창** • 소리 : **창** • 부수 : 穴부 • 획수 : 총11획

새김글
- '放'자의 대표 훈은 '놓다'이나 '放出'에서는 '내쫓다'를 뜻합니다.
- 放出(방출) : 미리 갖추어 놓은 것을 내놓음. 예 열을 밖으로 방출하였다.
- 雪窓(설창) : ① 밖으로 눈이 내리는 것이 보이는 창. ② '창밖의 눈빛으로 책을 읽었다.'는 데서 '가난한 집'을 이르는 말.

다음은 6급Ⅱ 한자로 구성된 한자어입니다. 순서에 따라 쓰며 익혀봅시다.

發	
필 발	𠃋 ㇇ ⺀ 癶 ... 發
信	
믿을 신	丿 亻 亻 仁 仨 信 信 信 信

돋보기
- 뜻 : **피다** • 소리 : **발** • 부수 : 癶부 • 획수 : 총12획
- 뜻 : **믿다** • 소리 : **신** • 부수 : 人부 • 획수 : 총 9획

形	
모양 형	一 二 于 开 开 形 形
神	
귀신 신	丶 ㇇ 礻 礻 礻 神 神 神 神 神

돋보기
- 뜻 : **모양** • 소리 : **형** • 부수 : 彡부 • 획수 : 총 7획
- 뜻 : **귀신** • 소리 : **신** • 부수 : 示부 • 획수 : 총10획

새김글

- '信'자의 대표 훈은 '믿음'이나 '發信'에서는 '소식, 편지'를 뜻합니다.
- 發信(발신) : 소식이나 우편, 또는 전신을 보냄. 반 수신受信.
- '形神'에서 '形'은 '육체肉體'를 뜻하고, '神'은 '정신精神'을 뜻합니다.
- 形神(형신) : '육체와 정신'을 아울러 이르는 말.

다음은 6급Ⅱ 한자로 구성된 한자어입니다. 순서에 따라 쓰며 익혀봅시다.

飮						
마실 음	丿 𠂉 𠆢 今 今 今 今 食 食 飠 飮 飮 飮					
食						
먹을 식	丿 人 𠆢 今 今 今 食 食 食					

돋보기
- 뜻 : **마시다** • 소리 : **음** • 부수 : 食부 • 획수 : 총13획
- 뜻 : **먹다** • 소리 : **식** • 부수 : 食부 • 획수 : 총 9획

始						
비로소 시	𡿨 女 女 女 女 女 始 始					
作						
지을 작	丿 亻 亻 亻 作 作 作					

돋보기
- 뜻 : **비로소** • 소리 : **시** • 부수 : 女부 • 획수 : 총 8획
- 뜻 : **짓다** • 소리 : **작** • 부수 : 人부 • 획수 : 총 7획

새김글
- '食'자는 부수로 쓰일 때에는 '飮'자처럼 한 획을 줄여서 씁니다.
- 飮食(음식) : 사람이 먹고 마시는 것. 예 지원이는 한국 음식을 좋아한다.
- '作'자의 대표 훈은 '짓다, 만들다'이나 '始作'에서는 '행하다'를 뜻합니다.
- 始作(시작) : 어떤 일이나 행동을 처음으로 하거나 쉬었다 다시 함.

다음은 6급 한자로 구성된 한자어입니다. 순서에 따라 쓰며 익혀봅시다.

交	
사귈 교	丶 亠 六 六 交 交
通	
통할 통	乛 乛 乛 乃 丙 丙 甬 甬 诵 诵 通

돋보기
- 뜻 : **사귀다** • 소리 : **교** • 부수 : 亠부 • 획수 : 총 6획
- 뜻 : **통하다** • 소리 : **통** • 부수 : 辶부 • 획수 : 총11획

強	
강할 강	7 コ 弓 弘 弘 弘 弘 弘 强 強 強
者	
놈 자	一 十 土 耂 耂 者 者 者 者

돋보기
- 뜻 : **강하다** • 소리 : **강** • 부수 : 弓부 • 획수 : 총11획
- 뜻 : **놈**(사람, 것) • 소리 : **자** • 부수 : 老부 • 획수 : 총 9획

새김글

- '交通'에서 '交'자는 '사귀다, 오고가다'를 뜻합니다.
- 교통(交通) : 자동차 · 기차 · 배 · 비행기 따위를 이용하여 오고 가는 일.
- '強'자는 서체에 따라 '强'처럼 쓰기도 하나 '強'자가 정자입니다.
- 강자(強者) : 힘이나 세력이 강한 사람이나 집단.

다음은 6급 한자로 구성된 한자어입니다. 순서에 따라 쓰며 익혀봅시다.

區	
구분할 구	一 丆 ㄇ 𠮛 … 區
別	
다를 별	丨 ㄇ 口 另 另 別 別

돋보기
- 뜻 : **구분하다** • 소리 : **구** • 부수 : 匸부 • 획수 : 총11획
- 뜻 : **다르다** • 소리 : **별** • 부수 : 刀부 • 획수 : 총 7획

特	
특별할 특	丿 𠂉 牛 牛 牛 特 特 特 特 特
使	
하여금 사	丿 亻 亻 亻 佢 佢 使 使

돋보기
- 뜻 : **특별하다** • 소리 : **특** • 부수 : 牛부 • 획수 : 총10획
- 뜻 : **하여금** • 소리 : **사** • 부수 : 人부 • 획수 : 총 8획

새김글
- '區別'은 서로 뜻이 비슷한 한자로 결합된 유의어입니다.
- 구별(區別) : 성질이나 종류에 따라 나타나는 차이.
- '特使'에서 '使'자는 '사신使臣, 심부름꾼'을 뜻합니다.
- 특사(特使) : 특별한 임무를 띠고 파견하는 외교 사절使節.

다음은 6급 한자로 구성된 한자어입니다. 순서에 따라 쓰며 익혀봅시다.

根							
뿌리 근	一 十 才 木 朩 杓 杓 杓 根 根 根						
本							
근본 본	一 十 才 木 本						

돋보기
- 뜻 : **뿌리** • 소리 : **근** • 부수 : 木부 • 획수 : 총10획
- 뜻 : **근본** • 소리 : **본** • 부수 : 木부 • 획수 : 총 5획

溫							
따뜻할 온	丶 冫 氵 氵 沪 沪 沪 沪 泗 渭 溫 溫 溫						
度							
법도 도	丶 亠 广 户 庐 庐 庐 庹 度						

돋보기
- 뜻 : **따뜻하다** • 소리 : **온** • 부수 : 水부 • 획수 : 총13획
- 뜻 : **법도** • 소리 : **도** • 부수 : 广부 • 획수 : 총 9획

새김글
- '根本'은 서로 뜻이 비슷한 한자로 결합된 유의어입니다.
- 근본(根本) : ① 초목의 뿌리. ② 사물의 본질이나 본바탕.
- '溫度'에서 '度'자는 '(각도 · 온도 · 경위도 등의) 단위'를 뜻합니다.
- 온도(溫度) : 따뜻함과 차가움의 정도.

다음은 6급 한자로 구성된 한자어입니다. 순서에 따라 쓰며 익혀봅시다.

晝	
낮 주	晝 (총 11획 필순)
夜	
밤 야	夜 (총 8획 필순)

돋보기

- 뜻 : **낮** • 소리 : **주** • 부수 : 日부 • 획수 : 총11획
- 뜻 : **밤** • 소리 : **야** • 부수 : 夕부 • 획수 : 총 8획

番	
차례 번	番 (총 12획 필순)
號	
이름 호	號 (총 13획 필순)

돋보기

- 뜻 : **차례** • 소리 : **번** • 부수 : 田부 • 획수 : 총12획
- 뜻 : **이름** • 소리 : **호** • 부수 : 虍부 • 획수 : 총13획

새김글

- '晝夜'는 서로 뜻이 상대되는 한자로 결합된 상대어입니다.
- 주야(晝夜) : ① 밤낮 ② ('주야로' 꼴로 쓰여) 쉬지 아니하고 계속함.
- '番號'에서 '號'자는 '번호'를 뜻합니다.
- 번호(番號) : 차례를 나타내거나 식별하기 위해 붙이는 숫자.

다음은 6급 한자로 구성된 한자어입니다. 순서에 따라 쓰며 익혀봅시다.

失	
잃을 실	ノ 𠂉 𠂉 牛 失
言	
말씀 언	` 亠 亠 言 言 言 言

돋보기
- 뜻 : **잃다** • 소리 : **실** • 부수 : 大부 • 획수 : 총 5획
- 뜻 : **말씀** • 소리 : **언** • 부수 : 言부 • 획수 : 총 7획

石	
돌 석	一 ア 不 石 石
油	
기름 유	` 氵 氵 氵 汩 汩 油 油

돋보기
- 뜻 : **돌** • 소리 : **석** • 부수 : 石부 • 획수 : 총 5획
- 뜻 : **기름** • 소리 : **유** • 부수 : 水부 • 획수 : 총 8획

새김글

- '失言'에서 '失'자는 '그르치다, 잘못하다'를 뜻합니다.
- 실언(失言) : 실수로 잘못 말함. 말실수.
- 석유(石油) : 땅속에서 천연으로 생산되는, 액체 탄화수소를 주성분으로 하는 가연성 기름.

다음은 6급 한자로 구성된 한자어입니다. 순서에 따라 쓰며 익혀봅시다.

太	
클 태	一ナ大太
古	
예 고	一十十古古

돋보기
- 뜻 : **크다** • 소리 : **태** • 부수 : 大부 • 획수 : 총 4획
- 뜻 : **예(옛날)** • 소리 : **고** • 부수 : 口부 • 획수 : 총 5획

苦	
쓸 고	一 十 卄 艹 芏 芊 苹 苦 苦
待	
기다릴 대	ノ 彳 彳 彳 行 往 往 待 待

돋보기
- 뜻 : **쓰다** • 소리 : **고** • 부수 : 艸부 • 획수 : 총 9획
- 뜻 : **기다리다** • 소리 : **대** • 부수 : 彳부 • 획수 : 총 9획

새김글
- '太古'에서 '太'자는 '심히, 매우'를 뜻합니다.
- 태고(太古) : 아주 먼 옛날.
- '苦待'에서 '苦'자는 '애쓰다, 힘쓰다'를 뜻합니다.
- 고대(苦待) : 몹시 기다림.

다음은 6급 한자로 구성된 한자어입니다. 순서에 따라 쓰며 익혀봅시다.

衣	
옷 의	丶 亠 ナ 衤 衣 衣
服	
옷 복	丿 刀 月 月 月' 肌 服 服

돋보기
- 뜻 : **옷** • 소리 : **의** • 부수 : 衣부 • 획수 : 총 6획
- 뜻 : **옷** • 소리 : **복** • 부수 : 月부 • 획수 : 총 8획

頭	
머리 두	一 丆 丙 丙 百 豆 豆 豆 豆 豇 頭 頭 頭 頭 頭 頭
目	
눈 목	丨 冂 月 月 目

돋보기
- 뜻 : **머리** • 소리 : **두** • 부수 : 頁부 • 획수 : 총16획
- 뜻 : **눈** • 소리 : **목** • 부수 : 目부 • 획수 : 총 5획

새김글

- ‘衣服’은 서로 뜻이 비슷한 한자로 결합된 유의어입니다.
- 의복(衣服) : 옷.
- ‘頭目’에서 ‘頭’자와 ‘目’자는 각각 ‘우두머리’를 뜻합니다.
- 두목(頭目) : 패거리의 우두머리.

다음은 6급 한자로 구성된 한자어입니다. 순서에 따라 쓰며 익혀봅시다.

親	
친할 친	丶 亠 亠 立 立 立 辛 辛 亲 亲 新 新 親 親 親 親
近	
가까울 근	丿 厂 斤 斤 斤 沂 沂 近

돋보기
- 뜻 : **친하다** • 소리 : **친** • 부수 : 見부 • 획수 : 총16획
- 뜻 : **가깝다** • 소리 : **근** • 부수 : 辶부 • 획수 : 총 8획

病	
병 병	丶 亠 广 疒 疒 疒 疒 病 病 病
席	
자리 석	丶 亠 广 广 产 产 产 产 席 席

돋보기
- 뜻 : **병** • 소리 : **병** • 부수 : 疒부 • 획수 : 총10획
- 뜻 : **자리** • 소리 : **석** • 부수 : 巾부 • 획수 : 총10획

새김글
- '親近'에서 '親'자는 '가깝다'를 뜻합니다.
- 친근(親近) : 사귀어 지내는 사이가 아주 가까움.
- '病席'의 '席'자는 '度(법도 도)'자와 모양이 비슷하여 혼동하기 쉬우니 주의!
- 병석(病席) : 병자가 앓아누워 있는 자리.

다음은 6급 한자로 구성된 한자어입니다. 순서에 따라 쓰며 익혀봅시다.

禮						
예도 례	禮 (필순)					
式						
법 식	式 (필순)					

돋보기
- 뜻 : **예도** • 소리 : **례** • 부수 : 示부 • 획수 : 총18획
- 뜻 : **법** • 소리 : **식** • 부수 : 弋부 • 획수 : 총 6획

銀						
은 은	銀 (필순)					
行						
다닐 행	行 (필순)					

돋보기
- 뜻 : **은** • 소리 : **은** • 부수 : 金부 • 획수 : 총14획
- 뜻 : **다니다** • 소리 : **행** • 부수 : 行부 • 획수 : 총 6획

새김글

- '禮式'에서 '禮'자는 본음이 '례'이나 두음법칙에 따라 '예'로 읽고 적습니다.
- 예식(禮式) : 예법禮法에 따라 치르는 의식儀式.
- '銀行'에서 '銀'자는 '금은金銀'을 줄인 말이고, '行'자는 '일(하다)'를 뜻합니다.
- 은행(銀行) : 돈을 맡아주거나 빌려주는 금융기관.

다음은 6급 한자로 구성된 한자어입니다. 순서에 따라 쓰며 익혀봅시다.

朝	
아침 조	一 十 𠫓 古 𠫓 吉 𠧪 卓 𠦝 𠦝 朝 朝
野	
들 야	丨 冂 冃 日 旦 甲 里 里 野 野 野

돋보기
- 뜻 : **아침** • 소리 : **조** • 부수 : 月부 • 획수 : 총12획
- 뜻 : **들** • 소리 : **야** • 부수 : 里부 • 획수 : 총11획

級	
등급 급	𠃋 幺 幺 糸 糸 糸 糹 紉 級 級
訓	
가르칠 훈	丶 一 二 三 言 言 言 訁 訓 訓

돋보기
- 뜻 : **등급** • 소리 : **급** • 부수 : 糸부 • 획수 : 총10획
- 뜻 : **가르치다** • 소리 : **훈** • 부수 : 言부 • 획수 : 총10획

새김글

- '朝野'는 서로 뜻이 상대되는 한자로 결합된 상대어입니다.
- 조야(朝野) : 조정朝廷과 민간民間.
  - 참 조정(朝廷) : 임금이 나라의 정치를 신하들과 의논하거나 집행하는 곳.
- 급훈(級訓) : 학급學級에서 교육 목표로 내세운 교훈敎訓.

다음은 6급 한자로 구성된 한자어입니다. 순서에 따라 쓰며 익혀봅시다.

開						
열 개	丨 ㄏ ㄕ 㔾 門 門 門 門 閂 閂 開 開					
京						
서울 경	丶 亠 亠 亣 亩 亨 京 京					

돋보기
- 뜻 : **열다** • 소리 : **개** • 부수 : 門부 • 획수 : 총12획
- 뜻 : **서울** • 소리 : **경** • 부수 : 亠부 • 획수 : 총 8획

古						
예 고	一 十 十 古 古					
朴						
성 박	一 十 才 木 村 朴					

돋보기
- 뜻 : **예(옛날)** • 소리 : **고** • 부수 : 口부 • 획수 : 총 5획
- 뜻 : **성** • 소리 : **박** • 부수 : 木부 • 획수 : 총 6획

새김글

- 개경(開京) : '개성開城'의 옛 이름. [고려 태조 왕건이 왕위에 오른 이듬해에 궁궐을 새로 지어 도읍지로 정하였던 곳]
- '古朴'에서 '朴'자는 '순박淳朴하다, 꾸밈이 없다'를 뜻합니다.
- 고박(古朴) : 예스럽고 질박質朴함.

다음은 6급 한자로 구성된 한자어입니다. 순서에 따라 쓰며 익혀봅시다.

多	
많을 다	丿 ク 夕 多 多 多
讀	
읽을 독	言 言 言 言 言 讀 讀 讀 讀 讀 讀 讀 讀 讀 讀 讀

돋보기
- 뜻 : **많다** • 소리 : **다** • 부수 : 夕부 • 획수 : 총 6획
- 뜻 : **읽다** • 소리 : **독** • 부수 : 言부 • 획수 : 총22획

永	
길 영	丶 亅 刁 永 永
遠	
멀 원	一 十 土 土 吉 吉 声 声 袁 袁 袁 遠 遠 遠

돋보기
- 뜻 : **길다** • 소리 : **영** • 부수 : 水부 • 획수 : 총 5획
- 뜻 : **멀다** • 소리 : **원** • 부수 : 辶부 • 획수 : 총14획

새김글
- 다독(多讀) : 많이 읽음.
- '永遠'은 서로 뜻이 비슷한 한자로 결합된 유의어입니다.
- 영원(永遠) : 어떤 상태가 끝없이 멀리 이어짐, 또는 시간을 초월하여 변하지 아니함.

다음은 6급 한자로 구성된 한자어입니다. 순서에 따라 쓰며 익혀봅시다.

李	
오얏 리	一 十 才 木 本 李 李
樹	
나무 수	一 十 才 木 木 朾 朾 桔 桔 桔 桔 桔 梪 樹 樹

돋보기
- 뜻 : **오얏** • 소리 : **리** • 부수 : 木부 • 획수 : 총 7획
- 뜻 : **나무** • 소리 : **수** • 부수 : 木부 • 획수 : 총16획

定	
정할 정	丶 丶 宀 宀 宁 宁 定 定
例	
법식 례	丿 亻 仁 伃 伢 伢 例 例

돋보기
- 뜻 : **정하다** • 소리 : **정** • 부수 : 宀부 • 획수 : 총 8획
- 뜻 : **법식** • 소리 : **례** • 부수 : 人부 • 획수 : 총 8획

새김글

- '李樹'의 '李'자는 본음이 '리'이나 두음법칙에 따라 '이'로 읽고 적습니다.
- '李'자의 대표 훈인 '오얏'은 '자두'의 옛말입니다.
- 이수(李樹) : 자두나무.
- 정례(定例) : 일정하게 정하여 놓은 규칙規則이나 사례事例.

다음은 6급 한자로 구성된 한자어입니다. 순서에 따라 쓰며 익혀봅시다.

現	
나타날 현	一 二 千 王 玑 玑 玥 玥 玥 珇 現
在	
있을 재	一 ナ 才 木 在 在

돋보기
- 뜻 : **나타나다** • 소리 : **현** • 부수 : 玉부 • 획수 : 총11획
- 뜻 : **있다** • 소리 : **재** • 부수 : 土부 • 획수 : 총 6획

郡	
고을 군	7 コ ヨ 尹 尹 君 君 君 君 郡
邑	
고을 읍	丨 口 口 口 吊 吊 邑

돋보기
- 뜻 : **고을** • 소리 : **군** • 부수 : 邑부 • 획수 : 총10획
- 뜻 : **고을** • 소리 : **읍** • 부수 : 邑부 • 획수 : 총 7획

새김글
- '現在'에서 '現'자는 '이제, 지금'을 뜻합니다.
- 현재(現在) : ① 지금의 시간. ② 기준으로 삼은 그 시점.
- '郡邑'은 서로 뜻이 비슷한 한자로 결합된 유의어입니다.
- 군읍(郡邑) : 행정구역의 군과 읍.

다음은 6급 한자로 구성된 한자어입니다. 순서에 따라 쓰며 익혀봅시다.

通	
통할 통	ㄱ ㄱ 了 月 月 甬 甬 甬 诵 涌 通
路	
길 로	丨 ㄇ 口 𧾷 𧾷 𧾷 𧾷 𧾷 趵 趵 跤 路 路

돋보기
- 뜻 : **통하다** • 소리 : **통** • 부수 : 辶부 • 획수 : 총11획
- 뜻 : **길** • 소리 : **로** • 부수 : 足부 • 획수 : 총13획

樂	
즐길 락	′ 亻 白 白 白 幺白 幺白 幺白 幺白幺 幺白幺 幺白幺 㶡 樂 樂 樂
園	
동산 원	丨 冂 冂 冂 冂 冂 冂 周 周 周 周 園 園

돋보기
- 뜻 : **즐기다** • 소리 : **락** • 부수 : 木부 • 획수 : 총15획
- 뜻 : **동산** • 소리 : **원** • 부수 : 囗부 • 획수 : 총13획

새김글

- 통로(通路) : 통하여 다니는 길.
- '樂園'의 '樂'자는 뜻에 따라 음이 '락, 악, 요' 등으로 다르게 쓰입니다. 여기에서는 두음법칙에 따라 '낙'으로 읽고 적습니다.
- 낙원(樂園) : ① 안락하게 살 수 있는 즐거운 곳. ② 죽은 뒤의 세계.

다음은 6급 한자로 구성된 한자어입니다. 순서에 따라 쓰며 익혀봅시다.

美						
아름다울 미	丶 丷 䒑 䒑 ⺷ 𦍌 𦍌 美 美					
感						
느낄 감	丿 厂 厂 后 后 后 咸 咸 咸 咸 感 感 感					

돋보기
- 뜻 : **아름답다** • 소리 : **미** • 부수 : 羊부 • 획수 : 총 9획
- 뜻 : **느끼다** • 소리 : **감** • 부수 : 心부 • 획수 : 총13획

新						
새 신	丶 亠 亠 立 立 立 辛 辛 亲 亲 新 新 新					
米						
쌀 미	丶 丷 ⺌ 半 米 米					

돋보기
- 뜻 : **새롭다** • 소리 : **신** • 부수 : 斤부 • 획수 : 총13획
- 뜻 : **쌀** • 소리 : **미** • 부수 : 米부 • 획수 : 총 6획

새김글
- '感'자는 뜻을 나타내는 '心(마음 심)'자와 소리를 나타내는 '咸(다 함) → 감'자가 결합하여 이루어진 형성자입니다.
- 미감(美感) : 아름다움에 대한 느낌.
- 신미(新米) : 햅쌀. 그 해에 새로 난 쌀.

다음은 6급 한자로 구성된 한자어입니다. 순서에 따라 쓰며 익혀봅시다.

生	
날 생	丿 𠂉 𠂹 牛 生
死	
죽을 사	一 ア 歹 歹 歺 死

- 뜻 : **낳다** • 소리 : **생** • 부수 : 生부 • 획수 : 총 5획
- 뜻 : **죽다** • 소리 : **사** • 부수 : 歹부 • 획수 : 총 6획

速	
빠를 속	一 𠂊 𠔿 𠕁 申 束 束 `束 辶束 速 速
度	
법도 도	` 亠 广 户 庐 庐 庐 庻 度

- 뜻 : **빠르다** • 소리 : **속** • 부수 : 辶부 • 획수 : 총11획
- 뜻 : **법도** • 소리 : **도** • 부수 : 广부 • 획수 : 총 9획

새김글

- '生死'는 서로 뜻이 상대되는 한자로 결합된 상대어입니다.
- 생사(生死) : 삶과 죽음.
- '速度'에서 '度'자는 '정도程度'를 뜻합니다.
- 속도(速度) : 물체가 나아가거나 일이 진행되는 빠르기.

다음은 6급 한자로 구성된 한자어입니다. 순서에 따라 쓰며 익혀봅시다.

學	
배울 학	(필순)
習	
익힐 습	(필순)

돋보기
- 뜻 : **배우다** • 소리 : **학** • 부수 : 子부 • 획수 : 총16획
- 뜻 : **익히다** • 소리 : **습** • 부수 : 羽부 • 획수 : 총11획

親	
친할 친	(필순)
孫	
손자 손	(필순)

돋보기
- 뜻 : **친하다** • 소리 : **친** • 부수 : 見부 • 획수 : 총16획
- 뜻 : **손자** • 소리 : **손** • 부수 : 子부 • 획수 : 총10획

새김글
- '學習'은 서로 뜻이 비슷한 한자로 결합된 유의어입니다.
- 학습(學習) : 배워서 익힘.
- '親孫'에서 '親'자는 '부계父系 혈족 관계인'의 뜻을 더하는 접두사입니다.
- 친손(親孫) : 아들이 낳은 자식. 친손자와 친손녀.

다음은 6급 한자로 구성된 한자어입니다. 순서에 따라 쓰며 익혀봅시다.

勝	
이길 승	丿 刀 月 月 月' 月'' 月'' 月'' 胖 朕 勝 勝
者	
놈 자	一 十 土 耂 耂 者 者 者 者

돋보기
- 뜻 : **이기다** • 소리 : **승** • 부수 : 力부 • 획수 : 총12획
- 뜻 : **놈(사람, 것)** • 소리 : **자** • 부수 : 老부 • 획수 : 총 9획

愛	
사랑 애	一 ㇀ ㇀ 爫 爫 爫 爫 悉 悉 悉 旡 旡 愛
讀	
읽을 독	言 言 言 言 言 言 言 言 言 言 讀 讀 讀 讀 讀 讀

돋보기
- 뜻 : **사랑** • 소리 : **애** • 부수 : 心부 • 획수 : 총13획
- 뜻 : **읽다** • 소리 : **독** • 부수 : 言부 • 획수 : 총22획

새김글

- '者'자의 대표 훈은 '놈'이나 쓰임에 따라 '사람, 것' 등을 뜻합니다.
- 승자(勝者) : 싸움이나 경기 따위에서 이긴 사람.
- '讀'자는 뜻에 따라 '독' 또는 '두'로 읽고 적습니다. 참 讀(읽을 독, 구절 두)
- 애독(愛讀) : 즐겨 재미있게 읽음.

다음은 6급 한자로 구성된 한자어입니다. 순서에 따라 쓰며 익혀봅시다.

洋	
큰바다 양	丶 冫 氵 氵 氵' 氵⺍ 氵䒑 氵⺷ 洋
畫	
그림 화	𠃌 ⺕ 彐 ⺕ 聿 ... 畫

돋보기
- 뜻 : **큰바다** • 소리 : **양** • 부수 : 水부 • 획수 : 총 9획
- 뜻 : **그림** • 소리 : **화** • 부수 : 田부 • 획수 : 총12획

陽	
볕 양	阝 ... 陽
地	
땅 지	一 十 土 ⼟ 𡉏 地

돋보기
- 뜻 : **볕** • 소리 : **양** • 부수 : 阜부 • 획수 : 총12획
- 뜻 : **땅** • 소리 : **지** • 부수 : 土부 • 획수 : 총 6획

새김글
- '洋畫'에서 '洋'자는 '서양西洋'을 뜻합니다.
- 양화(洋畫) : ① 서양에서 들여온 영화. ② 서양화.
- '陽地'의 '陽'자는 '場(마당 장)'자와 모양이 비슷하여 혼동하기 쉬우니 주의!
- 양지(陽地) : ① 볕이 바로 드는 곳. ② '혜택을 받는 입장'을 비유하여 이르는 말.

다음은 6급 한자로 구성된 한자어입니다. 순서에 따라 쓰며 익혀봅시다.

英	
꽃부리 영	
作	
지을 작	

돋보기
- 뜻 : **꽃부리** • 소리 : **영** • 부수 : 艸부 • 획수 : 총 9획
- 뜻 : **짓다** • 소리 : **작** • 부수 : 人부 • 획수 : 총 7획

青	
푸를 청	
綠	
푸를 록	

돋보기
- 뜻 : **푸르다** • 소리 : **청** • 부수 : 青부 • 획수 : 총 8획
- 뜻 : **푸르다** • 소리 : **록** • 부수 : 糸부 • 획수 : 총14획

새김글

- '英作'에서 '英'자는 '영국英國을 간략히 줄인 명칭'을 뜻합니다.
- 영작(英作) : 영어로 글을 지음.
- '青綠'은 서로 뜻이 비슷한 한자로 결합된 유의어입니다.
- 청록(青綠) : 푸른빛을 띤 초록색. 청록색.

다음은 6급 한자로 구성된 한자어입니다. 순서에 따라 쓰며 익혀봅시다.

事	
일 사	一 ㄱ 𠮛 亓 亘 写 亊 事
由	
말미암을 유	丨 冂 日 由 由

돋보기
- 뜻 : **일** • 소리 : **사** • 부수 : 亅부 • 획수 : 총 8획
- 뜻 : **말미암다** • 소리 : **유** • 부수 : 田부 • 획수 : 총 5획

醫	
의원 의	(필순 18획) 醫
藥	
약 약	(필순 19획) 藥

돋보기
- 뜻 : **의원** • 소리 : **의** • 부수 : 酉부 • 획수 : 총18획
- 뜻 : **약** • 소리 : **약** • 부수 : 艸부 • 획수 : 총19획

새김글

- '事由'에서 '由'자는 '까닭'을 뜻합니다.
- 사유(事由) : 일의 까닭.
- '醫藥'의 '藥'자는 '樂(즐길 락)'자와 모양이 비슷하여 혼동하기 쉬우니 주의!
- 의약(醫藥) : ① 병을 고치는 데 쓰는 약. ② 의술과 약.

다음은 6급 한자로 구성된 한자어입니다. 순서에 따라 쓰며 익혀봅시다.

和	
화할 화	一 二 千 禾 禾 和 和 和
合	
합할 합	丿 人 亼 今 合 合

돋보기
- 뜻 : **화하다** • 소리 : **화** • 부수 : 口부 • 획수 : 총 8획
- 뜻 : **합하다** • 소리 : **합** • 부수 : 口부 • 획수 : 총 6획

文	
글월 문	丶 亠 ナ 文
章	
글 장	丶 亠 亠 立 立 产 音 音 音 音 章

돋보기
- 뜻 : **글월** • 소리 : **문** • 부수 : 文부 • 획수 : 총 4획
- 뜻 : **글** • 소리 : **장** • 부수 : 立부 • 획수 : 총11획

새김글

- '合'자는 '부피의 단위(곡식, 가루, 액체)'로 쓰일 때에는 '홉'으로 읽고 적습니다.
- 화합(和合) : 화목하게 어울림.
- '文章'은 서로 뜻이 비슷한 한자로 결합된 유의어입니다.
- 문장(文章) : 생각이나 느낌을 말과 글자로 적은 글의 최소 단위.

다음은 6급 한자로 구성된 한자어입니다. 순서에 따라 쓰며 익혀봅시다.

話	
말씀 화	丶 亠 亠 亠 言 言 言 訁 訂 訐 話 話 話
題	
제목 제	丨 冂 日 日 旦 早 早 是 是 是 是 匙 題 題 題 題 題 題

돋보기
- 뜻 : **말씀** • 소리 : **화** • 부수 : 言부 • 획수 : 총13획
- 뜻 : **제목** • 소리 : **제** • 부수 : 頁부 • 획수 : 총18획

意	
뜻 의	丶 亠 亠 立 立 产 音 音 音 音 意 意 意
向	
향할 향	丿 亻 向 向 向 向

돋보기
- 뜻 : **뜻** • 소리 : **의** • 부수 : 心부 • 획수 : 총13획
- 뜻 : **향하다** • 소리 : **향** • 부수 : 口부 • 획수 : 총 6획

새김글
- '話題'의 '話'자는 '語(말씀 어)'자와 모양이 비슷하여 혼동하기 쉬우니 주의!
- 화제(話題) : ① 이야기의 제목. ② 이야깃거리.
- '意向'의 '向'자는 '尙(오히려 상)'자와 모양이 비슷하여 혼동하기 쉬우니 주의!
- 의향(意向) : 마음이 향하는 바, 또는 무엇을 하려는 생각.

다음은 6급 한자로 구성된 한자어입니다. 순서에 따라 쓰며 익혀봅시다.

黃						
누를 황	一十卄廾共艹芇芇苗苗黃黃					
土						
흙 토	一十土					

돋보기
- 뜻 : **누른빛** • 소리 : **황** • 부수 : 黃부 • 획수 : 총12획
- 뜻 : **흙** • 소리 : **토** • 부수 : 土부 • 획수 : 총 3획

同						
한가지 동	丨冂冂冋同同					
族						
겨레 족	丶亠方方方方扩於旌旌族					

돋보기
- 뜻 : **한가지** • 소리 : **동** • 부수 : 口부 • 획수 : 총 6획
- 뜻 : **겨레** • 소리 : **족** • 부수 : 方부 • 획수 : 총11획

새김글

- '黃土'의 '土'자는 '士(선비 사)'자와 모양이 비슷하여 혼동하기 쉬우니 주의!
- 황토(黃土) : 누렇고 거무스름한 흙.
- '族'자의 대표 훈인 '겨레'는 '같은 핏줄을 이어받은 민족'을 뜻합니다.
- 동족(同族) : 같은 겨레.

한자능력 검정시험

본문학습

학습 도움

본문학습

✔ 한자능력검정 5급으로 배정된 500자 중에서 6급(300자)을 제외한, 5급 신습한자(200자)에 각각 뜻이 통하는 한자와 연결하여 한자어를 만들어 그 뜻을 설명한 것입니다.

✔ 본문학습 뒷면은 한자의 활용과 익힘을 돕기 위하여 앞면에 제시된 한자어의 한자를 부수와 함께 반복 없이 나열한 것입니다.

학습방법

① 먼저 앞면의 본문학습 빈칸에 훈음訓音과 독음讀音을 씁니다.

② 본문학습 한자의 훈訓과 음音은 부록의 본문학습 해답(4쪽 ~ 21쪽)과 대조對照하며 학습합니다.

③ 위의 방법으로 본문학습[1 ~ 2 , 3 ~ 4 , 5 ~ 6 …]을 충분히 익힌 후에, 본문학습 뒤에 수록되어 있는 평가문제(237쪽 ~ 258쪽)[1 ~ 2 , 3 ~ 4 , 5 ~ 6 …]를 풀이합니다.

④ 한 번에 많은 양을 하기보다는 매일 매일 일정한 양을 꾸준히 학습하고, 틀린 부분을 한문 공책에다 반복하여 쓰는 것이 효과적입니다.

정답확인

✔ 본문학습 정답은 부록의 본문학습 해답(4쪽 ~ 21쪽)과 대조하면 알 수 있습니다.

✔ 평가문제 정답은 부록(25쪽 ~ 31쪽)에 있습니다.

아래 한자漢字의 뜻[訓]과 소리[音]를 자세히 익혀봅시다.

☆표는 5Ⅱ 배정한자임.

吉 (口) 총6획	壇 (土) 총16획	兵 (八) 총7획	勞 (力) 총12획	德 (彳) 총15획
길할 길	단 단	☆ 병사 병	☆ 일할 로	☆ 큰 덕

아래 설명을 읽고 빈칸에 보기 와 같이 쓰세요.

보기 努力(힘쓸 노)(힘 력)[노력]

吉日(　　)(　　)〔　　〕

도 ▸ 길한 날. 좋은 날. 用 吉日을 잡아 혼례(婚禮)를 올리다. 반 흉일(凶日).

立春大吉〔　　〕
(　　)(　　)(　　)(　　)

도 ▸ 입춘을 맞이하여 크게 길함. [입춘의 날에 문지방이나 대문 등에 써 붙이는 한문 글귀]

花壇(　　)(　　)〔　　〕

도 ▸ 흙을 높이 쌓아 화초를 심은 곳. 꽃밭.
참 畫壇(화단) ▹ 화가(畫家)들의 사회(社會).

教壇(　　)(　　)〔　　〕

도 ▸ 교실에서 선생이 강의할 때 올라서는 단.
참 教團(교단) ▹ 같은 종교상의 가르침을 잇는 사람끼리 모여 만든 종교 단체.

文壇(　　)(　　)〔　　〕

도 ▸ 문인(文人)들의 사회. 문학계. 사단(詞壇).

士兵(　　)(　　)〔　　〕

도 ▸ (군대에서) 장교가 아닌 모든 군인. 반 장교.

勇兵(　　)(　　)〔　　〕

도 ▸ 용감(勇敢)한 병사(兵士).

兵力(　　)(　　)〔　　〕

도 ▸ 병력·병기 등의 총체로서의 군대의 힘.

重勞動〔　　〕
(　　)(　　)(　　)

도 ▸ 육체적·정신적으로 몹시 힘이 드는 노동.

功勞(　　)(　　)〔　　〕

도 ▸ 어떤 일에 이바지한 공적(功績)과 노력(努力).
用 건국에 이바지한 功勞로 훈장(勳章)을 받았다.

勞苦(　　)(　　)〔　　〕

도 ▸ 어떤 일을 이루기 위하여 심신(心身)을 괴롭히며 애쓰는 일. 수고하는 일. 用 어버이의 勞苦에 보답(報答)하여야 한다.

功德(　　)(　　)〔　　〕

도 ▸ 공적(功績)과 덕행(德行). 用 功德을 기리다.
用 功德을 쌓다.

智德體〔　　〕
(　　)(　　)(　　)

도 ▸ 사람의 기본 바탕이 되는 지능, 도덕, 신체.

德性(　　)(　　)〔　　〕

도 ▸ 어질고 너그러운 품성(品性). 도덕적 의식.

✔ 해답은 부록 4쪽에 실려 있습니다.

도움글

○ '重勞動'과 같이 접두사처럼 쓰이는 한자가 붙어서 된 말이나 합성어에서, 뒷말의 첫소리가 'ㄴ' 또는 'ㄹ' 소리로 나더라도 두음법칙에 따라 적는다. 예 新女性(신여성), 上老人(상노인)

○ 서로 반대, 또는 상대되는 한자어 예 勞使(노사) : 근로자와 사용자. 功過(공과) : 공로와 과실.

다음 한자漢字를 필순筆順에 따라 쓰세요.

吉	길할 길	口부 총6획	一 十 士 吉 吉	重	무거울 중	里부 총9획	𠂉 亩 亩 重 重
壇	단 단	土부 총16획	土 圹 坾 壇 壇	動	움직일 동	力부 총11획	亩 重 重 動 動
兵	병사 병	八부 총7획	𠂆 斤 斤 丘 兵	功	공 공	力부 총5획	一 丅 工 玎 功
勞	일할 로	力부 총12획	火 炏 炏 勞 勞	苦	쓸 고	艸부 총9획	十 廾 艹 芏 苦
德	큰 덕	彳부 총15획	彳 彳 徝 德 德	智	지혜 지	日부 총12획	𠂉 矢 知 智 智
花	꽃 화	艸부 총8획	十 廾 芢 花 花	文	글월 문	文부 총4획	丶 亠 方 文
敎	가르칠 교	攴=攵부 총11획	乂 爻 孝 孝 敎	性	성품 성	忄=心부 총8획	丶 忄 忙 性 性
體	몸 체	骨부 총23획	冎 骨 骨 體 體	立	설 립	立부 총5획	丶 亠 亡 立 立
勇	날랠 용	力부 총9획	マ 甬 甬 勇 勇	春	봄 춘	日부 총9획	三 夫 夫 春 春

도움글

○ '苦'자는 쓰임에 따라 그 뜻이 다르게 쓰인다. 그 쓰임을 알아보자.

예1 苦盡甘來(고진감래) ▷ (쓸 고)(다할 진)(달 감)(올 래) 예2 苦樂(고락) ▷ (괴로울 고)(즐길 락)

아래 한자漢字의 뜻[訓]과 소리[音]를 자세히 익혀봅시다.

☆표는 5Ⅱ 배정한자임.

位 (人) 총7획	害 (宀) 총10획	亡 (亠) 총3획	打 (手) 총5획	曲 (曰) 총6획
자리 위	☆ 해할 해	망할 망	칠 타	굽을 곡

아래 설명을 읽고 빈칸에 보기 와 같이 쓰세요.

보기 努力(힘쓸 노)(힘 력)[노력]

地位(　　)(　　)〔　　〕

도 ▸사회적 신분(身分)에 따라 개인이 차지하는 자리나 계급(階級).

品位(　　)(　　)〔　　〕

도 ▸사람이나 물건이 지닌 좋은 인상.

利害(　　)(　　)〔　　〕

도 ▸①이익(利益)과 손해(損害). ②득실(得失).

水害(　　)(　　)〔　　〕

도 ▸홍수(洪水)로 말미암은 재해(災害). 예 水害 지구(地區)로 선포(宣布)하다.

公害(　　)(　　)〔　　〕

도 ▸산업(產業) 활동이나 교통량의 증가(增加) 등으로 말미암아 공중(公衆)의 건강(健康)이나 생활 환경(環境)에 미치는 여러 가지 해로움.

亡國(　　)(　　)〔　　〕

도 ▸①나라가 망함. ②망한 나라.

亡命(　　)(　　)〔　　〕

도 ▸정치적인 이유(理由) 등으로, 제 나라에 있지 못하고 남의 나라로 몸을 피하는 일.

敗亡(　　)(　　)〔　　〕

도 ▸①전쟁에 져서 망함. ②싸움에 져서 죽음.

打開(　　)(　　)〔　　〕

도 ▸어떤 일이나 형편이 얽히거나 막히어 있는 것을 헤치거나 뚫어 냄. 예 난국(難局)을 打開하는 지도력(指導力)을 발휘(發揮)하다.

打算(　　)(　　)〔　　〕

도 ▸이해(利害) 관계를 따져 셈쳐 봄. 예 수지(收支) 打算을 맞추다.

打作(　　)(　　)〔　　〕

도 ▸곡식(穀食)의 이삭을 털어서 거두는 일.

作曲(　　)(　　)〔　　〕

도 ▸악곡(樂曲)을 지음, 또는 그 악곡.

不問曲直〔　　〕
(　　)(　　)(　　)(　　)

도 ▸옳고 그름을 묻지 아니함. 예 그는 不問曲直하고 멱살부터 잡았다.

曲線美〔　　〕
(　　)(　　)(　　)

도 ▸건축(建築)이나 조각(彫刻)·회화(繪畫)에서 곡선(曲線)으로 표현된 아름다움.
참 曲線(곡선) ▹부드럽게 굽은 선.

名曲(　　)(　　)〔　　〕

도 ▸뛰어난 악곡. 유명한 악곡.

도움글

○ 서로 반대, 또는 상대되는 한자어
예1 利害(이해) : 이익과 손해. 이로움과 해로움. 예2 曲直(곡직) : 굽음과 곧음. 옳고 그름.

다음 한자漢字를 필순筆順에 따라 쓰세요.

한자	훈음	부수·총획	필순	한자	훈음	부수·총획	필순
位	자리 위	人부 총7획	亻 仁 仁 付 位	敗	패할 패	攴=攵부 총11획	目 貝 貝 貯 敗
害	해할 해	宀부 총10획	宀 宁 宇 宔 害	開	열 개	門부 총12획	門 門 閂 開 開
亡	망할 망	亠부 총3획	丶 亠 亡	算	셈 산	竹부 총14획	⺮ 竹 笛 筫 算
打	칠 타	扌=手부 총5획	一 亅 扌 扌 打	作	지을 작	人부 총7획	丿 亻 亻 作 作
曲	굽을 곡	曰부 총6획	丨 冂 冃 曲 曲	問	물을 문	口부 총11획	丨 門 門 門 問
品	물건 품	口부 총9획	口 口 吅 品 品	直	곧을 직	目부 총8획	一 十 冇 直 直
利	이할 리	刀=刂부 총7획	二 千 禾 利 利	線	줄 선	糸부 총15획	幺 糸 紃 綍 線
公	공평할 공	八부 총4획	丿 八 公 公	美	아름다울미	羊부 총9획	丷 䒑 羊 兰 美
國	나라 국	囗부 총11획	冋 囻 國 國 國	名	이름 명	口부 총6획	丿 ク 夕 名 名

도움글

○ 혼동하기 쉬운 글자 ☞ 1 曲(굽을 곡)과 由(말미암을 유) 2 亡(망할 망)과 忘(잊을 망)
3 作(지을 작)과 昨(어제 작)

○ 서로 뜻이 반대, 또는 상대되는 한자어 ☞ 1 曲直(곡직) 2 成敗(성패) 3 利害(이해) 4 問答(문답)

아래 한자漢字의 뜻[訓]과 소리[音]를 자세히 익혀봅시다.

☆표는 5Ⅱ 배정한자임.

案 (木) 총10획	法 (水) 총8획	炭 (火) 총9획	示 (示) 총5획	終 (糸) 총11획
책상 안	☆법 법	숯 탄	보일 시	마칠 종

아래 설명을 읽고 빈칸에 보기 와 같이 쓰세요.

보기 努力(힘쓸 노)(힘 력)[노력]

答案(　　)(　　)〔　　〕
도 ▸내놓은 문제에 대한 해답(解答).

案件(　　)(　　)〔　　〕
도 ▸조사하거나 토의(討議)해야 할 사항. 문제가 되어 있는 사항. 예 討議할 案件이 많다.

方案(　　)(　　)〔　　〕
도 ▸일을 처리할 방법(方法)이나 계획(計劃).
예 구체적인 方案을 모색(摸索)하다.

合法(　　)(　　)〔　　〕
도 ▸법령(法令)이나 규칙(規則)에 맞음. 적법(適法).
반 불법(不法). 위법(違法).

技法(　　)(　　)〔　　〕
도 ▸기술상의 수법. 기교(技巧)를 부리는 방법.

法則(　　)(　　)〔　　〕
도 ▸지켜야 할 규칙(規則).

法令(　　)(　　)〔　　〕
도 ▸법률(法律)과 명령(命令)을 통틀어 이르는 말.

石炭(　　)(　　)〔　　〕
도 ▸땅속에 묻힌 식물이 오랜 세월에 걸친 지압(地壓)이나 지열(地熱)의 영향으로 변질해서 생긴 가연성(可燃性)의 퇴적암(堆積巖).

炭質(　　)(　　)〔　　〕
도 ▸숯이나 석탄·무연탄 따위의 품질.

炭化(　　)(　　)〔　　〕
도 ▸유기 화합물이 화학적 작용에 의하여 탄소로 변화하는 일. 예 炭化水素(탄화수소).

展示(　　)(　　)〔　　〕
도 ▸물품 따위를 늘어놓아 보임.
참 戰時(전시) ▹전쟁을 하고 있는 때 반 평시(平時).

訓示(　　)(　　)〔　　〕
도 ▸(윗사람이 아랫사람에게) 주의 사항을 일러 보이거나 지시를 주는 일.

例示(　　)(　　)〔　　〕
도 ▸예를 들어 보임. 예 몇 가지 방법을 例示하다.

始終(　　)(　　)〔　　〕
도 ▸처음과 끝. 예 이야기의 始終을 들었다. 예 그는 꼿꼿하게 앉아서 始終 말이 없었다.

終末(　　)(　　)〔　　〕
도 ▸계속되어 온 일이나 현상의 끝판.

終日(　　)(　　)〔　　〕
도 ▸아침부터 저녁까지. 하루의 낮동안. 예 終日토록 기다렸다.

도움글

○ '則'자는 쓰임에 따라 訓音이 달라짐에 주의! 예1 規則 ▹(법 규)(법칙 칙) 예2 문장형식[A則(즉)B]
○ 氷炭之間(빙탄지간) ▹'얼음과 숯의 사이'라는 말로, '서로 화합할 수 없는 사이'를 뜻한다.

다음 한자漢字를 필순筆順에 따라 쓰세요.

한자	훈음	부수·획수	필순	한자	훈음	부수·획수	필순
案	책상 안	木부 총10획	宀 安 安 案 案	則	법칙 칙	刀=刂부 총9획	冂 月 貝 則 則
法	법 법	氵=水부 총8획	氵 氵 汁 注 法	令	하여금 령	人부 총5획	丿 人 𠆢 今 令
炭	숯 탄	火부 총9획	山 山 屵 岸 炭	質	바탕 질	貝부 총15획	𠂆 斤 斦 質 質
示	보일 시	示부 총5획	一 二 亍 亓 示	化	될 화	匕부 총4획	丿 亻 亻 化
終	마칠 종	糸부 총11획	幺 糸 紁 終 終	展	펼 전	尸부 총10획	彐 尸 屈 屏 展
答	대답 답	竹부 총12획	𥫗 𥫗 竺 笑 答	訓	가르칠 훈	言부 총10획	言 言 訁 訓 訓
件	물건 건	人부 총6획	亻 亻 仁 件 件	例	법식 례	人부 총8획	亻 亻 仍 例 例
合	합할 합	口부 총6획	丿 人 𠆢 合 合	始	비로소 시	女부 총8획	𡿨 女 女 如 始
技	재주 기	扌=手부 총7획	扌 扌 扗 技 技	末	끝 말	木부 총5획	一 二 丰 末 末

도움글

- 혼동하기 쉬운 글자 1 末(말)과 未(아닐 미) 2 日(일)과 曰(가로 왈) 3 令(령)과 今(이제 금)
- '則'자는 쓰임에 따라 발음이 달라짐에 주의 '접속사[~면]'일 때는 '즉'으로, 명사 일 때는 '칙'으로 읽는다. 참 然則(연즉), 規則(규칙)

아래 한자漢字의 뜻[訓]과 소리[音]를 자세히 익혀봅시다.

☆표는 5II 배정한자임.

船 (舟) 총11획	變 (言) 총23획	財 (貝) 총10획	量 (里) 총12획	順 (頁) 총12획
배 선	☆ 변할 변	☆ 재물 재	헤아릴 량	☆ 순할 순

아래 설명을 읽고 빈칸에 보기 와 같이 쓰세요.

보기 努力(힘쓸 노)(힘 력)[노력]

風船(　　　)(　　　)〔　　　〕

도 ▸①고무풍선. ②바람으로 움직이는 배.

旅客船〔　　　〕

(　　　)(　　　)(　　　)

도 ▸여행하는 사람을 실어 나르는 것을 목적으로 하는 배. 참 여객기(旅客機).

漁船(　　　)(　　　)〔　　　〕

도 ▸고기잡이를 위한 배.

變色(　　　)(　　　)〔　　　〕

도 ▸①놀라거나 화가 나서 얼굴빛이 달라짐. ②빛깔이 변하여 달라짐.

事變(　　　)(　　　)〔　　　〕

도 ▸①사람의 힘으로는 피할 수 없는 천재(天災)나 그 밖의 큰 변고(變故). ②선전포고(宣戰布告) 없이 이루어진 국가간의 무력(武力)충돌.

예 6·25事變을 잊어서는 안 된다.

變化(　　　)(　　　)〔　　　〕

도 ▸사물의 모양(模樣)·성질(性質)·상태(狀態) 등이 달라짐. 예 시대적 變化에 대응(對應)하다

文化財〔　　　〕

(　　　)(　　　)(　　　)

도 ▸문화적 가치를 지니고 있는 역사적인 유물.

예 박물관에는 많은 文化財가 전시되어 있다.

財物(　　　)(　　　)〔　　　〕

도 ▸돈과 값나가는 물건.

財産(　　　)(　　　)〔　　　〕

도 ▸개인이나 단체가 소유한 유형(有形)·무형(無形)의 경제적 가치(價値)가 있는 것의 총체.

重量(　　　)(　　　)〔　　　〕

도 ▸①무게. ②무거운 무게. 예 물건의 重量을 달다. 반 경량(輕量). ③지구상의 물체에 작용하는 중력(重力)의 크기.

分量(　　　)(　　　)〔　　　〕

도 ▸무게·부피·수량(數量) 등의 많고 적음과 크고 작은 정도(程度).

少量(　　　)(　　　)〔　　　〕

도 ▸적은 분량(分量). 반 다량(多量).

참 小量(소량) ▹ 좁은 도량(度量).

溫順(　　　)(　　　)〔　　　〕

도 ▸성질(性質)이나 마음씨가 온화(溫和)하고 순함.

順理(　　　)(　　　)〔　　　〕

도 ▸①도리에 순종(順從)함. ②마땅한 도리나 이치(理致). 예 順理대로 일을 처리(處理)하였다.

順序(　　　)(　　　)〔　　　〕

도 ▸정하여 있는 차례. 예 順序를 지키다.

도움글

- 혼동하기 쉬운 글자 1 旅(려)와 族(겨레 족) 2 漁(어)와 魚(고기 어) 3 少(소)와 小(작을 소)
- '序'자는 [广(엄)+予(여)]의 결합어이나 간혹 '予'자를 '子(자)'자로 혼동하는 경우가 많으니 주의!

다음 한자漢字를 필순筆順에 따라 쓰세요.

한자	훈음	부수·총획	필순	한자	훈음	부수·총획	필순
船	배 선	舟부 총11획	丿 月 舟 舡 船	事	일 사	亅부 총8획	一 ㄱ 亘 亘 事
變	변할 변	言부 총23획	言 絲 䜌 孌 變	化	될 화	匕부 총4획	丿 亻 亻 化
財	재물 재	貝부 총10획	冂 目 貝 財 財	物	물건 물	牛부 총8획	丿 ㅏ 牛 牜 物 物
量	헤아릴 량	里부 총12획	口 旦 昌 量 量	産	낳을 산	生부 총11획	亠 立 产 产 産
順	순할 순	頁부 총12획	丿 川 川 順 順	重	무거울 중	里부 총9획	一 丆 言 重 重
風	바람 풍	風부 총9획	丿 几 凨 風 風	少	적을 소	小부 총4획	亅 小 小 少
客	손 객	宀부 총9획	丶 宀 夕 安 客	溫	따뜻할 온	氵= 水부 총13획	氵 氵 沪 涅 溫
漁	고기잡을 어	氵= 水부 총14획	氵 氵 汋 渔 漁	理	다스릴 리	玉부 총11획	扌 王 玎 理 理
色	빛 색	色부 총6획	𠂊 ⺈ 刍 刍 色	序	차례 서	广부 총7획	亠 广 户 庀 序

도움글

○ '理'자의 부수는 '玉(구슬 옥)'이나 글자 속에서는 '王(임금 왕)'과 같이 점이 생략되어 쓰인다. 따라서 총획수는 '王'과 같이 '4획'이며, 부수 명칭은 '玉(구슬옥변)'이라고 한다.

아래 한자漢字의 뜻[訓]과 소리[音]를 자세히 익혀봅시다.

☆표는 5Ⅱ 배정한자임.

價 (人) 총15획	以 (人) 총5획	典 (八) 총8획	化 (匕) 총4획	史 (口) 총5획
☆ 값 가	☆ 써 이	☆ 법 전	☆ 될 화	☆ 사기 사

아래 설명을 읽고 빈칸에 보기 와 같이 쓰세요.

보기 努力(힘쓸 노)(힘 력)[노력]

價格(　　　)(　　　)〔　　　〕

도 ▸ 돈으로 나타낸 상품(商品)의 값.

時價(　　　)(　　　)〔　　　〕

도 ▸ 상품의 거래(去來)할 때의 가격. 시세(時勢).
참 市價(시가) ▹ 시장(市場)에서 팔리는 값.

代價(　　　)(　　　)〔　　　〕

도 ▸ ①물건의 값으로 치르는 돈. 삯. ②어떤 일을 함으로써 생기는 희생이나 손해, 또는 그것으로 인하여 얻어진 결과. 예 그의 성공(成功)은 그동안 피땀을 흘린 代價이다.

以內(　　　)(　　　)〔　　　〕

도 ▸ 시간 또는 공간에서 일정한 범위의 안. 예 15분 以內에 탑승(搭乘)하여야 한다. 반 이외(以外).

以上(　　　)(　　　)〔　　　〕

도 ▸ ①그것보다 많거나 위일 때, 또는 정도가 더하거나 위일 때. 예 20세 以上의 남녀. 예 누구 以上의 어려움을 겪었지. ②이제까지 말한 내용. 예 以上의 내용은 사실이다. 반 이하(以下).

典例(　　　)(　　　)〔　　　〕

도 ▸ 전거(典據)가 되는 선례(先例).
＊ 典據 ▹ 말・문장 따위의 근거로 삼는 문헌상의 출처.
참 前例(전례) ▹ 이전의 사례(事例). 선례(先例). 예 일을 前例대로 처리(處理)하였다.

字典(　　　)(　　　)〔　　　〕

도 ▸ 한자(漢字)를 모아 일정한 순서로 배열(排列)하여 그 한 자 한 자를 해설한 책.
참 自轉(자전) ▹ 저절로 돎. 예 지구의 自轉.

體典(　　　)(　　　)〔　　　〕

도 ▸ 여러 가지 종목의 경기가 벌어지는 체육 행사. 전국 체육 대회.

文化(　　　)(　　　)〔　　　〕

도 ▸ 인지(人智)가 깨어 세상이 열리고 생활이 보다 편리하게 되는 일.

化學(　　　)(　　　)〔　　　〕

도 ▸ 물질의 구성과 구조, 성질과 작용 및 변화 따위를 연구(硏究)하는 자연 과학(科學)의 한 부문(部門).

先史時代〔　　　〕
(　　　)(　　　)(　　　)(　　　)

도 ▸ 고고학(考古學)에서 이르는 시대 구분(區分)의 한 가지. [곧, 역사(歷史) 시대 이전(以前)의 시대. 문헌적 사료(史料)가 없는 석기(石器) 시대, 청동기(靑銅器) 시대를 이름.]

野史(　　　)(　　　)〔　　　〕

도 ▸ 민간(民間)에서 사사로이 기록(記錄)한 역사(歷史).
반 정사(正史).

도움글

○ 틀리기 쉬운 한자의 부수 ① 字 - (子) ② 化 - (匕) ③ 內 - (入) ④ 變 - (言) ⑤ 來 - (人)

○ 以心傳心(이심전심) ▹ '마음에서 마음으로 뜻을 전한다.'는 뜻으로, '말을 하지 않더라도 서로 마음이 통하여 아는 것'을 일컫는 말이다.

다음 한자漢字를 필순筆順에 따라 쓰세요.

한자	훈음	부수·획수	필순	한자	훈음	부수·획수	필순
價	값 가	人부 총15획	亻 仠 価 僧 價	上	윗 상	一부 총3획	丨 卜 上 / 丨 卜 上
以	써 이	人부 총5획	丨 レ レ 𠂈 以	下	아래 하	一부 총3획	一 丅 下
典	법 전	八부 총8획	冂 冃 曲 典 典	文	글월 문	文부 총4획	丶 亠 亣 文
化	될 화	匕부 총4획	ノ 亻 亻 化	例	법식 례	人부 총8획	亻 仁 伤 伤 例
史	사기 사	口부 총5획	丨 冂 口 史 史	字	글자 자	子부 총6획	丶 宀 宀 字 字
格	격식 격	木부 총10획	十 才 朩 枚 格	體	몸 체	骨부 총23획	骨 骨 體 體 體
時	때 시	日부 총10획	日 日 旪 時 時	學	배울 학	子부 총16획	𦥑 𦥑 與 學
代	대신할 대	人부 총5획	ノ 亻 仁 代 代	先	먼저 선	儿부 총6획	ノ 𠂉 生 先 先
內 (内)	안 내	入부 총4획	丨 冂 內 內	野	들 야	里부 총11획	里 里 野 野 野

도움글

○ '內'자는 서체에 따라 글자의 모양이 다르게 쓰이나 모두 통용된다. 참 內 = 内

○ 혼동하기 쉬운 글자 1 史(사)와 吏(벼슬아치 리) 2 代(대)와 伐(칠 벌) 3 化(화)와 花(꽃 화)

아래 한자漢字의 뜻[訓]과 소리[音]를 자세히 익혀봅시다.

☆표는 5Ⅱ 배정한자임.

士 (士) 총3획	局 (尸) 총7획	念 (心) 총8획	改 (攴) 총7획	最 (曰) 총12획
☆ 선비 사	☆ 판 국	☆ 생각 념	고칠 개	가장 최

아래 설명을 읽고 빈칸에 보기 와 같이 쓰세요.

보기 努力(힘쓸 노)(힘 력)[노력]

軍士(　　)(　　)〔　　〕

도 ▸(군대에서) 장교의 지휘를 받는 병사(兵士).

樂士(　　)(　　)〔　　〕

도 ▸악기로 연주하는 일을 직업으로 하는 사람.

士大夫〔　　〕
(　　)(　　)(　　)

도 ▸(지난날) 문벌이 높은 사람을 이르는 말.

局面(　　)(　　)〔　　〕

도 ▸일이 되어 가는 형편. 일이 벌어진 상황(狀況).

結局(　　)(　　)〔　　〕

도 ▸일의 마무리 단계. 끝. 판국. 결말. 활 어떻게 하나 結局은 마찬가지다. 활 結局 우리가 이겼다.

對局(　　)(　　)〔　　〕

도 ▸①어떤 형편이나 국면(局面)을 당함. ②마주보고 앉아서 바둑이나 장기를 둠.

時局(　　)(　　)〔　　〕

도 ▸나라나 사회의 안팎 사정. 활 時局이 안정되다.

改良(　　)(　　)〔　　〕

도 ▸고치어 좋게 함. ['개선(改善)'은 주로 추상적인 경우에, '개량(改良)'은 주로 구체적인 경우에 쓰임.]
참 改量(개량) ▹토지를 다시 측정(測定)함.

一念(　　)(　　)〔　　〕

도 ▸한결같은 마음. 활 나라 위한 一念으로 일생을 바치다.

念頭(　　)(　　)〔　　〕

도 ▸마음. 생각. 활 그의 출전을 念頭에 두고 있었다.

信念(　　)(　　)〔　　〕

도 ▸굳게 믿어 의심(疑心)하지 않는 마음.

改善(　　)(　　)〔　　〕

도 ▸잘못된 점을 고쳐 잘되게 함. 활 체질 改善.

改正(　　)(　　)〔　　〕

도 ▸바르게 고침. 활 적합하지 못한 법을 改正하다.
참 改定(개정) ▹한번 정했던 것을 고치어 다시 정함.
활 버스 요금을 改定하다.

最近(　　)(　　)〔　　〕

도 ▸얼마 안 되는 지나간 날. 활 最近의 사회 변화.

最善(　　)(　　)〔　　〕

도 ▸①가장 좋거나 훌륭한 것. 활 정직만이 最善의 길이다. ②전력(全力). 활 시합에서 最善을 다했다.

最古(　　)(　　)〔　　〕

도 ▸가장 오래됨. 반 최신(最新).
참 最高(최고) ▹①가장 높음. 반 최저(最低). ②제일(第一)임.

도움글

- '念'자의 음(音)은 '념'이나, 음절의 첫머리에서는 두음법칙(頭音法則)에 의해 '염'으로 발음한다.
- '局'자와 어울려 뜻이 통하는 한자어 ▹ 예1 藥局(약국) 예2 政局(정국) 예3 破局(파국)

다음 한자漢字를 필순筆順에 따라 쓰세요.

한자	훈음	부수·획수	필순	한자	훈음	부수·획수	필순
士	선비 사	士부 총3획	一 十 士	對	대할 대	寸부 총14획	丨 业 丵 丵 對
局	판 국	尸부 총7획	フ コ 尸 局 局	時	때 시	日부 총10획	日 旪 旪 時 時
念	생각 념	心부 총8획	人 今 今 念 念	良	어질 량	艮부 총7획	亠 ヨ 良 良 良
改	고칠 개	攴=攵부 총7획	ㄱ 己 改 改 改	頭	머리 두	頁부 총16획	豆 豆 頭 頭 頭
最	가장 최	日부 총12획	日 旦 早 最 最	信	믿을 신	人부 총9획	亻 亻 信 信 信
軍	군사 군	車부 총9획	冖 冒 冒 軍 軍	正	바를 정	止부 총5획	一 丅 下 正 正
樂	즐길 락	木부 총15획	白 紬 樂 樂 樂	近	가까울 근	辶=辵부 총8획	厂 斤 斤 沂 近
面	낯 면	面부 총9획	丆 丙 而 面 面	善	착할 선	口부 총12획	䒑 羊 羊 盖 善
結	맺을 결	糸부 총12획	幺 糸 糸 結 結	古	예 고	口부 총5획	一 十 十 古 古

도움글

우스운 소리! 명식이가 학교에서 한자 시간에 月火水木金土日을 익혔다. 집에 와서 엄마에게 자랑하며 다음과 같이 말하였다. "엄마! 오늘 한자 시간에 '월화목수김사왈'을 배웠어요. 그리고 왕(王)편 찾는 것도 배웠어요. 저 무척 똑똑해졌지요!"

아래 한자漢字의 뜻[訓]과 소리[音]를 자세히 익혀봅시다.

☆표는 5II 배정한자임.

材 (木) 총7획	氷 (水) 총5획	争 (爪) 총8획	祝 (示) 총10획	罪 (罒) 총13획
☆ 재목 재	얼음 빙	다툴 쟁	빌 축	허물 죄

아래 설명을 읽고 빈칸에 보기 와 같이 쓰세요.

보기 努力(힘쓸 노)(힘 력)[노력]

材料(　　　)(　　　)〔　　　〕

도 ▸ 물건을 만드는 감, 또는 예술적 표현의 제재.
예 건축 材料는 다양하다.

材木(　　　)(　　　)〔　　　〕

도 ▸ ①건축·토목 따위의 재료로 쓰는 나무. ②'큰일을 할 인물'을 비유하여 이르는 말. 예 큰일을 할 材木으로 지목(指目)되다.

題材(　　　)(　　　)〔　　　〕

도 ▸ (문학이나 예술 작품의) 주제를 나타내기 위해 이용된 사물이나 바탕이 되는 재료.

氷山(　　　)(　　　)〔　　　〕

도 ▸ 남극(南極)이나 북극(北極)의 바다에 떠 있는 거대한 얼음덩이.

氷上競技〔　　　〕
(　　　)(　　　)(　　　)(　　　)

도 ▸ 스케이팅·아이스하키 등 얼음 위에서 하는 여러 가지 경기(競技).

言争(　　　)(　　　)〔　　　〕

도 ▸ 말다툼. 예 두 사람은 오랫동안 言争을 벌였다.

戰争(　　　)(　　　)〔　　　〕

도 ▸ 국가와 국가 사이의 무력(武力) 투쟁(鬪争).

分争(　　　)(　　　)〔　　　〕

도 ▸ 여러 무리로 갈라져 다툼.

祝福(　　　)(　　　)〔　　　〕

도 ▸ 남을 위하여 행복(幸福)하기를 빎. 예 앞날의 대성을 祝福하다. 예 백년가약(百年佳約)을 祝福하다.

祝電(　　　)(　　　)〔　　　〕

도 ▸ 축하의 뜻을 나타낸 전보(電報). 예 생일을 맞은 친구에게 祝電을 띄우다.
참 祝典(축전) ▹ 축하하는 의식(儀式)이나 식전(式典).
예 세계 청소년 음악 祝典이 서울에서 열리다.

祝願(　　　)(　　　)〔　　　〕

도 ▸ ①희망하는 대로 이루어지기를 마음으로 원함. ②(신이나 부처에게) 소원이 이루어지게 해 달라고 빎.
예 어머니는 아들의 성공을 祝願했다.

罪責感〔　　　〕
(　　　)(　　　)(　　　)

도 ▸ 죄를 지은 데에 대한 책임감(責任感).

重罪(　　　)(　　　)〔　　　〕

도 ▸ 무거운 죄. 큰 죄.

有罪(　　　)(　　　)〔　　　〕

도 ▸ 판결에 의해 범죄 사실이 인정되는 일.

도움글

- 두음법칙(頭音法則) ▹ 예1 勞動 ▹ 로동 → 노동　예2 旅行 ▹ 려행 → 여행　예3 料金 ▹ 료금 → 요금
- 혼동하기 쉬운 글자 ▹ 예1 材(재)와 村(촌)　예2 氷(빙)과 永(영)　예3 技(기)와 枝(지)
- 소리는 같으나 뜻이 다른 동음이의어 ▹ 예1 競技 ≠ 景氣(경기)　예2 朝鮮 ≠ 造船(조선)

다음 한자漢字를 필순筆順에 따라 쓰세요.

한자	훈음	부수·획수	필순	한자	훈음	부수·획수	필순
材	재목 재	木부 총7획	十 木 木一 村 材	有	있을 유	月부 총6획	ノ ナ 冇 有 有
氷	얼음 빙	水부 총5획	亅 亅 习 氵 氷	分	나눌 분	刀부 총4획	ノ 八 分 分
爭	다툴 쟁	爪부 총8획	ノ ⺤ 爭 爭 爭	福	복 복	示부 총14획	礻 礻 祀 福 福
祝	빌 축	示부 총10획	礻 礻 祀 祀 祝	電	번개 전	雨부 총13획	冖 帀 雨 雷 電
罪	허물 죄	罒부 총13획	罒 罒 罪 罪 罪	願	원할 원	頁부 총19획	厂 盾 原 原 願
料	헤아릴 료	斗부 총10획	丷 半 米 料 料	責	꾸짖을 책	貝부 총11획	二 丰 主 青 責
題	제목 제	頁부 총18획	早 早 是 題 題	感	느낄 감	心부 총13획	丿 后 咸 咸 感
競	다툴 경	立부 총20획	立 音 竟 竟 競	戰	싸움 전	戈부 총16획	吕 單 單 戰 戰
技	재주 기	扌= 手부 총7획	十 扌 扌 抆 技	勞	일할 로	力부 총12획	火 炏 𤇾 勞 勞

도움글

- '氷'자와 쓰임이 같고 모양이 다른 이체자(異體字)가 있다. 참 氷(水부) = 冰(冫부)
- '技'자의 부수는 '手(손 수)'이나 글자 속에서는 扌(재방변)'과 같이 모양이 바뀌어 쓰인다.

아래 한자漢字의 뜻[訓]과 소리[音]를 자세히 익혀봅시다.

☆표는 5Ⅱ 배정한자임.

良 (艮) 총7획	說 (言) 총14획	貯 (貝) 총12획	鐵 (金) 총21획	願 (頁) 총19획
☆ 어질 량	☆ 말씀 설, 달랠 세	쌓을 저	쇠 철	원할 원

아래 설명을 읽고 빈칸에 보기 와 같이 쓰세요.

보기 努力(힘쓸 노)(힘 력)[노력]

良書(　　　)(　　　)〔　　　〕

도 ▸ 내용이 유익한 책. 선서(善書). 반 악서(惡書).

不良(　　　)(　　　)〔　　　〕

도 ▸ 질(質)이나 상태(狀態) 따위가 좋지 않음.

良藥(　　　)(　　　)〔　　　〕

도 ▸ 좋은 약. 효능(效能)이 뛰어난 약.

良心(　　　)(　　　)〔　　　〕

도 ▸ 옳고 그름을 판단하고, 바른 말과 행동을 하려는 마음.

說明(　　　)(　　　)〔　　　〕

도 ▸ 어떤 일의 내용이나 이유, 의의(意義) 따위를 알기 쉽게 밝혀서 말함. 비 해설(解說).

力說(　　　)(　　　)〔　　　〕

도 ▸ 힘주어 말함. 강하게 주장함. 예 여러 나라 대표들이 경제난으로 군비 축소를 力說하였다.

참 逆說(역설) ▹ 상식적으로는 모순(矛盾)되는 말이지만, 실질적으로는 진리를 나타내고 있는 표현. ['지는 것이 이기는 것이다', '바쁠수록 돌아가라'는 말 등]

傳說(　　　)(　　　)〔　　　〕

도 ▸ 설화(說話)의 한 가지. [영웅적 인물의 기행담(奇行談)이나 자연물(自然物)의 유래 따위]

貯金(　　　)(　　　)〔　　　〕

도 ▸ 돈을 모아 둠. 또는 그 돈.

貯水(　　　)(　　　)〔　　　〕

도 ▸ 물을 저장함. 물을 가두어 둠.

貯炭(　　　)(　　　)〔　　　〕

도 ▸ 석탄·숯 따위를 저장(貯藏)함. 또는 그 석탄이나 숯.

地下鐵〔　　　〕

(　　　)(　　　)(　　　)

도 ▸ 노선(路線)의 전부 또는 대부분을 땅속에 굴을 파서 부설한 철도. 지하철도(地下鐵道).

電鐵(　　　)(　　　)〔　　　〕

도 ▸ 전기를 동력(動力)으로 이용하는 철도.

鐵窓(　　　)(　　　)〔　　　〕

도 ▸ '쇠로 만든 창살'이라는 말로 '감옥[교도소]'을 비유하여 이르는 말.

念願(　　　)(　　　)〔　　　〕

도 ▸ 늘 생각하고 간절히 바람. 또는 그러한 소원(所願).
예 평화를 念願하다.

宿願(　　　)(　　　)〔　　　〕

도 ▸ 오래전부터 바라던 소원. 예 宿願 사업.

참 宿怨(숙원) ▹ 오래 묵은 원한. 예 宿怨을 풀다.

願書(　　　)(　　　)〔　　　〕

도 ▸ 지원(志願)하거나 청원(請願)하는 뜻을 적은 서류.
예 입학願書 예 願書를 마감하다.

도움글

○ '說(설)'자의 쓰임에 대하여 예1 喜說＝喜悅 ▹ (기쁠 희)(기쁠 열) 예2 遊說 ▹ (놀 유)(달랠 세)

다음 한자漢字를 필순筆順에 따라 쓰세요.

한자	훈음	부수·획수	필순	한자	훈음	부수·획수	필순
良	어질 량	艮부 총7획	良	金	쇠 금	金부 총8획	人 今 全 金 金
說	말씀 설	言부 총14획	言 說	炭	숯 탄	火부 총9획	山 岸 炭
貯	쌓을 저	貝부 총12획	貝 貯	地	땅[따] 지	土부 총6획	十 土 地
鐵	쇠 철	金부 총21획	鐵 鐵	下	아래 하	一부 총3획	一 丅 下
願	원할 원	頁부 총19획	厂 原 願	電	번개 전	雨부 총13획	雨 雷 電
不	아닐 불	一부 총4획	一 丆 不 不	窓	창 창	穴부 총11획	窓 窓
藥	약 약	艸부 총19획	藥	念	생각 념	心부 총8획	人 今 今 念 念
明	밝을 명	日부 총8획	日 明 明	宿	잘 숙	宀부 총11획	宀 宿
傳	전할 전	人부 총13획	亻 傳 傳	書	글 서	曰부 총10획	書 書

도움글

- 한자의 동자이음(同字異音) 1 說(말씀 설, 기쁠 열, 달랠 세) 2 金(쇠 금, 성 김) 3 宿(잘 숙, 별자리 수)
- 혼동하기 쉬운 한자 1 傳(전)과 傅(부) 2 良(량)과 艮(간) 3 藥(약)과 樂(락) 4 電(전)과 雷(뢰)

아래 한자漢字의 뜻[訓]과 소리[音]를 자세히 익혀봅시다.

☆표는 5II 배정한자임.

件 (人) 총6획	任 (人) 총6획	再 (冂) 총6획	卒 (十) 총8획	商 (口) 총11획
물건 **건**	☆ 맡길 **임**	두 **재**	☆ 마칠 **졸**	☆ 장사 **상**

아래 설명을 읽고 빈칸에 보기 와 같이 쓰세요.

보기 努力(힘쓸 노)(힘 력)[노력]

事事件件 [ ]
( )( )( )( )

도 ▸ ①모든 일. 온갖 사건. 예 事事件件 다 간섭하다.
②(부사적 용법으로) 일마다. 매사에. 예 事事件件 들볶는다.

物件( )( ) [ ]

도 ▸ ①일정한 형체를 갖추고 있는 모든 물질적 존재.
②사고파는 물품.

用件( )( ) [ ]

도 ▸ 처리해야 할 일. 볼일. 예 통화는 用件만 간단히!

任命( )( ) [ ]

도 ▸ 직무를 맡김. 예 교장으로 任命하다.

責任( )( ) [ ]

도 ▸ 맡아서 해야 할 임무나 의무. 예 맡은바 責任을 다하다.

所任( )( ) [ ]

도 ▸ 맡은 바 직책. 예 자신의 所任에 최선을 다하다.

任意( )( ) [ ]

도 ▸ 자기 뜻대로 하는 일. 예 일을 任意로 처리하다.

再建( )( ) [ ]

도 ▸ 없어졌거나 허물어진 것을 다시 일으켜 세움.

再活( )( ) [ ]

도 ▸ 다시 활동(活動)함. 다시 활용(活用)함.

再生( )( ) [ ]

도 ▸ ①다시 살아남. ②버리게 된 것을 다시 살려서 쓰게 만듦. 예 폐품을 再生하여 쓰다.

卒業( )( ) [ ]

도 ▸ 정해진 교과 과정을 모두 마침. 예 학교를 卒業하다.

兵卒( )( ) [ ]

도 ▸ 군사(軍士). 군졸(軍卒).
참 病卒(병졸) ▹ '병으로 죽음'을 높여 이르는 말.

卒歲( )( ) [ ]

도 ▸ 한 해를 마침.

行商( )( ) [ ]

도 ▸ 돌아다니며 물건을 팖. 행상인(行商人).

商品( )( ) [ ]

도 ▸ 사고파는 물품(物品).
참1 上品(상품) ▹ 높은 품격.
참2 賞品(상품) ▹ 상으로 주는 물품.

商業( )( ) [ ]

도 ▸ 상품을 팔아 이익(利益)을 얻는 것을 목적(目的)으로 하는 사업(事業).

도움글

○ 비일비재(非一非再) ▹ 한두 번이 아님.
예 불법적인 일이 非一非再하다. 예 실패한 경우가 非一非再하다.

다음 한자漢字를 필순筆順에 따라 쓰세요.

한자	훈음	부수·획수	필순	한자	훈음	부수·획수	필순
件	물건 건	人부 총6획	亻 亻 仁 仁 件	責	꾸짖을 책	貝부 총11획	二 丰 丰 青 責
任	맡길 임	人부 총6획	亻 亻 仁 仟 任	所	바 소	戶부 총8획	ㄱ 戶 所 所 所
再	두 재	冂부 총6획	一 冂 冂 再 再	意	뜻 의	心부 총13획	立 音 音 意 意
卒	마칠 졸	十부 총8획	亠 亣 亣 亣 卒	建	세울 건	廴부 총9획	ㄱ ㅋ 聿 聿 建
商	장사 상	口부 총11획	亠 亣 产 商 商	活	살 활	氵= 水부 총9획	氵 氵 汇 汗 活
事	일 사	亅부 총8획	一 亏 亊 亊 事	兵	병사 병	八부 총7획	厂 丘 丘 丘 兵
物	물건 물	牛부 총8획	丿 牛 牛 牜 物	歲	해 세	止부 총13획	止 产 产 歲 歲
用	쓸 용	用부 총5획	丿 冂 月 月 用	品	물건 품	口부 총9획	口 口 吕 品 品
命	목숨 명	口부 총8획	人 人 合 命 命	業	업 업	木부 총13획	丷 业 业 業 業

도움글

- '建'자의 부수(廴)와 같이 '받침(왼쪽과 아래를 감싸는 획)'은 먼저 쓰는 것과 나중에 쓰는 것이 있다.
- '活'자의 부수는 '水(물 수)'이나 글자 속에서는 氵(삼수변)'으로 변하여 쓰이기도 한다.

아래 한자漢字의 뜻[訓]과 소리[音]를 자세히 익혀봅시다.

☆표는 5Ⅱ 배정한자임.

奉 (大) 총8획	展 (尸) 총10획	思 (心) 총9획	敬 (攴) 총13획	期 (月) 총12획
☆ 받들 봉	☆ 펼 전	생각 사	☆ 공경 경	기약할 기

아래 설명을 읽고 빈칸에 보기 와 같이 쓰세요.

보기 努力(힘쓸 노)(힘 력)[노력]

奉養(　　　)(　　　)〔　　　〕

도 ▸ 부모나 조부모(祖父母)를 받들어 모심.

奉祝(　　　)(　　　)〔　　　〕

도 ▸ 공경하는 마음으로 삼가 축하(祝賀)함.

信奉(　　　)(　　　)〔　　　〕

도 ▸ (사상이나 학설, 교리 따위를) 옳다고 믿고 받듦.
 예 과학에 대하여 절대적으로 信奉하다.

展開(　　　)(　　　)〔　　　〕

도 ▸ ①논리나 사건 따위가 점차 펼쳐짐. 예 이론을 展開하다. ②눈앞에 넓게 펼쳐짐.

發展(　　　)(　　　)〔　　　〕

도 ▸ 세력 따위가 보다 좋은 상태로 성하게 뻗어 나감.
 예 농촌의 發展된 모습을 보다.
참 發電(발전) ▹ 전기(電氣)를 일으킴.

展望(　　　)(　　　)〔　　　〕

도 ▸ 앞날을 미리 내다 봄. 예 사업의 展望이 밝다.

思春期〔　　　〕
(　　　)(　　　)(　　　)

도 ▸ 몸의 생식 기능이 거의 완성되며, 이성(異性)에 관심을 가지게 되는 젊은 시절.

定期(　　　)(　　　)〔　　　〕

도 ▸ ①일정한 기간(期間). ②정해진 시기(時期).

思考(　　　)(　　　)〔　　　〕

도 ▸ ①생각함. ②사유(思惟). ③문제 해결의 과정에서, 결론(結論)에 이르기까지의 심리 작용.
참 事故(사고) ▹ 뜻밖에 일어난 사건이나 탈. 예 교통事故.

意思(　　　)(　　　)〔　　　〕

도 ▸ 무엇을 하려고 하는 생각이나 마음. 예 언어장애로 意思소통이 자연스럽지 못하다.
참1 義士(의사) ▹ 의리와 지조를 굳게 지키는 사람.
참2 醫師(의사) ▹ 의술과 약으로 병을 고치는 사람.

敬禮(　　　)(　　　)〔　　　〕

도 ▸ 공경(恭敬)의 뜻을 나타내는 일, 또는 그 동작(動作).
 예 국기에 대하여 敬禮!

敬老席〔　　　〕
(　　　)(　　　)(　　　)

도 ▸ 노인을 공경히 모시기 위한 자리.

敬天愛人〔　　　〕
(　　　)(　　　)(　　　)(　　　)

도 ▸ 하늘을 공경(恭敬)하고 사람을 사랑함.

期待(　　　)(　　　)〔　　　〕

도 ▸ 어떤 일이 이루어지기를 바라고 기다림. 기대(企待). 예 부모님의 期待를 저버리지 마세요.

任期(　　　)(　　　)〔　　　〕

도 ▸ 일정한 임무(任務)를 맡아보는 기간(期間).

도움글

○ 동음이의어(소리는 같으나 뜻이 다른 한자어) ▹ 예1 展望 ≠ 前望(전망) 예2 利害 ≠ 理解(이해)

다음 한자漢字를 필순筆順에 따라 쓰세요.

한자	훈음	부수·획수	필순	한자	훈음	부수·획수	필순
奉	받들 봉	大부 총8획	三 声 夫 叁 奉	望	바랄 망	月부 총11획	亠 亡 朗 望 望
展	펼 전	尸부 총10획	ㄱ 尸 屈 屖 展	定	정할 정	宀부 총8획	丶 宀 宁 宇 定
思	생각 사	心부 총9획	口 田 田 思 思	考	생각할 고	耂=老부 총6획	十 土 耂 耂 考
敬	공경 경	攴=攵부 총13획	芍 苟 苟 敬 敬	發	필 발	癶부 총12획	ノ ㇇ 癶 癸 發
期	기약할 기	月부 총12획	廾 甘 其 期 期	禮	예도 례	示부 총18획	礻 礻 祁 禮 禮
養	기를 양	食부 총15획	䒑 美 养 養 養	席	자리 석	巾부 총10획	广 户 庐 席 席
祝	빌 축	示부 총10획	礻 礻 祀 祀 祝	愛	사랑 애	心부 총13획	爫 爫 㤅 愛 愛
信	믿을 신	人부 총9획	亻 亻 信 信 信	待	기다릴 대	彳부 총9획	彳 彳 待 待 待
開	열 개	門부 총12획	冂 門 開 開 開	任	맡길 임	人부 총6획	亻 亻 仁 任 任

도움글

○ 혼동하기 쉬운 글자
- 예1 思(생각 사)와 恩(은혜 은)
- 예2 雨(비 우)와 兩(두 량)
- 예3 席(자리 석)과 度(법도 도)
- 예4 待(기다릴 대)와 侍(모실 시)

아래 한자漢字의 뜻[訓]과 소리[音]를 자세히 익혀봅시다.

☆표는 5II 배정한자임.

板 (木) 총8획	洗 (水) 총9획	牛 (牛) 총4획	種 (禾) 총14획	着 (目/羊) 총12획
널 판	☆ 씻을 세	소 우	☆ 씨 종	☆ 붙을 착

아래 설명을 읽고 빈칸에 보기 와 같이 쓰세요.

보기 努力(힘쓸 노)(힘 력)[노력]

數板(　　)(　　)〔　　〕

도 ▸ 셈을 하는 데 쓰이는 간편한 기구.

板門店〔　　〕
(　　)(　　)(　　)

도 ▸ 6·25전쟁 당시 휴전(休戰) 회담(會談)을 하였던 곳으로, 지금은 유엔과 북한 군사정전위원회 사이에 회의가 열리고 있다.

案內板〔　　〕
(　　)(　　)(　　)

도 ▸ 어떤 내용이나 사정 등을 알리기 위해 적은 판.

洗練(　　)(　　)〔　　〕

도 ▸ 글이나 교양·인품 따위를 갈고 다듬어 우아하고 고상하게 함. 예 洗練된 문장.

洗手(　　)(　　)〔　　〕

도 ▸ 얼굴을 씻음. 세면(洗面).

洗禮(　　)(　　)〔　　〕

도 ▸ ①천주교에서, 신자가 될 때에 베푸는 의식. ②'한꺼번에 몰아치는 비난(非難)이나 공격'을 비유하여 이르는 말. 예 달걀 洗禮를 퍼부었다.

牛黃(　　)(　　)〔　　〕

도 ▸ 소의 쓸개에 병적으로 생겨 뭉친 물건. [약재(藥材)로 쓰임]

牛馬(　　)(　　)〔　　〕

도 ▸ 소와 말. 마소. 예 짚은 牛馬의 먹이가 된다.
참 牛馬가 기린되랴 ▹ 본디 타고난 기품은 숨길 수 없다는 말.

韓牛(　　)(　　)〔　　〕

도 ▸ 한국 토종의 소.

種族(　　)(　　)〔　　〕

도 ▸ ①같은 종류에 딸린 것. ②조상(祖上)이 같고 언어·풍습·습관 따위도 같은 사회 집단.

品種(　　)(　　)〔　　〕

도 ▸ 물품, 또는 생물의 종류. 예 品種 개량(改良).

種目(　　)(　　)〔　　〕

도 ▸ 종류의 명목(名目). 종류의 항목(項目).

着工(　　)(　　)〔　　〕

도 ▸ 공사(工事)를 시작함. 비 기공(起工). 반 완공(完工)·낙성(落成)·준공(竣工). 예 남북(南北)을 통하는 고속도로 건설이 着工되다.

着手(　　)(　　)〔　　〕

도 ▸ 어떤 일을 하기 위해 손을 댐. 예 공사에 着手하다.
참 着水(착수) ▹ ①수면에 닿음. ②물 위에 내림.

着用(　　)(　　)〔　　〕

도 ▸ 물건을 몸에 붙이거나 닮. 예 교복을 着用하다.

도움글

- '着'자의 본래 글자는 '著(지을 저, 붙을 착)'자이나 '붙다'라는 뜻으로 쓰일 때에는 '着'자를 주로 쓴다.
- '着(붙을 착)'은 부수에 따라 총 획수가 달라지는 글자이다. 부수가 '目(눈 목)'일 때에는 12획, '羊(양 양)'일 때에는 11획으로 쓰임에 주의.

다음 한자漢字를 필순筆順에 따라 쓰세요.

板	널 판	木부 총8획	十 木 朾 板 板	禮	예도 례	示부 총18획	ラ ネ 礻 禮 禮
洗	씻을 세	氵=水부 총9획	氵 氵 氵 洗 洗	黃	누를 황	黃부 총12획	一 艹 昔 黄 黃
牛	소 우	牛부 총4획	ノ 𠂉 ⺧ 牛	馬	말 마	馬부 총10획	丨 F 耳 馬 馬
種	씨 종	禾부 총14획	千 禾 稙 種 種	韓	나라 한	韋부 총17획	卓 草 韓 韓 韓
着	붙을 착	目부 총12획	丷 ⺶ 羊 差 着	族	겨레 족	方부 총11획	亠 方 方 旂 族
數	셈 수	攴=攵부 총15획	昌 婁 婁 數 數	品	물건 품	口부 총9획	口 口 吕 品 品
店	가게 점	广부 총8획	亠 广 庐 庐 店	工	장인 공	工부 총3획	一 丁 工
案	책상 안	木부 총10획	宀 安 安 案 案	手	손 수	手부 총4획	一 二 三 手
練	익힐 련	糸부 총15획	糸 紳 紳 練 練	用	쓸 용	用부 총5획	丿 冂 月 月 用

도움글

- '種'자는 '심다, 씨, 종류' 등의 뜻으로 쓰인다. 예1 種子▷(씨 종)(아들 자) 예2 種豆▷(심을 종)(콩 두)
- 種豆得豆(종두득두)▷'콩 심은 데 콩 난다.'는 말로, '뿌린 대로 거두게 된다.'는 뜻으로 비유하여 쓰인다.

아래 한자漢字의 뜻[訓]과 소리[音]를 자세히 익혀봅시다.

☆표는 5Ⅱ 배정한자임.

落 (艸) 총13획	許 (言) 총11획	質 (貝) 총15획	關 (門) 총19획	養 (食) 총15획
떨어질 락	허락할 허	☆ 바탕 질	☆ 관계할 관	☆ 기를 양

아래 설명을 읽고 빈칸에 보기 와 같이 쓰세요.

보기 努力(힘쓸 노)(힘 력)[노력]

落選(　　)(　　)〔　　〕

도 ▸ 작품의 심사(審査)나 선발(選拔) 대회 등에서 뽑히지 아니함. 반 당선(當選)·입선(入選).

落花(　　)(　　)〔　　〕

도 ▸ 꽃이 짐, 또는 진 그 꽃.

落書(　　)(　　)〔　　〕

도 ▸ ①글을 베낄 때 글자를 빠뜨리고 씀. ②장난으로 글을 쓰거나 그림을 그림.

特許(　　)(　　)〔　　〕

도 ▸ 특정(特定)한 사람에게 특정한 권리(權利)를 설정(設定)하는 행정(行政) 행위.

許可(　　)(　　)〔　　〕

도 ▸ 금지 또는 제한(制限)되어 있는 일을 특정의 경우, 들어주거나 허락(許諾)해 주는 일.

許多(　　)(　　)〔　　〕

도 ▸ 매우 많음. 수두룩함. 예 이것은 許多하게 많다.

質感(　　)(　　)〔　　〕

도 ▸ 재질(材質)에 따라 달리 느껴지는 독특(獨特)한 느낌. 마티에르. 예 나무의 質感을 잘 살렸다.

質量(　　)(　　)〔　　〕

도 ▸ 물체가 갖는 물질의 양. 물체의 관성(慣性) 및 무게의 본질이 되는 것.

質朴(　　)(　　)〔　　〕

도 ▸ 꾸밈이 없이 순수함. 예 質朴한 모양의 백자.

質問(　　)(　　)〔　　〕

도 ▸ 모르거나 의심(疑心)나는 것을 물음.

關門(　　)(　　)〔　　〕

도 ▸ 어떤 일을 하사면 반드시 거쳐야 하는 중요한 대목. 예 어려운 關門을 통과하였다.

關東(　　)(　　)〔　　〕

도 ▸ 대관령 동쪽의 지방. 영동(嶺東)

關心(　　)(　　)〔　　〕

도 ▸ 어떤 사물에 마음이 끌리어 주의(注意)를 기울이는 일. 예 가원이는 예술 분야에 關心이 많다.

無關(　　)(　　)〔　　〕

도 ▸ 관계가 없음. 예 괜히 자신과 無關한 일에 나선다.

養分(　　)(　　)〔　　〕

도 ▸ 영양(營養)이 되는 성분(成分).

休養(　　)(　　)〔　　〕

도 ▸ 편안히 쉬면서 몸과 마음을 건강하게 함.

養成(　　)(　　)〔　　〕

도 ▸ 가르쳐서 기름. 예 우수한 인력을 養成하다.

도움글

○ '落'자는 발음 변화에 주의 예 落心千萬(낙심천만), 村落(촌락), 暴落(폭락), 落下(낙하), 下落(하락)

○ '選(가릴 선)'자에서 '가릴'은 '가리다'라는 말로, '몇몇 가운데서 골라냄'을 뜻한다.

다음 한자漢字를 필순筆順에 따라 쓰세요.

한자	훈음	부수·총획	필순	한자	훈음	부수·총획	필순
落	떨어질 락	艸부 총13획	艹 茳 莎 茖 落	可	옳을 가	口부 총5획	一 丁 𠄌 𠮛 可
許	허락할 허	言부 총11획	亠 言 訁 訐 許	多	많을 다	夕부 총6획	ク 夕 夛 多 多
質	바탕 질	貝부 총15획	厂 斤 斦 質 質	感	느낄 감	心부 총13획	丿 后 咸 咸 感
關	관계할 관	門부 총19획	門 閈 關 關 關	量	헤아릴 량	里부 총12획	日 昌 昌 量 量
養	기를 양	食부 총15획	䒑 美 养 養 養	朴	성 박	木부 총6획	一 十 才 木 朴
選	가릴 선	辶=辵부 총16획	巳 巳巳 巽 巽 選	問	물을 문	口부 총11획	丨 冂 門 門 問
花	꽃 화	艸부 총8획	十 艹 芢 芲 花	念	생각 념	心부 총8획	人 今 今 念 念
書	글 서	曰부 총10획	⺕ 𦘒 聿 書 書	休	쉴 휴	人부 총6획	亻 仁 什 休 休
特	특별할 특	牛부 총10획	𠂉 牛 牜 特 特	成	이룰 성	戈부 총7획	丿 厂 成 成 成

도움글

○ 유구무언(有口無言) ▷ '입은 있어도 할 말이 없다.'는 뜻으로, '변명할 말이 없음'을 일컫는 말이다.

○ '成'자의 총획수는 7획이나 일반적으로는 6획으로 쓴다. 예 成 : 丿 厂 斤 成 成 成

아래 한자漢字의 뜻[訓]과 소리[音]를 자세히 익혀봅시다.

☆표는 5II 배정한자임.

健 (人) 총11획	傳 (人) 총13획	冷 (冫) 총7획	卓 (十) 총8획	善 (口) 총12획
굳셀 건	☆ 전할 전	찰 랭	높을 탁	착할 선

아래 설명을 읽고 빈칸에 보기 와 같이 쓰세요.

보기 努力(힘쓸 노)(힘 력)[노력]

健兒(　　　)(　　　)〔　　　〕

도 ▸ 씩씩하고 굳센 사나이. 예 대한의 健兒들아, 힘차게 나아가 싸워 이기자!

健全(　　　)(　　　)〔　　　〕

도 ▸ 몸이나 정신이 튼튼하고 온전함. 예 健全한 정신으로 교제(交際)하다.

健實(　　　)(　　　)〔　　　〕

도 ▸ 건전(健全)하고 착실(着實)함.

口傳(　　　)(　　　)〔　　　〕

도 ▸ 말로 전해 옴. 예 口傳하여 온 민요(民謠).

傳記文〔　　　〕
(　　　)(　　　)(　　　)

도 ▸ 어느 개인의 한평생의 사적을 담은 글.

傳來(　　　)(　　　)〔　　　〕

도 ▸ ①예로부터 전하여 내려옴. 예 傳來동화(童話). ②외국(外國)으로부터 전하여 들어옴. 예 한자의 傳來로 중국과의 문화 교류가 쉬워졌다.

教卓(　　　)(　　　)〔　　　〕

도 ▸ 가르칠 때 책 따위를 놓는 탁자(卓子).

食卓(　　　)(　　　)〔　　　〕

도 ▸ 식사(食事)용의 탁자(卓子).

冷戰(　　　)(　　　)〔　　　〕

도 ▸ 서로 적대시(敵對視)하고 있는 국가간의 대립(對立) 상태. 반 열전(熱戰).

冷待(　　　)(　　　)〔　　　〕

도 ▸ 푸대접. 푸대접함.
참 冷帶(냉대) ▹ 아한대(亞寒帶).

冷害(　　　)(　　　)〔　　　〕

도 ▸ 여름철의 이상 저온(低溫)이나, 일조량(日照量) 부족으로 인하여 생기는 농작물의 피해.

卓球(　　　)(　　　)〔　　　〕

도 ▸ 탁구대의 가운데에 가로로 세운 네트를 사이에 두고 공을 라켓으로 받아 치며 득점을 겨루는 경기.

善男善女〔　　　〕
(　　　)(　　　)(　　　)(　　　)

도 ▸ ①착하고 어진 사람들. ②불법(佛法)에 귀의(歸依)한 사람들.

善良(　　　)(　　　)〔　　　〕

도 ▸ 착하고 어짊.

獨善(　　　)(　　　)〔　　　〕

도 ▸ 자기 혼자만이 옳다고 믿고 행동하는 일.
예 실패는 獨善으로 인해 빚어진 결과(結果)이다.

도움글

- 健忘症(건망증) ▹ 기억력(記憶力)이 부실(不實)하여, 잘 잊어버리는 병증(病症). 준 건망(健忘).
- 동음이의어(同音異義語) : 소리는 같으나 뜻이 다른 한자어(漢字語)를 말한다.
  예1 口傳 ≠ 口錢 ≠ 球電 ≠ 舊典　예2 獨善 ≠ 獨船 ≠ 毒腺　예3 善良 ≠ 線量 ≠ 選良

다음 한자漢字를 필순筆順에 따라 쓰세요.

한자	훈음	부수·총획	필순	한자	훈음	부수·총획	필순
健	굳셀 건	人부 총11획	亻 亻 亻 律 健	來	올 래	人부 총8획	一 从 来 來 來
傳	전할 전	人부 총13획	亻 佰 俥 傳 傳	敎	가르칠 교	攴=攵부 총11획	乄 孝 孝 敎 敎
冷	찰 랭	冫부 총7획	冫 冫 冫 冷 冷	戰	싸움 전	戈부 총16획	單 單 單 戰 戰
卓	높을 탁	十부 총8획	一 占 卣 卓 卓	待	기다릴 대	彳부 총9획	彳 彳 徃 待 待
善	착할 선	口부 총12획	䒑 羊 羊 善 善	害	해할 해	宀부 총10획	宀 宀 宔 宔 害
兒	아이 아	儿부 총8획	𠂆 𠂆 白 白 兒	球	공 구	玉부 총11획	王 玎 玎 球 球
全	온전 전	入부 총6획	人 𠆢 全 全 全	男	사내 남	田부 총7획	冂 田 田 男 男
實	열매 실	宀부 총14획	宀 宀 宀 實 實	良	어질 량	艮부 총7획	丶 ㇏ 良 良 良
記	기록할 기	言부 총10획	亠 言 訁 記 記	獨	홀로 독	犬=犭부 총16획	丿 犭 犭 獨 獨

도움글

○ '獨'자의 부수는 '犬(개 견)'이나 글자 속에서는 '犭'과 같이 글자의 모양이 바뀌어 쓰인다. 따라서 총획수는 '犭'과 같이 '3획'이며, 부수 명칭은 '犭(개사슴록변)'이라고 한다.

아래 한자漢字의 뜻[訓]과 소리[音]를 자세히 익혀봅시다. ☆표는 5Ⅱ 배정한자임.

客 (宀) 총9획	島 (山) 총10획	性 (心) 총8획	救 (攴) 총11획	朗 (月) 총11획
☆ 손 객	섬 도	☆ 성품 성	구원할 구	☆ 밝을 랑

아래 설명을 읽고 빈칸에 보기 와 같이 쓰세요. 보기 努力(힘쓸 노)(힘 력)[노력]

客觀(　)(　)〔　〕
도 ▸자기 혼자만의 생각에서 벗어나, 제삼자의 처지에서 사물을 보거나 생각함. 반 주관(主觀).
참 觀客(관객)▹구경하는 사람. 구경꾼.

客席(　)(　)〔　〕
도 ▸연극 · 영화 · 운동 경기 따위를 구경하는 사람들이 앉는 자리. 예 客席을 가득 메운 청중(聽衆).

客地(　)(　)〔　〕
도 ▸고향을 떠나 임시로 머무는 곳. 비 타향(他鄕).

韓半島〔　〕
(　)(　)(　)
도 ▸한국 국토의 전체를 포괄하고 있는 반도.
참 半島(반도)▹대륙에서 바다 쪽으로 길게 뻗어 나와 3면이 바다인 큰 육지.

落島(　)(　)〔　〕
도 ▸외따로 멀리 떨어져 있는 섬.

無人島〔　〕
(　)(　)(　)
도 ▸사람이 살지 않는 섬.

性格(　)(　)〔　〕
도 ▸각 개인이나 사물이 가지고 있는 특유한 성질.
예 그는 性格이 우유부단하다. 예 사건의 性格이 뭔가 이상하다.

理性(　)(　)〔　〕
도 ▸사물의 이치(理致)를 논리적(論理的)으로 생각하고 판단(判斷)하는 마음의 작용. 예 그는 술만 마시면 理性을 잃은 행동을 한다.
참1 異性(이성)▹성질이 다름. 남성(男性)과 여성(女性).
참2 異姓(이성)▹다른 성(姓). 타성(他姓).

特性(　)(　)〔　〕
도 ▸일정한 사물에만 있는 특수한 성질.

救國(　)(　)〔　〕
도 ▸나라를 위기에서 구함. 예 救國의 일념(一念).

救急藥〔　〕
(　)(　)(　)
도 ▸응급(應急) 치료(治療)에 필요한 약품(藥品).

救命(　)(　)〔　〕
도 ▸사람의 목숨을 구함. 예 救命보트를 준비하다.

朗讀(　)(　)〔　〕
도 ▸소리 내어 읽음. 예 선언문을 朗讀하다.

明朗(　)(　)〔　〕
도 ▸①밝고 환함. ②밝고 쾌활함. 예 明朗한 웃음.

朗朗(　)(　)〔　〕
도 ▸소리가 매우 맑고 분명함. 예 朗朗한 목소리.

도움글
○ 탁상공론(卓上空論)▹실현성(實現性)이 없는 헛된 이론(理論). 예 회의가 卓上空論으로 끝났다.
○ 혼동하기 쉬운 한자 예1 도(島)와 조(鳥) 예2 성(性)과 성(姓) 예3 객(客)과 용(容)

다음 한자漢字를 필순筆順에 따라 쓰세요.

한자	훈음	부수·총획	필순	한자	훈음	부수·총획	필순
客	손 객	宀부 총9획	丶 宀 夕 安 客	理	다스릴 리	玉부 총11획	干 王 玾 理 理
島	섬 도	山부 총10획	丿 户 鳥 島 島	特	특별할 특	牛부 총10획	丿 ⺧ 牛 牪 特
性	성품 성	忄=心부 총8획	丷 忄 忙 性 性	無	없을 무	火=灬부 총12획	丿 亠 無 無 無
救	구원할 구	攴=攵부 총11획	十 求 求 救 救	急	급할 급	心부 총9획	⺈ 刍 刍 急 急
朗	밝을 랑	月부 총11획	亠 彐 良 良 朗	藥	약 약	艸부 총19획	艹 苩 蕬 藥 藥
觀	볼 관	見부 총25획	艹 雚 雚 觀 觀	落	떨어질 락	艸부 총13획	艹 汁 茨 落 落
席	자리 석	巾부 총10획	广 庐 庐 席 席	讀	읽을 독	言부 총22획	言 言 諵 讀 讀
韓	나라 한	韋부 총17획	卓 韩 韓 韓 韓	半	반 반	十부 총5획	丶 丷 ⺍ 兰 半
格	격식 격	木부 총10획	十 木 朾 格 格	明	밝을 명	日부 총8획	冂 冃 日 明 明

도움글

- 혼동하기 쉬운 부수 ① 月(월)과 肉=⺼(육) ② 冫(빙)과 氵=氺=水(수) ③ 門(문)과 鬥(투)
- 모양이 변하는 부수 글자 ① 心(심)=忄=⺗ ② 攴(복)=攵 ③ 肉(육)=月 ④ 艸(초)=艹

아래 한자漢字의 뜻[訓]과 소리[音]를 자세히 익혀봅시다.

☆표는 5Ⅱ 배정한자임.

歷 (止) 총16획	漁 (水) 총14획	獨 (犬) 총16획	競 (立) 총20획	考 (老) 총6획
☆ 지날 력	고기잡을 어	☆ 홀로 독	다툴 경	생각할 고

아래 설명을 읽고 빈칸에 보기 와 같이 쓰세요.

보기 努力(힘쓸 노)(힘 력)[노력]

來歷(　　)(　　)〔　　〕
도▸어떤 사물의 지나온 자취. 예 집안의 來歷.

歷史(　　)(　　)〔　　〕
도▸인간 사회, 또는 어떤 사물이 거쳐 온 변천의 모습. 예 歷史에 남을 사건. 예 서예의 歷史.

歷代(　　)(　　)〔　　〕
도▸이어 내려온 모든 대(代). 예 歷代 대통령.

出漁(　　)(　　)〔　　〕
도▸바다로 고기를 잡으러 나감.

遠洋漁業〔　　〕
(　　)(　　)(　　)(　　)
도▸먼 바다를 항해(航海)하며 하는 어업(漁業).
반 근해어업(近海漁業).

漁場(　　)(　　)〔　　〕
도▸어업을 하는 수역(水域). 예 북태평양 漁場.

獨立(　　)(　　)〔　　〕
도▸다른 것에 딸리거나 기대지 않음. 예 獨立국가

獨白(　　)(　　)〔　　〕
도▸배우가 상대자 없이 혼자서 대사(臺詞)를 말함.

獨特(　　)(　　)〔　　〕
도▸특별히 다름. 예 獨特한 기법을 구사하다.

獨自的〔　　〕
(　　)(　　)(　　)
도▸자기 혼자 힘으로 해나가는 것. 예 獨自的으로 사업을 꾸려가다.

歷任(　　)(　　)〔　　〕
도▸차례로 여러 관직(官職)을 거침. 예 여러 요직(要職)을 歷任한 경험이 있다.

競爭(　　)(　　)〔　　〕
도▸서로 앞서거나 이기려고 다툼.

競技(　　)(　　)〔　　〕
도▸운동이나 무술 등의 기술·능력을 겨루어 승부(勝負)를 가리는 일.
참 景氣(경기)▹거래 따위에 나타나는 경제 활동 상황.

考古學〔　　〕
(　　)(　　)(　　)
도▸유물(遺物)·유적(遺跡)에 의하여 고대(古代) 인류에 관한 일을 연구하는 학문.

再考(　　)(　　)〔　　〕
도▸한 번 정한 일을 다시 한 번 생각함. 예 再考의 여지(餘地)도 없다.
참 在庫(재고)▹창고에 있음. 재고품(在庫品).

考案(　　)(　　)〔　　〕
도▸새로운 방법이나 물건을 연구(硏究)하여 생각해 냄.

도움글

○ '歷'자와 '來'자 ☞ 첫 음절에서는 두음법칙에 의해 본음이 변함에 주의! 예1 력 → 역　예2 래 → 내

다음 한자漢字를 필순筆順에 따라 쓰세요.

한자	훈음	부수·총획	필순	한자	훈음	부수·총획	필순
歷	지날 력	止부 총16획	厂 厈 厤 厤 歷	自	스스로 자	自부 총6획	′ 亻 白 自 自
漁	고기잡을 어	氵=水부 총14획	氵 氵 汋 渔 漁	的	과녁 적	白부 총8획	白 白 白 的 的
獨	홀로 독	犬=犭부 총16획	ノ 犭 犸 獨 獨	洋	큰바다 양	水부 총9획	氵 氵 洋 洋 洋
競	다툴 경	立부 총20획	立 音 竞 競 競	爭	다툴 쟁	爪=爫부 총8획	⺈ 爫 爭 爭 爭
考	생각할 고	耂=老부 총6획	十 土 耂 耂 考	技	재주 기	扌=手부 총7획	十 扌 扌 抆 技
遠	멀 원	辶=辵부 총14획	土 吉 袁 遠 遠	古	예 고	口부 총5획	一 十 十 古 古
史	사기 사	口부 총5획	丶 口 口 史 史	學	배울 학	子부 총16획	丨 𦥑 𦥑 與 學
代	대신할 대	人부 총5획	ノ 亻 仁 代 代	再	두 재	冂부 총6획	一 丆 冂 再 再
場	마당 장	土부 총12획	土 坦 坦 場 場	案	책상 안	木부 총10획	宀 安 安 案 案

도움글

- 모양이 변하는 부수 글자 ① 犬(견)=犭 ② 老(로)=耂(로) ③ 水(수)=氵=氺 ④ 川(천)=巛(천)
- 혼동하기 쉬운 부수 ▷ '阝'는 왼쪽에서는 阜(언덕 부)로, 오른쪽에서는 邑(고을 읍)자로 쓰인다.

◉ 아래 한자漢字의 뜻[訓]과 소리[音]를 자세히 익혀봅시다. ☆표는 5Ⅱ 배정한자임.

葉 (艸) 총13획	識 (言) 총19획	責 (貝) 총11획	陸 (阜) 총11획	首 (首) 총9획
잎 엽	☆ 알 식, 기록할 지	☆ 꾸짖을 책	☆ 뭍 륙	☆ 머리 수

◉ 아래 설명을 읽고 빈칸에 보기 와 같이 쓰세요. 보기 努力(힘쓸 노)(힘 력)[노력]

末葉(　　　)(　　　)〔　　　〕

도 ▸ 시대를 세 세기로 구분하였을 때의 끝 무렵. 말기(末期). 예 자연의 훼손으로 말미암아 20세기 末葉의 기상이변(氣象異變)이 속출(續出)하고 있다.

落葉(　　　)(　　　)〔　　　〕

도 ▸ 말라서 떨어진 나뭇잎. 예 落葉이 쌓인 거리.

葉書(　　　)(　　　)〔　　　〕

도 ▸ 우편엽서(郵便葉書)의 준말.

識見(　　　)(　　　)〔　　　〕

도 ▸ 학식(學識)과 의견(意見), 곧 사물을 올바르게 판단할 수 있는 능력. 예 識見을 넓히다.

意識(　　　)(　　　)〔　　　〕

도 ▸ 깨어 있을 때의 마음의 작용이나 상태. 예 환자의 意識이 회복되다. 예 서로를 意識하다.

知識(　　　)(　　　)〔　　　〕

도 ▸ ①사물에 관한 명료한 의식과 그것에 대한 판단. ②배우거나 연구하여 알고 있는 내용.

自責(　　　)(　　　)〔　　　〕

도 ▸ 양심(良心)에 거리끼어 스스로 책망(責望)함.

責善(　　　)(　　　)〔　　　〕

도 ▸ 친구끼리 착한 일을 서로 권함. 예 責善의 도리.

質責(　　　)(　　　)〔　　　〕

도 ▸ 잘못을 따져서 꾸짖음. 예 심한 質責을 받다.

陸上競技〔　　　〕

(　　　)(　　　)(　　　)(　　　)

도 ▸ 달리기·뜀뛰기·던지기의 세 가지 기본 기능을 중심으로 하여 땅위에서 하는 운동 경기.

上陸(　　　)(　　　)〔　　　〕

도 ▸ 배에서 뭍으로 오름. 예 인천 上陸 작전.

陸地(　　　)(　　　)〔　　　〕

도 ▸ 물에 잠기지 않은 땅.

元首(　　　)(　　　)〔　　　〕

도 ▸ 한 나라의 최고 통치권을 가진 사람.
참1 怨讐(원수) ▹ 해를 끼쳐 원한이 맺힌 사람.
참2 元帥(원수) ▹ 군인의 가장 높은 계급.

首都(　　　)(　　　)〔　　　〕

도 ▸ 한 나라의 중앙 정부가 있는 도시. 서울.
참1 水道(수도) ▹ 상수도(上水道)의 준말.
참2 修道(수도) ▹ 도(道)를 닦음.

首席(　　　)(　　　)〔　　　〕

도 ▸ ①맨 윗자리. ②제1위. 반 말석(末席).
참 壽石(수석) ▹ 실내 등에 두고 감상하는, 생긴 모양이나 빛깔·무늬 따위가 묘하고 아름다운 천연석.

도움글

○ 추풍낙엽(秋風落葉) ▹ '가을바람에 떨어지는 잎'이란 뜻으로, '세력이나 형세가 갑자기 기울거나 시듦'을 비유하여 이르는 말.

다음 한자漢字를 필순筆順에 따라 쓰세요.

한자	훈음	부수·총획	필순	한자	훈음	부수·총획	필순
葉	잎 엽	艸부 총13획	艹 丗 苹 苹 葉	意	뜻 의	心부 총13획	立 音 音 意 意
識	알 식	言부 총19획	言 訁 諳 識 識	知	알 지	矢부 총8획	𠂉 午 矢 知 知
責	꾸짖을 책	貝부 총11획	二 丰 龶 青 責	善	착할 선	口부 총12획	䒑 羊 羌 盖 善
陸	뭍 륙	阜부 총11획	阝 阝 阹 陆 陸	質	바탕 질	貝부 총15획	𠂆 斤 斦 質 質
首	머리 수	首부 총9획	丷 䒑 䒑 苩 首	競	다툴 경	立부 총20획	立 音 竟 竸 競
末	끝 말	木부 총5획	一 二 丰 末 末	技	재주 기	扌=手부 총7획	亅 扌 扌 抆 技
落	떨어질 락	艸부 총13획	艹 茫 莎 落 落	元	으뜸 원	儿부 총4획	一 二 テ 元
書	글 서	日부 총10획	⺕ 聿 聿 書 書	都	도읍 도	邑=阝부 총12획	土 耂 者 都 都
見	볼 견	見부 총7획	冂 月 目 貝 見	席	자리 석	巾부 총10획	广 户 庐 庐 席

도움글

- '陸'자의 본음은 '륙'이나 두음법칙에 따라 첫 음절에서는 '육'으로 읽는다. 예 陸地(육지)
- 혼동하기 쉬운 글자 1 書(서)와 晝(주) 2 席(석)과 度(도) 3 技(기)와 枝(지) 4 知(지)와 和(화)

아래 한자漢字의 뜻[訓]과 소리[音]를 자세히 익혀봅시다.

☆표는 5Ⅱ 배정한자임.

令 (人) 총5획	停 (人) 총11획	凶 (凵) 총4획	原 (厂) 총10획	唱 (口) 총11획
하여금 **령**	머무를 **정**	☆흉할 **흉**	언덕 **원**	부를 **창**

아래 설명을 읽고 빈칸에 보기 와 같이 쓰세요.

보기 努力(힘쓸 노)(힘 력)[노력]

令愛(　　)(　　)〔　　〕

도 ▸ 남을 높이어 그의 '딸'을 일컫는 말. 따님.
참 令息(영식) ▹ 남을 높이어 그의 '아들'을 일컫는 말. 영랑(令郎). 영윤(令胤).

號令(　　)(　　)〔　　〕

도 ▸ ①지배자 등이 사람을 움직이기 위하여 명령함. ②큰소리로 꾸짖음.

命令(　　)(　　)〔　　〕

도 ▸ 윗사람이 아랫사람에게 시킴. 또는 그 말.

停年(　　)(　　)〔　　〕

도 ▸ 일정한 나이에 이르면 퇴직하도록 되어 있는 제도.
예 선생님께서 停年 퇴직(退職)하셨다.

停會(　　)(　　)〔　　〕

도 ▸ 회의(會議)를 한때 정지(停止)함. 예 停會를 선포(宣布)하다.

停電(　　)(　　)〔　　〕

도 ▸ 보내오던 전력이 한때 끊어짐.
참 停戰(정전) ▹ 교전 중이던 양측이 합의에 따라 전투 행위를 그치는 일. 예 停戰 협정을 위반(違反)하다.

凶惡(　　)(　　)〔　　〕

도 ▸ ①성질이 몹시 악함. ②겉모양이 험상궂고 무섭게 생김. 예 凶惡범(犯)을 검거(檢擧)하다.

吉凶(　　)(　　)〔　　〕

도 ▸ 길함과 흉함. 행복(幸福)과 재앙(災殃).

凶作(　　)(　　)〔　　〕

도 ▸ 농작물(農作物)이 잘 되지 않음. 반 풍작(豊作).

高原(　　)(　　)〔　　〕

도 ▸ 높은 산지(山地)에 펼쳐진 넓은 벌판.

原理(　　)(　　)〔　　〕

도 ▸ ①사물의 기본이 되는 이치(理致)나 법칙(法則). ②바탕이 되는 보편적인 근거. 원칙(原則).

原料(　　)(　　)〔　　〕

도 ▸ 어떤 물건을 제조(製造)하거나 가공(加工)하는 데 바탕이 되는 재료(材料).

歌唱(　　)(　　)〔　　〕

도 ▸ 노래. 노래를 부름. 예 매일 歌唱 연습을 하다.

二重唱〔　　〕
(　　)(　　)(　　)

도 ▸ 두 사람이 두 개의 성부(聲部)를 동시(同時)에 또는 교대(交代)로 부르는 일. 듀엣.

合唱(　　)(　　)〔　　〕

도 ▸ 여러 사람이 소리를 맞추어 노래함.

도움글

- '令愛'에서 '令'자는 '훌륭하다'는 뜻으로, 남의 가족을 높여서 말할 때, 명사 앞에 붙이는 말이다.
- '歌唱'은 서로 뜻이 비슷한 유의자로 결합된 한자어이다. 참 歌 = 曲(곡), 樂(악), 謠(요), 詠(영)

다음 한자漢字를 필순筆順에 따라 쓰세요.

한자	훈음	부수·획수	필순	한자	훈음	부수·획수	필순
令	하여금 령	人부 총5획	丿 人 亽 今 令	惡	악할 악	心부 총12획	一 丅 亞 亞 惡
停	머무를 정	人부 총11획	亻 亻 停 停 停	吉	길할 길	口부 총6획	一 十 士 吉 吉
凶	흉할 흉	凵부 총4획	丿 乂 凶 凶	作	지을 작	人부 총7획	丿 亻 作 作 作
原	언덕 원	厂부 총10획	一 厂 厡 原 原	高	높을 고	高부 총10획	亠 亠 亯 高 高
唱	부를 창	口부 총11획	口 口 唱 唱 唱	理	다스릴 리	玉부 총11획	王 王 理 理 理
愛	사랑 애	心부 총13획	爫 爫 愛 愛 愛	料	헤아릴 료	斗부 총10획	丷 半 米 料 料
號	이름 호	虍부 총13획	号 号 號 號 號	歌	노래 가	欠부 총14획	哥 哥 歌 歌 歌
會	모일 회	曰부 총13획	人 会 會 會 會	重	무거울 중	里부 총9획	千 重 重 重 重
電	번개 전	雨부 총13획	雨 雨 雨 雷 電	合	합할 합	口부 총6획	丿 人 亼 合 合

도움글

○ '會'자의 부수는 '曰(가로 왈)'이므로, '曰(왈)'자를 '日(일)'자처럼 길게 쓰지 않도록 주의해야 한다.

○ 다음 한자의 약자(略字)를 익혀보자. 예1 號 = 号 예2 與 = 与 예3 舊 = 旧 예4 萬 = 万

아래 한자漢字의 뜻[訓]과 소리[音]를 자세히 익혀봅시다.

☆표는 5Ⅱ 배정한자임.

寫 (宀) 총15획	州 (巛) 총6획	惡 (心) 총12획	敗 (攴) 총11획	望 (月) 총11획
베낄 사	☆ 고을 주	☆ 악할 악, 미워할 오	패할 패	☆ 바랄 망

아래 설명을 읽고 빈칸에 보기 와 같이 쓰세요.

보기 努力(힘쓸 노)(힘 력)[노력]

寫本(　　)(　　)〔　　〕

도 ▸ 원본(原本)을 옮기어 베껴 놓은 문서나 책.

寫生(　　)(　　)〔　　〕

도 ▸ 자연의 경치나 사물 따위를 보고 그대로 그림. 用 寫生대회에 참가하다.

寫實的〔　　〕

(　　)(　　)(　　)

도 ▸ 실제(實際)의 상태 그대로인 것. 用 寫實的으로 묘사(描寫)하다.

州郡(　　)(　　)〔　　〕

도 ▸ 주(州)와 군(郡). 옛날 지방 행정 구역 명칭.

惡習(　　)(　　)〔　　〕

도 ▸ 좋지 않은 버릇. 좋지 않은 풍습.

善惡(　　)(　　)〔　　〕

도 ▸ 착함과 악함.

惡談(　　)(　　)〔　　〕

도 ▸ 남을 비평하거나 저주하는 말. 반 덕담(德談). 用 그들은 惡談을 서슴지 않고 퍼부었다.

惡寒(　　)(　　)〔　　〕

도 ▸ 몸에 열이 나면서 오슬오슬 추운 증세.

成敗(　　)(　　)〔　　〕

도 ▸ 일의 성공(成功)과 실패(失敗). 用 그것은 이번 일의 成敗가 달린 문제다.

勝敗(　　)(　　)〔　　〕

도 ▸ 이김과 짐. 승부(勝負).

敗戰(　　)(　　)〔　　〕

도 ▸ 전쟁에서 짐. 用 일본은 敗戰했다.

失敗(　　)(　　)〔　　〕

도 ▸ 일이 뜻한 대로 되지 못하거나 잘못됨. 반 성공(成功), 성취(成就).

敗家亡身〔　　〕

(　　)(　　)(　　)(　　)

도 ▸ 집안의 재산을 다 써서 없애고 몸을 망침.

所望(　　)(　　)〔　　〕

도 ▸ 바라는 바. 소원. 희망. 用 통일을 所望하다.

失望(　　)(　　)〔　　〕

도 ▸ 희망을 잃음. 일이 뜻대로 되지 않아 낙심(落心)함. 用 시험에 떨어졌다고 失望하지 마세요.

責望(　　)(　　)〔　　〕

도 ▸ 잘못을 들어 꾸짖음. 用 어른에게 責望을 듣다.

도움글

○ '주(州)'자가 들어가는 지역 이름을 한자로 써보자.⇨ 경주(慶州), 나주(羅州), 제주(濟州), 광주(光州), 광주(廣州), 공주(公州), 청주(淸州), 전주(全州), 원주(原州)

★ 慶(경사 경) 羅(벌릴 라) 濟(건널 제) 廣(넓을 광)

다음 한자漢字를 필순筆順에 따라 쓰세요.

한자	훈음	부수·총획	필순	한자	훈음	부수·총획	필순
寫	베낄 사	宀부 총15획	宀 宀 宀 寫 寫	實	열매 실	宀부 총14획	宀 宀 宀 實 實
州	고을 주	巛 = 川부 총6획	丶 丿 州 州 州	勝	이길 승	力부 총12획	月 月 朕 勝 勝
惡	악할 악	心부 총12획	一 亞 亞 亞 惡	的	과녁 적	白부 총8획	白 白 白 的 的
敗	패할 패	攴 = 攵부 총11획	目 貝 貝 敗 敗	家	집 가	宀부 총10획	宀 家 家 家 家
望	바랄 망	月부 총11획	亠 亡 望 望 望	亡	망할 망	亠부 총3획	丶 亠 亡
郡	고을 군	邑 = 阝부 총10획	君 君 君 郡 郡	身	몸 신	身부 총7획	丿 身 身 身 身
習	익힐 습	羽부 총11획	习 羽 羽 習 習	所	바 소	戶부 총8획	戶 所 所 所 所
談	말씀 담	言부 총15획	言 言 言 談 談	失	잃을 실	大부 총5획	丿 ⺈ 失 失 失
寒	찰 한	宀부 총12획	宀 宀 寒 寒 寒	責	꾸짖을 책	貝부 총11획	龶 龶 龶 責 責

도움글

○ '惡'자는 '악하다' 등의 뜻으로 쓰일 때에는 '악'이라고 읽고, '미워하다, 싫어하다' 등의 뜻으로 쓰일 때에는 '오'라고 읽는다. 예1 善惡(선악) 예2 惡行(악행) 예3 憎惡(증오) 예4 惡寒(오한)

아래 한자漢字의 뜻[訓]과 소리[音]를 자세히 익혀봅시다.

☆표는 5Ⅱ 배정한자임.

歲 (止) 총13획	浴 (水) 총10획	産 (生) 총11획	節 (竹) 총15획	耳 (耳) 총6획
☆해 세	목욕할 욕	☆낳을 산	☆마디 절	귀 이

아래 설명을 읽고 빈칸에 보기 와 같이 쓰세요.

보기 努力(힘쓸 노)(힘 력)[노력]

歲寒(　　)(　　)〔　　〕

도▸심한 추위, 또는 겨울.

年歲(　　)(　　)〔　　〕

도▸'나이'의 높임말. 춘추(春秋). 예 年歲가 많다.

歲入(　　)(　　)〔　　〕

도▸한 회계(會計) 연도(年度)에 있어서의 총수입(總收入). 반 세출(歲出).

참 稅入(세입)▹조세(租稅)에 의한 수입(收入).

日光浴〔　　〕

(　　)(　　)(　　)

도▸병(病)을 치료(治療)하거나 건강(健康)을 위하여 맨몸을 햇볕에 쬐는 일.

海水浴〔　　〕

(　　)(　　)(　　)

도▸바다에서 헤엄치거나 노는 일.

浴室(　　)(　　)〔　　〕

도▸목욕실(沐浴室)의 준말.

海産物〔　　〕

(　　)(　　)(　　)

도▸바다에서 나는 산물(産物).

國産(　　)(　　)〔　　〕

도▸자기 나라에서 생산(生産)함. 국산품(國産品).

動産(　　)(　　)〔　　〕

도▸모양이나 성질을 변하지 않게 하여 옮길 수 있는 재물(財物). 반 부동산(不動産).

참 東山(동산)▹동쪽에 있는 산. ※도움글 참조.

開天節〔　　〕

(　　)(　　)(　　)

도▸단군(檀君)의 고조선(古朝鮮) 건국(建國)을 기념하는 국경일(國慶日). [양력 10월 3일]

節電(　　)(　　)〔　　〕

도▸전기(電氣)를 아껴 씀. 예 여름철 에너지 절약으로는 냉방기 節電이 우선이다.

禮節(　　)(　　)〔　　〕

도▸예의범절(禮儀凡節). 예 禮節 바른 어린이.

音節(　　)(　　)〔　　〕

도▸음소(音素)가 모여서 이루어진 소리의 한 덩어리. 소리마디. 예 2音節 모음 - [부모, 시계.]

耳順(　　)(　　)〔　　〕

도▸나이 '예순'을 이르는 말. [『논어』의 '六十而耳順'에서 나온 말로, '나이 육십에야 비로소 모든 것을 순리대로 이해하게 된다'는 뜻]

耳目口鼻〔　　〕

(　　)(　　)(　　)(　　)

도▸귀·눈·입·코, 또는 얼굴의 생김새를 아울러 이르는 말.

도움글

○ 주의! '마을 부근에 있는 작은 산이나 언덕'을 이르는 말로, '동산'이라는 말이 있는데 이는 순수한 우리말이다. 예 아침마다 동산에 올라 노래를 부른다.

다음 한자漢字를 필순筆順에 따라 쓰세요.

한자	훈음	부수·총획	필순	한자	훈음	부수·총획	필순
歲	해 세	止부 총13획	止 产 歲 歲 歲	國	나라 국	囗부 총11획	冋 國 國 國 國
浴	목욕할 욕	氵= 水부 총10획	氵 氵 氵 泬 浴	動	움직일 동	力부 총11획	亶 重 重 動 動
產	낳을 산	生부 총11획	亠 立 产 产 產	開	열 개	門부 총12획	門 門 閂 開 開
節	마디 절	竹부 총15획	竹 竺 笞 節 節	電	번개 전	雨부 총13획	雨 雨 雨 雷 電
耳	귀 이	耳부 총6획	丅 F F 王 耳	禮	예도 례	示부 총18획	礻 礻 礼 禮 禮
寒	찰 한	宀부 총12획	宀 宀 寉 寒 寒	音	소리 음	音부 총9획	亠 亠 立 音 音
室	집 실	宀부 총9획	宀 宏 室 室 室	光	빛 광	儿부 총6획	丨 丷 业 光 光
海	바다 해	氵= 水부 총10획	氵 汇 海 海 海	順	순할 순	頁부 총12획	丿 川 川 順 順
物	물건 물	牛부 총8획	丿 牛 牛 物 物	鼻	코 비	鼻부 총14획	白 自 鼻 鼻 鼻

도움글

- '鼻'자와 같이 부수가 그 글자 자체일 때에는 부수 명칭을 '제부수'라고 한다.
- '節(마디 절)'자의 '마디'는 '대, 또는 초목의 마디, 뼈의 마디, 음악의 곡조, 절개' 등을 뜻한다.

아래 한자漢字의 뜻[訓]과 소리[音]를 자세히 익혀봅시다.

☆표는 5Ⅱ 배정한자임.

要 (襾) 총9획	調 (言) 총15획	赤 (赤) 총7획	院 (阜) 총10획	馬 (馬) 총10획
☆ 요긴할 요	☆ 고를 조	붉을 적	집 원	말 마

아래 설명을 읽고 빈칸에 보기 와 같이 쓰세요.

보기 努力(힘쓸 노)(힘 력)[노력]

要約(　　)(　　)〔　　〕

도 ▸ 말이나 글에서 중요한 것만을 추려 냄. 예 연설문 내용을 要約하다.

強要(　　)(　　)〔　　〕

도 ▸ 무리하게 요구(要求)함. 예 기부금을 強要하다.

重要(　　)(　　)〔　　〕

도 ▸ 소중하고 매우 귀중함. 예 매우 重要한 자료.

調和(　　)(　　)〔　　〕

도 ▸ 대립이나 어긋남이 없이 서로 잘 어울림. 균형이 잘 잡힘. 예 자연과 調和를 이룬 도시.

참 造花(조화) ▹ 종이나 헝겊으로 만든 꽃. 반 생화(生花).

時調(　　)(　　)〔　　〕

도 ▸ 고려 말부터 발달하여 온 우리나라 고유의 정형시(定型詩). [형식에 따라 평시조·엇시조·사설시조 등으로 나뉨]

強調(　　)(　　)〔　　〕

도 ▸ 어떤 부분을 특별히 힘주어 주장함. 예 자신의 주장을 強調하다. 예 명암(明暗)이 強調되다.

赤外線〔　　〕

(　　)(　　)(　　)

도 ▸ 눈으로는 볼 수 없고, 공기 중의 투과력이 강한 빛. [사진·비밀 통신 등에 사용됨.]

曲調(　　)(　　)〔　　〕

도 ▸ 음악이나 가사(歌詞)의 가락. 예 흥겨운 曲調.

赤道(　　)(　　)〔　　〕

도 ▸ 지구의 중심을 지나는 지축(地軸)에 직각(直角)인 평면(平面)과 지표(地表)가 교차(交叉)되는 선. [위도(緯度)의 0°가 되는 선]

赤信號〔　　〕

(　　)(　　)(　　)

도 ▸ ①붉은 등이나 기를 달아 '멈춤'을 나타내는 신호(信號). ②위험 신호. 반 청신호(青信號).

入院(　　)(　　)〔　　〕

도 ▸ 환자가 치료 또는 요양(療養)을 위하여 병원(病院)에 들어감. 반 퇴원(退院).

病院(　　)(　　)〔　　〕

도 ▸ 환자를 진찰(診察)하고 치료하는 곳.

競馬(　　)(　　)〔　　〕

도 ▸ 사람이 탄 말이 일정 거리를 달려 그 순위를 겨루는 일.

馬耳東風〔　　〕

(　　)(　　)(　　)(　　)

도 ▸ '말의 귀에 스치는 동풍'이라는 뜻으로, '남의 말을 귀담아듣지 않고 흘려버림'을 일컫는 말.

도움글

○ 赤十字精神(적십자정신) ▹ 전쟁(戰爭)·천재(天災)·질병(疾病) 등으로 재난(災難)을 입은 군인(軍人)·민간인(民間人) 등에 대하여, 이념(理念)과 적대(敵對) 관계를 초월(超越)하며, 인류(人類) 구원(救援)의 입장(立場)에서 구휼(救恤)하고자 하는 박애정신(博愛精神).

다음 한자漢字를 필순筆順에 따라 쓰세요.

要			線		
요긴할 요	襾부 총9획	覀 覀 覀 要 要	줄 선	糸부 총15획	纟 纟 約 約 線
調			曲		
고를 조	言부 총15획	言 言 訂 調 調	굽을 곡	曰부 총6획	丨 冂 冃 曲 曲
赤			道		
붉을 적	赤부 총7획	十 土 亣 赤 赤	길 도	辶=辵부 총13획	䒑 首 首 道 道
院			時		
집 원	阜=阝부 총10획	阝 阝 阝 阝 院	때 시	日부 총10획	日 日 日 時 時
馬			號		
말 마	馬부 총10획	丨 F F 馬 馬	이름 호	虍부 총13획	号 号 號 號 號
約			病		
맺을 약	糸부 총9획	纟 纟 糸 約 約	병 병	疒부 총10획	广 疒 疒 病 病
強			競		
강할 강	弓부 총11획	弓 弓 弓 弘 強	다툴 경	立부 총20획	立 音 竟 競 競
重			東		
무거울 중	里부 총9획	千 盲 重 重 重	동녘 동	木부 총8획	丙 百 申 東 東
和			風		
화할 화	口부 총8획	二 千 禾 和 和	바람 풍	風부 총9획	丿 几 凧 風 風

도움글

- '赤(적)'자는 '亦(또 역)'자와 혼동하는 경우가 많으니 주의!
- '強'자와 '强'자는 쓰임이 같은 이체자(異體字)이므로 모두 통용한다. 예 強 = 强 : 弓 弓 弓 弘 强

아래 한자漢字의 뜻[訓]과 소리[音]를 자세히 익혀봅시다.

☆표는 5II 배정한자임.

倍 (人) 총10획	他 (人) 총5획	到 (刀) 총8획	去 (厶) 총5획	品 (口) 총9획
곱 배	다를 타	☆ 이를 도	갈 거	☆ 물건 품

아래 설명을 읽고 빈칸에 보기 와 같이 쓰세요.

보기 努力 (힘쓸 노)(힘 력)[노력]

倍數(　　　)(　　　)〔　　　〕

도 ▸ 갑절이 되는 수. 또는 자연수 'A'를 다른 자연수 'B'로 나누어 나머지 없이 떨어졌을 때 'B'에 대한 'A'를 이르는 말. 예 6과 9는 3의 倍數이다. 반 약수(約數).

公倍數〔　　　〕
(　　　)(　　　)(　　　)

도 ▸ 두 개 이상의 정수(整數)나 정식(整式)에 공통되는 배수(倍數). 반 공약수(公約數).

百倍(　　　)(　　　)〔　　　〕

도 ▸ 백 곱절. 예 百倍 만배(萬倍) 노력하다.

他界(　　　)(　　　)〔　　　〕

도 ▸ ①다른 세계. 저승. ②어른이나 귀인(貴人)의 죽음. 예 그분이 他界하신 지 10년이 되다.

他國(　　　)(　　　)〔　　　〕

도 ▸ 제 나라가 아닌 다른 나라. 외국(外國).

自他(　　　)(　　　)〔　　　〕

도 ▸ ①자기와 남. 예 그는 自他가 인정하는 선수이다. ②불법(佛法)을 깨닫는 제힘과 남의 힘.

當到(　　　)(　　　)〔　　　〕

도 ▸ 미리 정해 놓은 어떤 곳이나 일에 다다름. 예 위험이 目前에 當到하다.

到着(　　　)(　　　)〔　　　〕

도 ▸ 목적지에 다다름. 예 기차가 到着할 시간이다.

到來(　　　)(　　　)〔　　　〕

도 ▸ 닥침. 닥쳐옴. 예 이 땅에 평화가 到來하기를 ….

過去(　　　)(　　　)〔　　　〕

도 ▸ 지나간 때. 지난 일.

消去(　　　)(　　　)〔　　　〕

도 ▸ 지워서 없앰. 예 녹음을 하면 이미 기록된 것은 자동으로 消去된다.

去來(　　　)(　　　)〔　　　〕

도 ▸ ①(이익을 목적으로 돈이나 물건을) 주고받거나 사고파는 일. ②사회생활에서 다른 사람들과 서로 어울리는 일.

作品(　　　)(　　　)〔　　　〕

도 ▸ 그림·조각·소설 등 예술 활동으로 만든 것. 예 예술作品을 감상(鑑賞)하다.

品類(　　　)(　　　)〔　　　〕

도 ▸ 물품(物品)의 여러 가지 종류.

品質(　　　)(　　　)〔　　　〕

도 ▸ 물품의 성질(性質)과 바탕. 예 品質 개선(改善)에 노력하다.

도움글

○ 용의주도(用意周到) ▷ 마음의 준비가 두루 미쳐 빈틈이 없음. 예 그는 침착하고 차분하면서도 꼼꼼한 성격이라 어떤 일을 해도 用意周到하게 처리했다.

다음 한자漢字를 필순筆順에 따라 쓰세요.

한자	훈음	부수·획수	필순	한자	훈음	부수·획수	필순
倍	곱 배	人부 총10획	亻 亻 仁 位 倍	自	스스로 자	自부 총6획	丿 亻 白 自 自
他	다를 타	人부 총5획	丿 亻 仂 仲 他	消	사라질 소	水부 총10획	氵 氵 氵 消 消
到	이를 도	刀=刂부 총8획	𠫔 至 至 到 到	着	붙을 착	目부 총12획	丷 䒑 差 着 着
去	갈 거	厶부 총5획	一 十 土 去 去	過	지날 과	辶=辵부 총13획	冂 咼 咼 過 過
品	물건 품	口부 총9획	口 吕 吕 品 品	來	올 래	人부 총8획	一 双 來 來 來
數	셈 수	攴=攵부 총15획	日 婁 婁 數 數	當	마땅 당	田부 총13획	丷 尚 尚 當 當
公	공평할 공	八부 총4획	丿 八 公 公	作	지을 작	人부 총7획	丿 亻 仁 作 作
界	지경 계	田부 총9획	日 田 甲 畀 界	類	무리 류	頁부 총19획	米 类 类 類 類
國	나라 국	囗부 총11획	冂 国 國 國 國	質	바탕 질	貝부 총15획	厂 斤 斦 質 質

도움글

- '過(지날 과)'자는 '지나다, 지나치다, 낫다, 실수, 허물, 잘못' 등의 뜻으로 쓰인다.
- 뜻이 반대, 또는 상대되는 한자 예1 자(自)↔타(他) 예2 거(去)↔래(來) 예3 왕(往)↔래(來)

아래 한자漢字의 뜻[訓]과 소리[音]를 자세히 익혀봅시다.

☆표는 5II 배정한자임.

宿 (宀) 총11획	己 (己) 총3획	情 (心) 총11획	效 (攴) 총10획	格 (木) 총10획
☆ 잘 숙, 별자리 수	☆ 몸 기	☆ 뜻 정	☆ 본받을 효	☆ 격식 격

아래 설명을 읽고 빈칸에 보기 와 같이 쓰세요.

보기 努力(힘쓸 노)(힘 력)[노력]

宿命(　　)(　　)〔　　〕

도 ▸ 피할 수 없는 운명. 예 宿命의 대결을 펼치다.

宿直(　　)(　　)〔　　〕

도 ▸ 직장에서, 밤에 숙박(宿泊)하며 건물이나 시설 따위를 지키는 일.

宿題(　　)(　　)〔　　〕

도 ▸ ①학생에게 내어주는 과제. ②앞으로 두고 해결해야 할 문제. 예 공해(公害) 해결이 宿題이다.

知己(　　)(　　)〔　　〕

도 ▸ 자기를 잘 이해해 주는 참다운 친구. 지음(知音). 지기지우(知己之友).

참 地氣(지기) ▹ 땅의 정기(精氣).

利己心〔　　〕

(　　)(　　)(　　)

도 ▸ 자기의 이익만을 꾀하는 마음. 반 공공심(公共心).

表情(　　)(　　)〔　　〕

도 ▸ 마음속의 감정이나 정서 따위가 얼굴에 나타난 상태. 예 表情이 부드럽다.

冷情(　　)(　　)〔　　〕

도 ▸ 매정하고 쌀쌀함. 예 간절한 부탁에도 불구하고 冷情하게 거절하다.

참 冷靜(냉정) ▹ 감정에 좌우되지 않고 차분함. 예 당신의 冷靜한 판단을 바랍니다.

同情(　　)(　　)〔　　〕

도 ▸ 남의 불행이나 슬픔 따위를 자기 일처럼 생각하여 아파하고 위로함. 예 남의 同情을 사다.

實情(　　)(　　)〔　　〕

도 ▸ 실제의 사정(事情). 실제의 상황(狀況).

참 失政(실정) ▹ 정치를 잘못함, 또는 잘못된 정치.

特效(　　)(　　)〔　　〕

도 ▸ 특별한 효험(効驗)이나 효과(効果).

發效(　　)(　　)〔　　〕

도 ▸ 법률(法律)이나 규칙(規則) 등이 효력(效力)을 나타내게 됨. 예 새 법령(法令)이 發效되다.

참 醱酵(발효) ▹ 유기물이 분해되어 알코올이나 탄산가스 등으로 변하는 현상. 예 醱酵식품.

無效(　　)(　　)〔　　〕

도 ▸ 효력(效力)이 없음.

格式(　　)(　　)〔　　〕

도 ▸ 격에 어울리는 법식. 예 格式을 제대로 갖추다.

格言(　　)(　　)〔　　〕

도 ▸ 사리(事理)에 꼭 알맞아, 인생(人生)에 대한 교훈(敎訓)이나 경계가 되는 짧은 말.

合格(　　)(　　)〔　　〕

도 ▸ 정하여진 격식이나 조건, 또는 자격시험 따위에 붙음. 반 낙방(落榜). 불합격(不合格).

도움글

○ 다음 한자의 略字를 써보자. 1 價(価) 2 輕(軽) 3 廣(広) 4 變(変)

다음 한자漢字를 필순筆順에 따라 쓰세요.

한자	훈음	부수·획수	필순	한자	훈음	부수·획수	필순
宿	잘 숙	宀부 총11획	丶 丶 宀 宀 宿	無	없을 무	火=灬부 총12획	𠂉 𠂉 無 無 無
己	몸 기	己부 총3획	ㄱ ㄱ 己	利	이할 리	刀=刂부 총7획	二 千 禾 和 利
情	뜻 정	心부 총11획	丶 忄 忄 情 情	表	겉 표	衣부 총8획	二 丰 表 表 表
效	본받을 효	攴=攵부 총10획	亠 六 交 效 效	冷	찰 랭	冫부 총7획	冫 冫 冷 冷 冷
格	격식 격	木부 총10획	十 木 朷 格 格	實	열매 실	宀부 총14획	宀 宀 宀 實 實
命	목숨 명	口부 총8획	人 亼 合 命 命	特	특별할 특	牛부 총10획	𠂉 牛 牛 特 特
直	곧을 직	目부 총8획	一 古 直 直 直	發	필 발	癶부 총12획	ノ ㇇ 癶 發 發
題	제목 제	頁부 총18획	早 早 是 題 題	式	법 식	弋부 총6획	二 亍 式 式 式
知	알 지	矢부 총8획	𠂉 矢 矢 知 知	言	말씀 언	言부 총7획	亠 言 言 言 言

도움글

- '無'자의 부수는 '火(불 화)'이나 글자 속에서는 '灬'와 같이 변하여 쓰이기도 한다.
- 혼동하기 쉬운 글자 ① 特(특)과 持(가질 지) ② 知(지)와 和(화할 화) ③ 種(종)과 鍾(쇠북 종)

아래 한자漢字의 뜻[訓]과 소리[音]를 자세히 익혀봅시다.

☆표는 5Ⅱ 배정한자임.

止 (止) 총4획	河 (水) 총8획	當 (田) 총13획	筆 (竹) 총12획	臣 (臣) 총6획
그칠 지	물 하	☆ 마땅 당	☆ 붓 필	☆ 신하 신

아래 설명을 읽고 빈칸에 보기 와 같이 쓰세요.

보기 努力(힘쓸 노)(힘 력)[노력]

行動擧止〔　　　　〕
(　　)(　　)(　　)(　　)
도 ▸ 몸을 움직여서 하는 모든 짓.

停止(　　)(　　)〔　　〕
도 ▸ 중도(中途)에서 멈추거나 그침.

中止(　　)(　　)〔　　〕
도 ▸ 일을 중도(中途)에서 그만둠. 중도(中途)에서 멈춤.
예 하던 일을 中止하다.

山河(　　)(　　)〔　　〕
도 ▸ ①산과 강. 예 조국의 山河를 그리워하다. ②자연(自然), 또는 자연의 경치(景致).

氷河(　　)(　　)〔　　〕
도 ▸ 만년설(萬年雪)이 얼음덩이가 되어, 흘러 내려와 강(江)을 이룬 것.

運河(　　)(　　)〔　　〕
도 ▸ 선박의 통행이나 농지(農地)의 용수(用水)를 위하여 육지를 파서 만든 수로(水路).

當選(　　)(　　)〔　　〕
도 ▸ ①선거(選擧)에서 뽑힘. 예 국회의원 선거(選擧)에 當選되다. ②출품작 따위가 심사(審査)에서 뽑힘.
예 신춘문예에 當選되다.

當落(　　)(　　)〔　　〕
도 ▸ 당선(當選)과 낙선(落選). 붙음과 떨어짐.

當番(　　)(　　)〔　　〕
도 ▸ 어떤 일을 할 차례가 된 사람, 또는 그 차례가 됨.
반 비번(非番).

親筆(　　)(　　)〔　　〕
도 ▸ 손수 쓴 글씨. 진적(眞蹟). 진필(眞筆). 예 親筆 원고.

筆記(　　)(　　)〔　　〕
도 ▸ ①글씨를 씀. ②강의나 연설 따위의 내용을 받아 씀.
예 몰랐던 내용은 모두 筆記하였다.

筆寫(　　)(　　)〔　　〕
도 ▸ (이미 써 놓은 글을) 그대로 베껴 씀.

臣下(　　)(　　)〔　　〕
도 ▸ 임금을 섬기어 벼슬하는 사람.

功臣(　　)(　　)〔　　〕
도 ▸ 나라에 공로가 있는 신하.

使臣(　　)(　　)〔　　〕
도 ▸ 지난날, 나라의 명(命)을 받아 외국(外國)에 파견(派遣)되던 신하(臣下).

도움글

○ '停止'는 서로 뜻이 비슷한 유의자로 결합된 한자어이다. 참 停 = 住(주), 停 = 留(류), 停 = 駐(주)
○ '當落', '山河'는 서로 뜻이 반대, 또는 상대되는 글자로 결합된 한자어이다. 참 當 ≠ 否(부)

다음 한자漢字를 필순筆順에 따라 쓰세요.

한자	훈음	부수·획수	필순	한자	훈음	부수·획수	필순
止	그칠 지	止부 총4획	丨 ⺊ 𣥂 止	選	가릴 선	辶=辵부 총16획	巳 巳巳 巺 巽 選
河	물 하	氵=水부 총8획	氵 汀 沔 河 河	落	떨어질 락	艸부 총13획	艹 茳 莎 落 落
當	마땅 당	田부 총13획	丷 ⺌ 営 當 當	番	차례 번	田부 총12획	乊 丒 平 釆 番
筆	붓 필	竹부 총12획	⺈ ⺮ 筀 筆 筆	親	친할 친	見부 총16획	立 辛 亲 親 親
臣	신하 신	臣부 총6획	一 丆 丐 臣 臣	記	기록할 기	言부 총10획	言 言 訁 記 記
動	움직일 동	力부 총11획	旨 重 重 動 動	寫	베낄 사	宀부 총15획	宀 宵 寫 寫 寫
擧	들 거	手/臼부 총18획	𦥑 與 與 舉 擧	運	옮길 운	辶=辵부 총13획	冖 冒 軍 運 運
停	머무를 정	人부 총11획	亻 伫 停 停 停	功	공 공	力부 총5획	一 丅 工 功 功
氷	얼음 빙	水부 총5획	亅 刁 氶 氷 氷	使	하여금 사	人부 총8획	亻 仁 佢 使 使

도움글

- 이체자(異體字) ▷ 쓰임은 같으나 모양이 다른 한자(漢字)를 말한다. 참 氷 = 冰, 強 = 强
- '臣'자는 총6획이나 일반적으로 쓸 때에는 총7획으로 쓰기도 한다. 참 臣 : 丨 厂 尸 戶 臣

아래 한자漢字의 뜻[訓]과 소리[音]를 자세히 익혀봅시다.

☆표는 5II 배정한자임.

見 (見) 총7획	貴 (貝) 총12획	輕 (車) 총14획	雄 (隹) 총12획	鮮 (魚) 총17획
☆ 볼 견, 뵈올 현	귀할 귀	가벼울 경	수컷 웅	☆ 고울 선

아래 설명을 읽고 빈칸에 보기 와 같이 쓰세요.

보기 努力(힘쓸 노)(힘 력)[노력]

參見(　　)(　　)〔　　〕

도 ▸ ①남의 일에 끼어들어 아는 체하거나 간섭함. 예 쓸데없이 參見하다. ②참관(參觀).

見學(　　)(　　)〔　　〕

도 ▸ 구체적(具體的)인 지식을 얻기 위하여 실제를 보고 배움. 예 공장 見學.

意見(　　)(　　)〔　　〕

도 ▸ 일에 대한 생각. 예 다수(多數)의 意見에 따르다.

貴宅(　　)(　　)〔　　〕

도 ▸ 상대편을 높이어 그의 가정을 이르는 말.

貴中(　　)(　　)〔　　〕

도 ▸ 편지나 물품 등을 보낼 때, 받는 쪽의 기관이나 단체이름 뒤에 써서 상대편을 높이는 말.
예 서울시 환경과 貴中.

참1 貴重(귀중) ▹ 매우 소중함. 예 貴重한 체험을 하다.

참2 貴下(귀하) ▹ 편지 등에서 상대편을 높이어, 그의 이름 뒤에 쓰는 말. 예 홍길동 貴下.

貴族(　　)(　　)〔　　〕

도 ▸ 사회적으로 특권을 지닌 상류(上流) 계층(階層)에 속한 사람. 반 평민(平民).

輕音樂〔　　〕

(　　)(　　)(　　)

도 ▸ 악단(樂團)의 연주(演奏)에 의한, 가벼운 기분을 즐길 수 있는 대중(大衆) 음악(音樂).

輕重(　　)(　　)〔　　〕

도 ▸ ①가벼움과 무거움. ②중요한 것과 중요하지 않은 것. 예 일의 輕重을 가리다.

輕工業〔　　〕

(　　)(　　)(　　)

도 ▸ 섬유・식품・제지・잡화 등의 주로 소비재(消費財)를 생산하는 공업. 반 중공업(重工業).

雄健(　　)(　　)〔　　〕

도 ▸ 웅대(雄大)하고 힘참. 예 雄健한 필체(筆體).

雄圖(　　)(　　)〔　　〕

도 ▸ 웅대(雄大)한 계획.

英雄(　　)(　　)〔　　〕

도 ▸ 재지(才智)와 담력(膽力)과 무용(武勇)이 특별(特別)히 뛰어난 인물(人物).

朝鮮(　　)(　　)〔　　〕

도 ▸ 상고시대부터 써오던 우리나라의 옛 이름.

鮮明(　　)(　　)〔　　〕

도 ▸ ①산뜻하고 밝음. 예 鮮明한 사진. ②견해(見解)나 태도가 뚜렷함. 예 태도가 鮮明하다.

新鮮(　　)(　　)〔　　〕

도 ▸ ①새롭고 산뜻함. 예 新鮮한 공기. ②채소나 생선(生鮮) 따위가 싱싱함. 예 新鮮한 야채.

도움글

○ '貴宅'의 '宅'자는 쓰임에 따라 '댁', 또는 '택'으로 읽는다. '남의 가정', 또는 '남의 아내' 등을 높여 이르거나 '그대', '당신'을 이를 때에는 '宅'을 '댁'으로 읽는다.

다음 한자漢字를 필순筆順에 따라 쓰세요.

한자	훈음	부수·획수	필순	한자	훈음	부수·획수	필순
見	볼 견	見부 총7획	冂 冃 目 貝 見	重	무거울 중	里부 총9획	亠 ⺈ 旨 重 重
貴	귀할 귀	貝부 총12획	口 虫 冑 冑 貴	工	장인 공	工부 총3획	一 丅 工
輕	가벼울 경	車부 총14획	亘 車 軒 輕 輕	業	업 업	木부 총13획	丷 业 丵 業 業
雄	수컷 웅	隹부 총12획	ナ 厷 厷 雄 雄	健	굳셀 건	人부 총11획	亻 亻 伊 律 健
鮮	고울 선	魚부 총17획	⺈ 鱼 魚 鮮 鮮	圖	그림 도	口부 총14획	冂 冋 周 圖 圖
參	참여할 참	厶부 총11획	厶 厶 厽 叅 參	英	꽃부리 영	艸부 총9획	艹 艹 苂 英 英
族	겨레 족	方부 총11획	亠 方 方 㫃 族	朝	아침 조	月부 총12획	古 直 卓 朝 朝
樂	즐길 락	木부 총15획	白 绐 丝 樂 樂	音	소리 음	音부 총9획	亠 亠 立 音 音
宅	집 댁/택	宀부 총6획	丶 宀 宀 宅 宅	新	새 신	斤부 총13획	立 辛 亲 新 新

도움글

- '鮮'자의 대표 훈과 음은 '고울 선'이나 '깨끗하다, 신선하다, 드물다' 등의 뜻으로도 쓰인다.
- 불문가지(不問可知)▷묻지 않아도 알 수 있다. 비 불언가상(不言可想), 불언가지(不言可知).

아래 한자漢字의 뜻[訓]과 소리[音]를 자세히 익혀봅시다.

☆표는 5Ⅱ 배정한자임.

仕 (人) 총5획	兒 (儿) 총8획	切 (刀) 총4획	參 (厶) 총11획	固 (囗) 총8획
☆ 섬길 사	☆ 아이 아	☆ 끊을 절, 온통 체	☆ 참여할 참, 갖은석 삼	굳을 고

아래 설명을 읽고 빈칸에 보기 와 같이 쓰세요.

보기 努力 (힘쓸 노)(힘 력)[노력]

奉仕(　　　)(　　　)〔　　　〕

도 ▸ 나라나 사회, 또는 남을 위하여 몸과 마음을 다하여 일함. 예 사회에 奉仕하다.

出仕(　　　)(　　　)〔　　　〕

도 ▸ 벼슬하여 관아(官衙)에 나아감.

致仕(　　　)(　　　)〔　　　〕

도 ▸ 벼슬을 사양하고 물러남.
참 致謝(치사) ▹ 고맙다는 뜻을 나타냄.

幸運兒〔　　　〕
(　　　)(　　　)(　　　)

도 ▸ 좋은 운수(運數)를 만난 사람.

兒童(　　　)(　　　)〔　　　〕

도 ▸ 어린아이.

男兒(　　　)(　　　)〔　　　〕

도 ▸ ①남자. 예 대한의 男兒여! 싸워 이겨라. ②사내아이. 예 男兒 선호(選好) 사상. 반 여아(女兒).

一切(　　　)(　　　)〔　　　〕

도 ▸ (사물을 부인(否認)하거나 금(禁)하는 말과 어울려서)아주. 도무지. 결코. 전혀. 예 흑심(黑心)은 一切 버려라.
참 一切(일체) ▹ 모든 것. 온갖 것 예 가게에는 음료 종류 一切(일체)가 진열(陳列)되어 있었다.

切實(　　　)(　　　)〔　　　〕

도 ▸ ①실제(實際)에 꼭 들어맞음. 예 切實한 표현. ②썩 절박하거나 긴요(緊要)함. 예 切實한 요구.

參考書〔　　　〕
(　　　)(　　　)(　　　)

도 ▸ ①참고로 삼는 책. ②참고가 되는 내용을 모아 엮은 책. 예 학습(學習) 參考書를 구입하다.

參觀(　　　)(　　　)〔　　　〕

도 ▸ 어떤 모임이나 행사에 참가(參加)하여 지켜봄.

參加(　　　)(　　　)〔　　　〕

도 ▸ 어떤 모임이나 단체에 관여(關與)하여 참석(參席)하거나 가입(加入)함. 반 불참(不參).

固有(　　　)(　　　)〔　　　〕

도 ▸ 본래부터 지니고 있거나 그 사물에만 특별히 있음. 예 우리나라의 固有한 문화.

固定(　　　)(　　　)〔　　　〕

도 ▸ 일정한 곳이나 상태에서 변하지 아니함. 예 한군데에 固定시키다.

固體(　　　)(　　　)〔　　　〕

도 ▸ 일정한 모양과 부피를 가지고 있어 쉽게 변형되지 않는 물체(物體).

도움글

○ 이순(耳順) ▹ 『논어(論語)』에서 나온 말로, '나이 육십에야 비로소 모든 것을 순리(順理)대로 이해(理解)하게 된다(六十而耳順).'는 뜻에서 나이 '예순'을 이르는 말로 쓰인다.

다음 한자漢字를 필순筆順에 따라 쓰세요.

한자	훈음	부수·획수	필순	한자	훈음	부수·획수	필순
仕	섬길 사	人부 총5획	丿 亻 仁 什 仕	運	옮길 운	辶=辵부 총13획	冖 冒 軍 運 運
兒	아이 아	儿부 총8획	′ ⺊ 臼 臼 兒	童	아이 동	立부 총12획	亠 音 音 童 童
切	끊을 절	刀부 총4획	一 七 切 切	考	생각할 고	耂=老부 총6획	十 土 耂 耂 考
參	참여할 참	厶부 총11획	厶 厶 厽 叅 參	書	글 서	曰부 총10획	⺕ ⺕ 聿 書 書
固	굳을 고	口부 총8획	冂 冃 冋 固 固	觀	볼 관	見부 총25획	艹 萑 雚 観 觀
奉	받들 봉	大부 총8획	三 夫 夫 叁 奉	加	더할 가	力부 총5획	㇆ 力 加 加 加
出	날 출	凵부 총5획	丨 屮 屮 出 出	有	있을 유	月부 총6획	丿 ナ 冇 有 有
致	이를 치	至부 총10획	二 三 至 到 致	定	정할 정	宀부 총8획	丶 宀 宀 宇 定
幸	다행 행	干부 총8획	十 土 幸 幸 幸	體	몸 체	骨부 총23획	冎 骨 骬 體 體

도움글

- '切'자는 뜻에 따라 소리가 달라지는 글자이다. 참 切(끊을 절, 온통 체)
- '有'자와 같이 '一'과 '丿'이 서로 교차하는 글자는 '一'보다 '丿'이 길면 '丿'을 나중에 쓴다.

아래 한자漢字의 뜻[訓]과 소리[音]를 자세히 익혀봅시다.

☆표는 5II 배정한자임.

實 (宀) 총14획	廣 (广) 총15획	必 (心) 총5획	料 (斗) 총10획	橋 (木) 총16획
☆ 열매 **실**	☆ 넓을 **광**	☆ 반드시 **필**	헤아릴 **료**	다리 **교**

아래 설명을 읽고 빈칸에 보기 와 같이 쓰세요.

보기 努力(힘쓸 노)(힘 력)[노력]

以實直告 [ ]
( )( )( )( )
도 ▸ 사실 그대로 고함.

實技( )( )[ ]
도 ▸ 실제의 기능(技能)이나 기술. 예 實技 시험.

實數( )( )[ ]
도 ▸ ①실제의 수효 ②유리수(有理數)와 무리수(無理數)를 통틀어 이르는 말. 반 허수(虛數).
참 失手(실수) ▹ 부주의로 잘못을 저지름, 또는 그 잘못.

結實( )( )[ ]
도 ▸ ①열매를 맺음. 예 가을은 結實의 계절. ②일의 결과가 잘 맺어짐. 예 노력의 結實을 맛보다.

廣告( )( )[ ]
도 ▸ ①세상에 널리 알림, 또는 그 일. ②상품 등의 상업 선전, 또는 그것을 위한 글이나 그림.

廣場( )( )[ ]
도 ▸ ①넓은 곳. ②의사소통을 할 수 있는 장소를 비유하여 이름. 예 대화의 廣場을 열다.

必然( )( )[ ]
도 ▸ 반드시 그렇게 되는 일. 예 그것은 必然의 결과이다.
예 그는 必然 성공할 거야! 반 우연(偶然).

石橋( )( )[ ]
도 ▸ 돌로 놓은 다리.

廣大( )( )[ ]
도 ▸ ①넓고 큼. 예 廣大한 대륙. ②지난날, 줄타기나 가면극 따위를 하던 배우를 이르던 말.
예 廣大놀이를 즐기다.

知過必改 [ ]
( )( )( )( )
도 ▸ 잘못을 알면 반드시 고쳐라.

必要( )( )[ ]
도 ▸ 꼭 소용(所用)이 있음. 예 노력이 必要하다.

入場料 [ ]
( )( )( )
도 ▸ 입장하기 위하여 내는 돈.

料理( )( )[ ]
도 ▸ ①맛있는 음식을 만드는 일. ②어떤 일을 맡아 처리함. 예 이 일을 잘 料理해봐!

食料品 [ ]
( )( )( )
도 ▸ 음식(飮食)의 재료(材料)가 되는 물품.

陸橋( )( )[ ]
도 ▸ 도로나 철도(鐵道) 위에 가로질러 놓은 다리.

鐵橋( )( )[ ]
도 ▸ 철골(鐵骨) 구조로 된 교량(橋梁).

도움글

○ '過'자의 대표 훈과 음은 '지날 과'이나 이밖에도 다른 뜻을 지니고 있다. 한자의 의미를 알고 단어의 뜻을 습득하면 보다 쉽게 이해할 수 있다. 1 過多 ▹ (지나칠 과)(많을 다) 2 過失 ▹ (허물 과)(잃을 실)

다음 한자漢字를 필순筆順에 따라 쓰세요.

한자	훈음	부수·총획	필순	한자	훈음	부수·총획	필순
實	열매 실	宀부 총14획	宀 宀 宀 實 實	知	알 지	矢부 총8획	𠂉 午 矢 知 知
廣	넓을 광	广부 총15획	亠 广 产 庴 廣	過	지날 과	辶=辵부 총13획	冂 冎 咼 渦 過
必	반드시 필	心부 총5획	丶 丿 乄 必 必	改	고칠 개	攴=攵부 총7획	㇆ 己 己 改 改
料	헤아릴 료	斗부 총10획	丷 半 米 米 料	要	요긴할 요	襾부 총9획	一 襾 襾 要 要
橋	다리 교	木부 총16획	木 杧 桥 橋 橋	場	마당 장	土부 총12획	土 坦 坦 場 場
直	곧을 직	目부 총8획	一 十 冇 直 直	理	다스릴 리	玉부 총11획	王 王 理 理 理
告	고할 고	口부 총7획	𠂉 牛 生 告 告	食	먹을 식	食부 총9획	今 今 令 食 食
然	그럴 연	火=灬부 총12획	夕 夕 狄 然 然	陸	뭍 륙	阜=阝부 총11획	阝 阝 阹 陸 陸
石	돌 석	石부 총5획	一 丆 不 石 石	鐵	쇠 철	金부 총21획	金 金 鐵 鐵 鐵

도움글

○ '陸'자의 부수는 '阝'이다. '阝'는 글자의 왼쪽에서는 '阜(언덕 부)', 오른쪽에서는 '邑(고을 읍)'의 뜻으로 쓰인다. 따라서 부수 명칭으로 왼쪽에서는 '阝(좌부변)', 오른쪽에서는 '阝(우부방)'이라고 한다.

아래 한자漢字의 뜻[訓]과 소리[音]를 자세히 익혀봅시다.

☆표는 5Ⅱ 배정한자임.

比 (比) 총4획	湖 (水) 총12획	的 (白) 총8획	結 (糸) 총12획	致 (至) 총10획
견줄 비	호수 호	☆ 과녁 적	☆ 맺을 결	이를 치

아래 설명을 읽고 빈칸에 보기 와 같이 쓰세요.

보기 努力(힘쓸 노)(힘 력)[노력]

對比(　　)(　　)〔　　〕

도 ▸①서로 맞대어 비교함. ②대립(對立)된 성질(性質)이 그 차이가 두드러지게 느껴지는 현상.

참 對備(대비)▹앞으로 있을 어떤 일에 대응(對應)하여 미리 준비(準備)함.

比例(　　)(　　)〔　　〕

도 ▸①어떤 수(數)나 양(量)이 변화(變化)함에 따라 다른 수나 양도 그렇게 되는 일. ②물체의 각 부분 사이의 비율(比率). 예 인체의 比例를 무시한 작품.

比重(　　)(　　)〔　　〕

도 ▸①어떤 물질의 질량과 그것과 같은 체적의 표준 물질의 질량과의 비. ②다른 사물과 비교했을 때의 중요성의 정도. 예 여성들의 사회 진출 比重이 높아지고 있다.

湖水(　　)(　　)〔　　〕

도 ▸육지(陸地)의 내부(內部)에 의지하여, 못이나 늪보다도 넓고 깊게 물이 괴어 있는 곳.

江湖(　　)(　　)〔　　〕

도 ▸①'강과 호수'라는 뜻에서 '자연 · 시골'을 이름. 예 江湖에 묻혀 살다. ②세상. 일반 사회. 예 江湖 제현(諸賢)의 가르침을 바란다.

的中(　　)(　　)〔　　〕

도 ▸목표(目標)에 정확히 들어맞음. 예측(豫測)이 들어맞음. 예 예상(豫想)이 的中되다.

참 適中(적중)▹지나치거나 부족함이 없이 꼭 알맞음.

湖南(　　)(　　)〔　　〕

도 ▸'전라남도와 전라북도'를 아울러 이르는 말.

目的(　　)(　　)〔　　〕

도 ▸어떤 일을 이루려고 하는 목표나 방향. 예 目的한 것을 성취(成就)하기 위하여 노력하다.

公的(　　)(　　)〔　　〕

도 ▸국가적 또는 사회적으로 관계된 것. 공공(公共)에 관한 것. 반 사적(私的).

團結(　　)(　　)〔　　〕

도 ▸한마음 한뜻으로 한데 뭉침. 단합(團合).

結果(　　)(　　)〔　　〕

도 ▸①열매를 맺음. ②어떤 까닭으로 말미암아 이루어지는 결말(結末)의 상태. 예 시작이 좋으니 結果도 좋겠지. 반 원인(原因).

結合(　　)(　　)〔　　〕

도 ▸서로 관계를 맺고 합쳐서 하나로 됨.

理致(　　)(　　)〔　　〕

도 ▸사물의 정당한 조리. 도리에 맞는 근본 뜻. 예 말이 理致에 어긋나다.

景致(　　)(　　)〔　　〕

도 ▸산이나 강 따위의 자연의 아름다운 모습. 경관(景觀). 풍경(風景). 경색(景色).

도움글

○ '適'자는 '①가다. ②맞다' 등의 뜻이 있으나 보통 ②의 뜻으로 많이 쓰인다. 참 適性(적성), 適當(적당)

○ '的(과녁 적)'자의 '과녁'은 '활이나 총의 표적', 또는 '겨냥하여 쏘는 목표물'을 이르는 말이다.

다음 한자漢字를 필순筆順에 따라 쓰세요.

한자	훈음	부수·획수	필순	한자	훈음	부수·획수	필순
比	견줄 비	比부 총4획	一 ⺊ ⺊ 比	中	가운데 중	丨부 총4획	丨 口 口 中
湖	호수 호	氵= 水부 총12획	氵 汁 沽 湖 湖	南	남녘 남	十부 총9획	十 冂 冂 南 南
的	과녁 적	白부 총8획	白 白 白 的 的	目	눈 목	目부 총5획	丨 冂 月 月 目
結	맺을 결	糸부 총12획	幺 糸 糸 紶 結	公	공평할 공	八부 총4획	丿 八 公 公
致	이를 치	至부 총10획	𠫔 云 至 致 致	團	둥글 단	口부 총14획	冂 冋 囤 團 團
對	대할 대	寸부 총14획	丨丨 业 丵 丵 對	果	실과 과	木부 총8획	口 日 甲 果 果
例	법식 례	人부 총8획	亻 仃 伢 伢 例	合	합할 합	口부 총6획	丿 人 亼 亽 合
重	무거울 중	里부 총9획	千 台 亩 重 重	理	다스릴 리	玉부 총11획	王 王 玾 理 理
江	강 강	氵= 水부 총6획	丶 氵 汀 江 江	景	볕 경	日부 총12획	日 旦 暠 景 景

도움글

- '致'자와 같이 하나의 글자 속에 여러 개의 부수 글자가 들어 있는 경우에는 좀처럼 그 글자의 부수를 찾아내기가 쉽지 않다. 이러한 경우에는 대부분 그 글자의 뜻과 같은 의미를 지닌 것이 부수이다.

아래 한자漢字의 뜻[訓]과 소리[音]를 자세히 익혀봅시다.

☆표는 5II 배정한자임.

觀 (見) 총25획	賣 (貝) 총15획	過 (辵) 총13획	雨 (雨) 총8획	魚 (魚) 총11획
☆ 볼 관	팔 매	☆ 지날 과	☆ 비 우	고기 어

아래 설명을 읽고 빈칸에 보기 와 같이 쓰세요.

보기 努力(힘쓸 노)(힘 력)[노력]

觀念(　　　)(　　　)〔　　　〕

도 ▸ 어떤 일에 대한 생각이나 견해(見解). 예 그는 시간 觀念이 정확(正確)하다.

景觀(　　　)(　　　)〔　　　〕

도 ▸ ①경치(景致). ②지표(地表) 위의 풍경을 특징짓는 여러 요소(要所)를 종합(綜合)한 것.

觀光(　　　)(　　　)〔　　　〕

도 ▸ 다른 지방이나 다른 나라의 풍물(風物)·풍속(風俗)을 구경함. 예 금강산 觀光을 꿈꾸다.

競賣(　　　)(　　　)〔　　　〕

도 ▸ 사려는 사람이 많을 경우, 그들을 서로 경쟁(競爭)시켜, 가장 비싸게 사겠다는 사람에게 물건을 파는 일.

賣店(　　　)(　　　)〔　　　〕

도 ▸ 일상(日常) 용품을 파는 소규모의 가게.

賣出(　　　)(　　　)〔　　　〕

도 ▸ 물건을 내어 팖. 예 날로 賣出量이 늘어나다.

魚類(　　　)(　　　)〔　　　〕

도 ▸ 물 속에 살며 온몸이 비늘로 덮여 있고 아가미로 호흡(呼吸)을 하는 것, 곧 물고기를 통틀어 이르는 말.

養魚(　　　)(　　　)〔　　　〕

도 ▸ 물고기를 길러 번식(繁殖)시킴.

通過(　　　)(　　　)〔　　　〕

도 ▸ ①일정한 때나 장소를 통하여 지나감. 예 의사당 앞을 通過하다. ②검사(檢査)나 시험(試驗) 따위를 무사히 치르고 합격(合格)됨.

過失(　　　)(　　　)〔　　　〕

도 ▸ 부주의하여 생긴 잘못이나 실수. 과오(過誤).
반 고의(故意). 예 자신의 過失을 인정하다.
참 果實(과실) ▹ 먹을 수 있는 나무의 열매.

過消費〔　　　〕
(　　　)(　　　)(　　　)

도 ▸ 분에 넘치게 소비(消費)함. 씀씀이가 지나치게 헤픔.
예 過消費는 정신세계를 병들게 한다.

雨水(　　　)(　　　)〔　　　〕

도 ▸ ①이십사절기의 하나[입춘(立春)과 경칩(驚蟄) 사이]. ②빗물.
참1 憂愁(우수) ▹ 근심과 걱정.
참2 優秀(우수) ▹ 여럿 가운데 특별히 빼어남.

雨期(　　　)(　　　)〔　　　〕

도 ▸ 1년 중 비가 많이 내리는 시기. 반 건기(乾期).

風雨(　　　)(　　　)〔　　　〕

도 ▸ 바람과 비. 비바람.

魚市場〔　　　〕
(　　　)(　　　)(　　　)

도 ▸ 어물(魚物)을 파는 생선(生鮮) 시장(市場).

도움글

○ 서로 뜻이 반대되는 한자어 1 過多(과다) ↔ 過少(과소) 2 過大(과대) ↔ 過小(과소)

다음 한자漢字를 필순筆順에 따라 쓰세요.

觀	볼 관	見부 총25획	萨 萨 雚 觀 觀	養	기를 양	食부 총15획	羊 美 养 養 養
賣	팔 매	貝부 총15획	士 壴 賣 賣 賣	通	통할 통	辶=辵부 총11획	乛 乃 甬 甬 通
過	지날 과	辶=辵부 총13획	冂 冎 咼 渦 過	失	잃을 실	大부 총5획	ノ 𠂉 𠂇 生 失
雨	비 우	雨부 총8획	一 冂 帀 雨 雨	消	사라질 소	氵=水부 총10획	氵 氵 氵 消 消
魚	고기 어	魚부 총11획	𠂊 各 角 魚 魚	費	쓸 비	貝부 총12획	一 コ 弓 弗 費
店	가게 점	广부 총8획	亠 广 庁 店 店	期	기약할 기	月부 총12획	廾 甘 其 期 期
景	볕 경	日부 총12획	日 旦 景 景 景	風	바람 풍	風부 총9획	丿 几 凧 風 風
類	무리 류	頁부 총19획	米 类 类 類 類	市	저자 시	巾부 총5획	丶 亠 亣 市 市
競	다툴 경	立부 총20획	立 音 竟 競 競	場	마당 장	土부 총12획	土 坦 垾 場 場

도움글

- '賣'자는 '팔다'는 뜻으로, '사다'는 뜻을 가진 '買'자와 서로 뜻이 상대되는 글자이다.
- '市(저자 시)'자의 '저자'는 '시장', 또는 '시장에서 물건을 파는 가게'를 이르는 말이다.

아래 한자漢字의 뜻[訓]과 소리[音]를 자세히 익혀봅시다.

☆표는 5Ⅱ 배정한자임.

仙 (人) 총5획	充 (儿) 총6획	初 (刀) 총7획	友 (又) 총4획	團 (囗) 총14획
☆ 신선 선	☆ 채울 충	처음 초	☆ 벗 우	☆ 둥글 단

아래 설명을 읽고 빈칸에 보기 와 같이 쓰세요.

보기 努力(힘쓸 노)(힘 력)[노력]

仙才(　　)(　　)〔　　〕

도 ▸ 썩 뛰어난 재주.

神仙(　　)(　　)〔　　〕

도 ▸ 선도(仙道)를 닦아 신통력을 얻은 사람.
참 新鮮(신선) ▹ ①새롭고 산뜻함. ②(과일 등이) 싱싱함.

仙藥(　　)(　　)〔　　〕

도 ▸ 효험(效驗)이 뛰어난 약(藥).
참 先約(선약) ▹ 먼저 약속함. 또는 그 약속.

充當(　　)(　　)〔　　〕

도 ▸ 모자라는 것을 알맞게 채워서 메움. 활 그 동안 모은 용돈을 학비에 充當하다.

充分(　　)(　　)〔　　〕

도 ▸ 분량이나 요구 조건이 모자람이 없이 차거나 넉넉함. 활 充分한 식량을 준비하다.

充電(　　)(　　)〔　　〕

도 ▸ 축전기(蓄電器)나 축전지(蓄電池) 따위에 전기(電氣)를 축적(蓄積)함.

今時初聞〔　　〕
(　　)(　　)(　　)(　　)

도 ▸ (어떤 이야기를) 바로 지금 처음 들음. 전에 들어본 적이 없음. 듣느니 처음. 금시초문(今始初聞).

初代(　　)(　　)〔　　〕

도 ▸ 자리나 지위를 이어나가는 차례에서 첫 번째의 차례. 활 初代 대통령.

初面(　　)(　　)〔　　〕

도 ▸ 처음으로 대하는 얼굴이나 처지. 반 구면(舊面).

友愛(　　)(　　)〔　　〕

도 ▸ 형제간이나 친구간의 두터운 정과 사랑.

級友(　　)(　　)〔　　〕

도 ▸ 같은 학급(學級)에서 배우는 벗.

友情(　　)(　　)〔　　〕

도 ▸ 친구간의 정의(情義). 교의(交誼).

集團(　　)(　　)〔　　〕

도 ▸ 많은 사람이나 동물, 또는 물건이 모여서 무리를 이룬 상태. 활 集團 생활.

團體(　　)(　　)〔　　〕

도 ▸ 같은 목적으로 모인 모임. 비 집단.

財團(　　)(　　)〔　　〕

도 ▸ 일정한 목적을 위하여 결합된 재산의 집합.
참 裁斷(재단) ▹ (옷감이나 목재 따위를) 모양이나 치수대로 자르거나 마르는 것. 마름질.

도움글

○ 동음이의어 예 初代 ≠ 招待(초대) ▹ 남을 청하여 대접하거나, 어떤 모임에 참가해 달라고 청함.
○ 고인(故人) : ①죽은 사람 활 故人의 명복(冥福)을 빕니다. ②사귄 지 오래된 벗.
참 '故(연고 고)'자는 '①옛날 ②오래되다 ③죽다 ④일부러 · 고의로 ⑤까닭 · 이유' 등을 뜻하는 말로 쓰인다.

다음 한자漢字를 필순筆順에 따라 쓰세요.

한자	훈음	부수·획수	필순	한자	훈음	부수·획수	필순
仙	신선 선	人부 총5획	丿 亻 仁 仙 仙	才	재주 재	手부 총3획	一 十 才
充	채울 충	儿부 총6획	丶 亠 ㄊ 云 充	當	마땅 당	田부 총13획	屮 尙 常 當 當
初	처음 초	刀부 총7획	㇇ 礻 衤 初 初	馬	말 마	馬부 총10획	丨 ⺁ 厓 馬 馬
友	벗 우	又부 총4획	一 ナ 方 友	愛	사랑 애	心부 총13획	⺤ 爫 悉 愛 愛
團	둥글 단	囗부 총14획	冂 同 囲 團 團	級	등급 급	糸부 총10획	幺 糸 糸 級 級
聞	들을 문	耳부 총14획	門 門 門 聞 聞	時	때 시	日부 총10획	日 日⁻ 旪 時 時
化	될 화	匕부 총4획	丿 亻 化 化	集	모을 집	隹부 총12획	亻 仹 隹 隼 集
登	오를 등	癶부 총12획	㇇ 癶 癶 登 登	藥	약 약	艸부 총19획	艹 苜 藥 藥 藥
神	귀신 신	示부 총10획	㇇ 礻 礻 神 神	財	재물 재	貝부 총10획	冂 目 貝 財 財

도움글

- '分'자는 八(팔) + 刀(도)의 결합자이다. 간혹 '八(팔)'자를 '人(인)'자로 쓰는 경우가 있는데 주의!
- '初'자의 왼쪽은 '衤 = 衣(옷 의)'자이며, '神'자의 왼쪽은 '礻 = 示(보일 시)'자이다.

아래 한자漢字의 뜻[訓]과 소리[音]를 자세히 익혀봅시다.

☆표는 5II 배정한자임.

完 (宀) 총 7획	序 (广) 총7획	患 (心) 총11획	旅 (方) 총10획	末 (木) 총5획
완전할 완	차례 서	근심 환	☆ 나그네 려	끝 말

아래 설명을 읽고 빈칸에 보기 와 같이 쓰세요.

보기 努力(힘쓸 노)(힘 력)[노력]

完全(　　)(　　)〔　　〕

도 ▸ 필요한 것이 모두 갖추어져 있음. 부족함이나 흠이 없음. 예 준비물을 完全하게 갖추다.

完成(　　)(　　)〔　　〕

도 ▸ 완전히 다 이룸. 예 完成을 눈앞에 두다.

完決(　　)(　　)〔　　〕

도 ▸ 완전하게 끝맺음. 완결(完結).

序頭(　　)(　　)〔　　〕

도 ▸ 어떤 차례의 첫머리. 예 이 글의 요지(要旨)는 序頭에 실려 있다.

序文(　　)(　　)〔　　〕

도 ▸ 머리말. 서사(序詞). 반 발문(跋文).

病患(　　)(　　)〔　　〕

도 ▸ '병(病)'의 높임말. 예 어른께서 病患 중이시다.

後患(　　)(　　)〔　　〕

도 ▸ 뒷날에 생기는 걱정이나 근심. 예 처음부터 後患이 될 것을 제거하다.

旅路(　　)(　　)〔　　〕

도 ▸ 나그네 길. 여행의 노정(路程). 예 旅路에 만난 사람.

患部(　　)(　　)〔　　〕

도 ▸ 병(病)이나 상처(傷處)가 난 곳.

旅客(　　)(　　)〔　　〕

도 ▸ 여행(旅行)을 하고 있는 사람.

旅費(　　)(　　)〔　　〕

도 ▸ 여행에 드는 비용(費用). 노자(路資).

結末(　　)(　　)〔　　〕

도 ▸ 어떤 일이 마무리되는 끝. 끝장. 결국(結局).

末期(　　)(　　)〔　　〕

도 ▸ ①어떤 시대나 기간의 끝장이 되는 시기(時期). 말엽(末葉). 예 조선조 末期. ②어떤 일의 끝 무렵. 만기(晩期).

本末(　　)(　　)〔　　〕

도 ▸ ①일의 처음과 끝. 예 일의 本末이 바뀌다. ②일의 주가 되는 종요로운 것과 그것에 딸린 대수롭지 않은 것. 예 本末을 분별하지 못하다.

序曲(　　)(　　)〔　　〕

도 ▸ ①오페라·모음곡 따위의 첫머리에 연주되어 도입부의 구실을 하는 악곡. 예 카르멘 序曲을 감상하다. ②'무슨 일의 시초(始初)'를 비유하여 이르는 말. 예 축제의 序曲을 장식하다.

도움글

○ 공업단지(工業團地) ▹ 국가나 지방 자치 단체가 구획(區劃)한 토지에 계획적(計劃的)으로 공장을 유치(誘致)하여 만든 공장의 집단지(集團地). 준 공단(工團).

○ '末'자는 '未(아닐 미)'자와 혼동하기 쉬우니 주의! ☞ 아래의 '一'자가 짧은 것이 '末(말)'자이다.

다음 한자漢字를 필순筆順에 따라 쓰세요.

한자	훈음	부수·획수	필순	한자	훈음	부수·획수	필순
完	완전할 완	宀부 총7획	丶 宀 宀 宇 完	病	병 병	疒부 총10획	广 疒 疒 病 病
序	차례 서	广부 총7획	亠 广 户 庐 序	後	뒤 후	彳부 총9획	彳 彳 徃 後 後
患	근심 환	心부 총11획	口 吕 串 患 患	路	길 로	足부 총13획	口 卫 足 路 路
旅	나그네 려	方부 총10획	亠 方 扩 旂 旅	部	떼 부	邑=阝부 총11획	亠 立 音 部 部
末	끝 말	木부 총5획	一 二 丰 末 末	客	손 객	宀부 총9획	丶 宀 夕 安 客
全	온전 전	入부 총6획	人 亼 今 仝 全	費	쓸 비	貝부 총12획	乛 コ 弓 弗 費
成	이룰 성	戈부 총7획	丿 厂 成 成 成	結	맺을 결	糸부 총12획	幺 糸 紅 結 結
決	결단할 결	氵=水부 총7획	氵 汀 江 決 決	期	기약할 기	月부 총12획	卄 甘 其 期 期
頭	머리 두	頁부 총16획	豆 豆 頭 頭 頭	曲	굽을 곡	曰부 총6획	丨 冂 冃 曲 曲

도움글

- 틀리기 쉬운 글자 참 序 = 广(엄)+予(여) 참 全 =入(입)+王(왕) 참 初 =衣(의)+刀(도)
- 틀리기 쉬운 부수 참 全(入) 참 頭(頁) 참 部(邑 = 阝) 참 陸(阜 = 阝)

아래 한자漢字의 뜻[訓]과 소리[音]를 자세히 익혀봅시다.

☆표는 5Ⅱ 배정한자임.

決 (水) 총7획	無 (火) 총12획	相 (目) 총9획	給 (糸) 총12획	能 (肉) 총10획
☆ 결단할 결	없을 무	☆ 서로 상	줄 급	☆ 능할 능

아래 설명을 읽고 빈칸에 보기 와 같이 쓰세요.

보기 努力(힘쓸 노)(힘 력)[노력]

決死反對 [ ]
( )( )( )( )

도 ▸ 목숨을 내걸고 반대함. 예 전쟁을 決死反對하다.

決算( )( )[ ]

도 ▸ 일정 기간의 수입과 지출을 계산하는 일.

決意( )( )[ ]

도 ▸ 뜻을 정하여 굳게 가짐. 예 굳은 決意를…

有口無言 [ ]
( )( )( )( )

도 ▸ '입은 있어도 할 말이 없다.'는 뜻으로, '변명할 말이 없음'을 일컫는 말로 쓰인다.

無心( )( )[ ]

도 ▸ ①아무런 생각이 없음. 예 하늘에는 無心한 구름만 두둥실… ②마음을 두거나 걱정함이 없음. 예 하늘도 無心하시지, 추수(秋收)에 비를 내리다니!

無事( )( )[ ]

도 ▸ ①아무 일이 없음. ②아무 탈이 없음.

相談( )( )[ ]

도 ▸ 서로 의논함. 상의(相議).

相當( )( )[ ]

도 ▸ ①무엇이 그것에 해당하거나 알맞음. 예 노력에 相當한 대가. ②정도가 대단함. 예 그의 실력은 相當한 수준이다.

相關( )( )[ ]

도 ▸ 관련(關聯)을 가짐. 또는 그 관련.

自給自足 [ ]
( )( )( )( )

도 ▸ 교환(交換)에 의하지 않고 필요한 것을 자기가 생산하여 충당(充當)함. 예 自給自足의 경제.

給食( )( )[ ]

도 ▸ 학교나 공장 등에서 끼니 음식을 주는 일. 또는 그 끼니 음식. 예 給食 시간.

給料( )( )[ ]

도 ▸ 일한 데에 대한 보수(報酬). 급여(給與).

給水( )( )[ ]

도 ▸ 물을 공급(供給)함. 예 給水가 중단되다.
참 級數(급수) ▹ 우열(優劣)에 따라 매기는 등급.

能通( )( )[ ]

도 ▸ 환히 통달(通達)함. 예 동양사에 能通하다

性能( )( )[ ]

도 ▸ 기계(機械) 따위가 지닌 성질(性質)과 일을 해내는 능력(能力).

能動( )( )[ ]

도 ▸ ①스스로 움직이거나 작용하는 것. 반 수동(受動). ②다른 것에 동작을 미치게 하는, 동사의 성질. 반 피동(被動).

도움글

○ '有無(유무)'는 서로 뜻이 상대되는 글자로 결합된 한자어로, '있음과 없음'을 뜻한다.

다음 한자漢字를 필순筆順에 따라 쓰세요.

한자	훈음	부수·획수	필순	한자	훈음	부수·획수	필순
決	결단할 결	氵= 水부 총7획	氵 汀 江 泱 決	有	있을 유	月부 총6획	ノ ナ 冇 有 有
無	없을 무	火 = 灬부 총12획	𠂉 𠂉 無 無 無	動	움직일 동	力부 총11획	盲 重 重 動 動
相	서로 상	目부 총9획	十 才 木 机 相	談	말씀 담	言부 총15획	亠 言 言' 談 談
給	줄 급	糸부 총12획	幺 糸 紒 紒 給	當	마땅 당	田부 총13획	丷 尚 常 常 當
能	능할 능	月 = 肉부 총10획	台 自 自' 能 能	關	관계할 관	門부 총19획	門 閞 關 關 關
死	죽을 사	歹부 총6획	一 歹 歹 歹' 死	料	헤아릴 료	斗부 총10획	丷 半 米 料 料
算	셈 산	竹부 총14획	⺮ ⺮ 笛 笪 算	通	통할 통	辶 = 辵부 총11획	乛 甬 甬 甬 通
意	뜻 의	心부 총13획	立 音 音 意 意	性	성품 성	忄= 心부 총8획	丷 忄 忙 性 性
反	돌이킬 반	又부 총4획	一 厂 厅 反	對	대할 대	寸부 총14획	丨 业 丵 對 對

도움글

○ '能'자의 부수는 '肉(고기 육)'이나 글자 속에서는 '月'과 같이 모양이 변하여 쓰인다. 따라서 총획수는 '月'과 같이 '4획'이며, 부수 명칭은 '肉=月(고기육변)'이라고 한다.

아래 한자漢字의 뜻[訓]과 소리[音]를 자세히 익혀봅시다.

☆표는 5Ⅱ 배정한자임.

規 (見) 총11획	買 (貝) 총12획	選 (辵) 총16획	雲 (雨) 총12획	黑 (黑) 총12획
법 규	살 매	가릴 선	☆ 구름 운	검을 흑

아래 설명을 읽고 빈칸에 보기 와 같이 쓰세요.

보기 努力(힘쓸 노)(힘 력)[노력]

規格(　　)(　　)〔　　〕

도 ▸ 사물의 표준이 되는 규정. 예 規格 봉투.

規定(　　)(　　)〔　　〕

도 ▸ 어떤 일을 하나의 고정(固定)된 규칙으로 정함. 예 모임의 성격을 분명히 規定하다.

法規(　　)(　　)〔　　〕

도 ▸ '법률(法律)의 규정(規定)·규칙(規則)·규범(規範)'을 통틀어 이르는 말.

買入原價〔　　〕
(　　)(　　)(　　)(　　)

도 ▸ 물건을 사들일 때의 가격. 원가(原價).

賣買(　　)(　　)〔　　〕

도 ▸ 팔고 삼. 파는 일과 사는 일. 예 부동산 賣買가 활발하게 이루어지고 있다.
참 每每(매매) ▹ 번번이. 매번.

不買(　　)(　　)〔　　〕

도 ▸ (어떤 상품을) 사지 아니함.
참 不賣(불매) ▹ 팔지 아니함.

直選(　　)(　　)〔　　〕

도 ▸ 선거인이 직접 피선거인을 뽑는 일. 직접선거(直接選擧). 반 간선(間選).
참 直線(직선) ▹ 곧은 줄. 또는 곧은 금.

選集(　　)(　　)〔　　〕

도 ▸ 어떤 기준(基準)을 두고 골라 뽑은 작품을 한데 모은 책. 예 현대소설 選集.

選定(　　)(　　)〔　　〕

도 ▸ 많은 것 중에서 골라서 정함. 예 올바른 교재를 選定해 주다.

雲集(　　)(　　)〔　　〕

도 ▸ 구름처럼 많이 모임. 예 군중(群衆)이 雲集하여 인산인해(人山人海)를 이루었다.

靑雲(　　)(　　)〔　　〕

도 ▸ ①푸른빛을 띤 구름. ②'높은 명예(名譽)나 벼슬'을 비유하여 이르는 말. 예 학생들은 靑雲의 꿈을 안고 유학길에 올랐다.

白雲(　　)(　　)〔　　〕

도 ▸ 흰 구름. 반 흑운(黑雲).

黑白(　　)(　　)〔　　〕

도 ▸ ①검은빛과 흰빛. ②잘잘못. 옳고 그름.

黑心(　　)(　　)〔　　〕

도 ▸ 음흉(陰凶)하고 부정(不正)한 마음.

黑色(　　)(　　)〔　　〕

도 ▸ 검은빛. 검은색.

도움글

○ '法規'는 서로 뜻이 비슷한 유의자로 결합된 한자어이다. '法'자와 서로 비슷한 뜻을 가진 유의자는 '規'자 이외에 '度·例·律·式·典·則' 등의 한자가 있다.

다음 한자漢字를 필순筆順에 따라 쓰세요.

한자	훈음	부수·획수	필순	한자	훈음	부수·획수	필순
規	법 규	見부 총11획	二 夫 規 規 規	價	값 가	人부 총15획	亻 伒 價 價 價
賣	팔 매	貝부 총15획	士 声 賣 賣 賣	買	살 매	貝부 총12획	罒 罒 買 買 買
選	가릴 선	辶=辵부 총16획	巳 巳巳 巺 巽 選	每	매양 매	毋부 총7획	𠂉 𠂉 勾 每 每
雲	구름 운	雨부 총12획	冖 币 雨 雨 雲	直	곧을 직	目부 총8획	一 古 有 直 直
黑	검을 흑	黑부 총12획	罒 甲 里 里 黑	集	모을 집	隹부 총12획	亻 什 隹 隼 集
格	격식 격	木부 총10획	十 才 朩 杦 格	定	정할 정	宀부 총8획	丶 宀 宀 宇 定
法	법 법	氵=水부 총8획	氵 氵 汁 沣 法	靑	푸를 청	靑부 총8획	十 キ 主 青 青
入	들 입	入부 총2획	丿 入	白	흰 백	白부 총5획	丿 亻 白 白 白
原	언덕 원	厂부 총10획	一 厂 厈 原 原	色	빛 색	色부 총6획	𠂊 ⺈ 佫 刍 色

도움글

- 혼동하기 쉬운 글자 예1 賣(매) – 買(매) 예2 直(직) – 眞(진) 예3 每(매) – 母(모)
- '選'자의 부수는 辵(쉬엄쉬엄갈 착)'이나 글자 속에서는 '辶'으로 변하여 쓰인다.

아래 한자漢字의 뜻[訓]과 소리[音]를 자세히 익혀봅시다.

☆표는 5Ⅱ 배정한자임.

億 (人) 총15획	元 (儿) 총4획	則 (刀) 총9획	可 (口) 총5획	因 (口) 총6획
억 억	☆ 으뜸 원	법칙 칙	옳을 가	인할 인

아래 설명을 읽고 빈칸에 보기 와 같이 쓰세요.

보기 努力(힘쓸 노)(힘 력)[노력]

億萬(   )(   )〔   〕

도 ▸ ①억. ②'썩 많은 수효'를 나타내는 말.
예 億萬金을 주고도 살 수 없다. 예 億萬年 길이 빛나리.

億萬長者〔   〕
(   )(   )(   )(   )

도 ▸ 재산(財産)을 헤아리기 어려울 정도(程度)로 많이 가진 부자(富者).

元金(   )(   )〔   〕

도 ▸ 밑천으로 들인 돈. 예 元金의 2배를 남기다.
예 이자(利子)는 포기(暴棄)하고 元金만 받다.

元老(   )(   )〔   〕

도 ▸ 어떤 일에 오래 종사(從事)하여 경험(經驗)과 공로(功勞)가 많은 사람. 예 그 분은 문인협회의 元老이시다.

元來(   )(   )〔   〕

도 ▸ ①본디. 예 元來의 모습을 되찾다. ②전부터. 처음부터. 예 元來 악한 사람은 아닌데…(=原來).

原則(   )(   )〔   〕

도 ▸ 근본(根本)이 되는 법칙(法則). 예 웃어른께 먼저 여쭙는 것이 原則이다.

規則(   )(   )〔   〕

도 ▸ 사람의 행위, 또는 사무 절차 따위의 기준으로서 정해 놓은 준칙(準則).

鐵則(   )(   )〔   〕

도 ▸ 변경(變更)하거나 어길 수 없는 규칙. 예 하루 한 시간 한문 공부하는 것을 鐵則으로 하고 있다.

可能性〔   〕
(   )(   )(   )

도 ▸ 할(될) 수 있는 성질. 예 무한한 可能性이 있다.

可觀(   )(   )〔   〕

도 ▸ ①볼 만함. 예 눈 쌓인 설악산의 절경(絶景)은 可觀이지. ②하는 짓이나 몰골이 꼴불견임. 예 그 녀석 쩔쩔매는 꼴이 可觀이더군.

可決(   )(   )〔   〕

도 ▸ 제출(提出)된 의안(議案)을 좋다고 인정(認定)하여 결정(決定)함. 예 만장일치로 可決하다.

因果(   )(   )〔   〕

도 ▸ 원인(原因)과 결과(結果). 예 사건의 因果관계(關係)를 밝히다.

因習(   )(   )〔   〕

도 ▸ 이전부터 전해 내려와 몸에 익은 관습(慣習).
참 因襲(인습) ▹ 옛 관습을 따름.

要因(   )(   )〔   〕

도 ▸ 중요(重要)한 원인(原因). 예 잦은 기계 고장의 要因이 무엇일까?

도움글

- 억조창생(億兆蒼生) ▹ 수많은 백성. 온 세상사람. ※ 兆(억조 조), 蒼(푸를 창)
- '因果'는 서로 뜻이 반대, 또는 상대되는 글자로 결합된 한자어이다.

다음 한자漢字를 필순筆順에 따라 쓰세요.

한자	훈음	부수·획수	필순	한자	훈음	부수·획수	필순
億	억 억	人부 총15획	亻 伫 倍 億 億	規	법 규	見부 총11획	二 夫 規 規 規
元	으뜸 원	儿부 총4획	一 二 テ 元	鐵	쇠 철	金부 총21획	金 釒 鐘 鐵 鐵
則	법칙 칙	刀=刂부 총9부	冂 目 貝 則 則	能	능할 능	月=肉부 총10획	台 自 能 能 能
可	옳을 가	口부 총5획	一 丁 可 可 可	性	성품 성	忄=心부 총8획	丶 忄 忄 性 性
因	인할 인	口부 총6획	冂 冃 因 因 因	觀	볼 관	見부 총25획	艹 雚 雚 觀 觀
萬	일만 만	艸부 총13획	艹 苜 萬 萬 萬	決	결단할 결	氵=水부 총7획	氵 汀 汩 決 決
者	놈 자	耂=老부 총9획	十 耂 耂 者 者	果	실과 과	木부 총8획	日 旦 果 果 果
老	늙을 로	耂=老부 총6획	十 土 耂 老 老	習	익힐 습	羽부 총11획	丁 羽 羽 習 習
原	언덕 원	厂부 총10획	一 厂 盾 原 原	要	요긴할 요	襾부 총9획	一 襾 襾 要 要

도움글

○ 다음 한자(漢字)를 약자(略字)로 고쳐 써보자!

참1 價 (価) 참2 舊 (旧) 참3 體 (体) 참4 當 (当) 참5 學 (学) 참6 萬 (万)

아래 한자漢字의 뜻[訓]과 소리[音]를 자세히 익혀봅시다.

☆표는 5II 배정한자임.

宅 (宀) 총6획	店 (广) 총8획	技 (手) 총7획	景 (日) 총12획	査 (木) 총9획
☆ 집 댁/택	☆ 가게 점	재주 기	볕 경	조사할 사

아래 설명을 읽고 빈칸에 보기 와 같이 쓰세요.

보기 努力(힘쓸 노)(힘 력)[노력]

宅內(　　　)(　　　)〔　　　〕

도 ▸ 집안. [격식 차려 하는 말투] 예 宅內 두루 편안하시옵니까?

家宅(　　　)(　　　)〔　　　〕

도 ▸ 사람이 사는 집.

住宅(　　　)(　　　)〔　　　〕

도 ▸ 사람이 살 수 있게 지은 집. 거택(居宅).

商店(　　　)(　　　)〔　　　〕

도 ▸ 가게. 점방(店房). 점포(店鋪).

書店(　　　)(　　　)〔　　　〕

도 ▸ 책가게. 서관(書館). 서림(書林). 책방(册房).

開店(　　　)(　　　)〔　　　〕

도 ▸ 영업을 시작함. 반 폐점(閉店).

技能(　　　)(　　　)〔　　　〕

도 ▸ 기술적인 능력(能力)이나 재능(才能).

참 機能(기능) ▹ 사물의 작용이나 활용. 예 심장의 機能.

技士(　　　)(　　　)〔　　　〕

도 ▸ 국가기술 자격법에 따른 검정 시험을 통하여 공인되는 기술 자격 등급의 한 가지.

참1 技師(기사) ▹ 관청이나 회사 등에서 전문적인 기술을 필요로 하는 일을 맡아보는 사람.

참2 碁師(기사) ▹ 바둑을 직업으로 삼아 두는 사람.

特技(　　　)(　　　)〔　　　〕

도 ▸ 특별(特別)한 기능이나 기술.

全景(　　　)(　　　)〔　　　〕

도 ▸ 전체의 경치(景致).

참1 前景(전경) ▹ 눈앞에 펼쳐져 보이는 경치.

참2 戰警(전경) ▹ 《전투 경찰대》의 준말.

遠景(　　　)(　　　)〔　　　〕

도 ▸ ①먼데서 보는 경치. ②화면에 나타나 있는 먼 쪽 부분. 반 근경(近景).

情景(　　　)(　　　)〔　　　〕

도 ▸ 마음에 감흥을 불러일으킬 만한 경치나 장면.

예 감격적인 情景을 잊을 수 없다.

考査(　　　)(　　　)〔　　　〕

도 ▸ ①자세히 생각하고 조사(調査)함. ②학교에서 학생의 학업 성적(成績)을 시험함. 예 학기말 考査.

調査(　　　)(　　　)〔　　　〕

도 ▸ 어떤 사실(事實)의 내용을 알기 위하여 살펴보거나 찾아 봄. 예 인구 調査를 실시하다.

査正(　　　)(　　　)〔　　　〕

도 ▸ 그릇된 것을 조사하여 바로잡음.

참1 司正(사정) ▹ 조선 시대 오위(五衛)의 정칠품(正七品) 군직(軍職). [그릇된 일을 바로잡는 일을 맡아봄]

참2 事情(사정) ▹ 일의 형편이나 그렇게 된 까닭.

도움글

○ 露店(노점) ▹ 길바닥에 벌여 놓은 소규모의 가게. 난전(亂廛). ※ 露 3II (이슬 로)

※ 路店으로 쓰기 쉬우니 주의! 참 노숙자 : 露宿者(○), 路宿者(×)

다음 한자漢字를 필순筆順에 따라 쓰세요.

宅	집 댁/택	宀부 총6획	丶 宀 宀 宀 宅	能	능할 능	月=肉부 총10획	育 自 自' 能 能
店	가게 점	广부 총8획	亠 广 广 庐 店	士	선비 사	士부 총3획	一 十 士
技	재주 기	扌=手부 총7획	扌 扌 扌 技 技	特	특별할 특	牛부 총10획	丿 牛 牛 特 特
景	볕 경	日부 총12획	日 旦 景 景 景	全	온전 전	入부 총6획	人 仝 仝 全 全
査	조사할 사	木부 총9획	十 木 杳 杳 査	遠	멀 원	辶=辵부 총14획	土 吉 袁 遠 遠
開	열 개	門부 총12획	門 門 開 開 開	情	뜻 정	忄=心부 총11획	丶 忄 忄 情 情
家	집 가	宀부 총10획	宀 家 家 家 家	考	생각할 고	耂=老부 총6획	十 土 耂 耂 考
住	살 주	人부 총7획	亻 亻 亻 住 住	調	고를 조	言부 총15획	言 言 調 調 調
商	장사 상	口부 총11획	亠 亠 商 商 商	正	바를 정	止부 총5획	一 丅 下 正 正

도움글

○ '宅'자는 보통 '집'을 뜻하는 말에는 '택'이라고 발음하고, 사람의 이름 뒤에 '○○의 집안'을 뜻하는 말에는 '댁'이라고 발음한다. 예 제가 댁까지 모셔다 드리겠습니다.

아래 한자漢字의 뜻[訓]과 소리[音]를 자세히 익혀봅시다.

☆표는 5II 배정한자임.

汽 (水) 총7획	熱 (火) 총15획	知 (矢) 총8획	練 (糸) 총15획	擧 (手/臼) 총18획
물끓는김 기	더울 열	☆ 알 지	☆ 익힐 련	들 거

아래 설명을 읽고 빈칸에 보기 와 같이 쓰세요.

보기 努力(힘쓸 노)(힘 력)[노력]

汽車(　　　)(　　　)〔　　　〕

도 ▸ ①증기(蒸氣) 기관차나 디젤 기관차로 객차나 화차(貨車)를 끄는 철도 차량. ②열차(列車).

汽船(　　　)(　　　)〔　　　〕

도 ▸ 증기(蒸氣) 기관의 힘으로 항해하는 배.

참 機先(기선) ▹ 남보다 먼저 재빠르게 행동함. 예 상대방의 機先을 제압(制壓)하다.

熱氣(　　　)(　　　)〔　　　〕

도 ▸ ①뜨거운 공기(空氣). 더위. 예 아침부터 熱氣가 대단하다. ②고조(高調)된 흥분. 예 올림픽의 熱氣가 나라 안에 가득하다.

熱情(　　　)(　　　)〔　　　〕

도 ▸ ①불타오르는 듯한 세찬 감정. ②어떤 일에 열중(熱中)하는 마음. 예 작품에 熱情을 쏟다.

熱意(　　　)(　　　)〔　　　〕

도 ▸ 무슨 일을 이루려고 열성(熱誠)을 다하는 마음. 예 교육 향상에 대한 熱意를 보이다.

過熱(　　　)(　　　)〔　　　〕

도 ▸ ①지나치게 뜨거워 짐. 예 난로의 過熱로 화재가 일어났다. ②(어떤 일이나 상태가) 지나치게 치열해 짐. 예 부동산 투기가 過熱되다.

知性(　　　)(　　　)〔　　　〕

도 ▸ 사물을 알고 생각하고 판단하는 능력.

참 至誠(지성) ▹ 정성이 지극함. 예 至誠이면 感天이라.

知行合一〔　　　〕

(　　　)(　　　)(　　　)(　　　)

도 ▸ 참지식은 반드시 실행이 따라야 한다는 말.

感知(　　　)(　　　)〔　　　〕

도 ▸ 직감적(直感的)으로 느끼어 앎. 예 지진이 일어날 기미를 感知하다.

練習(　　　)(　　　)〔　　　〕

도 ▸ 학문이나 기예(技藝) 따위를 익힘. 연습(演習).

訓練(　　　)(　　　)〔　　　〕

도 ▸ 무예(武藝)나 기술 등을 배워 익힘.

調練(　　　)(　　　)〔　　　〕

도 ▸ ①병사를 훈련함. ②훈련을 거듭하여 쌓음.

擧國的〔　　　〕

(　　　)(　　　)(　　　)

도 ▸ 온 국민이 함께 참여(參與)하는 것. 예 擧國的인 환영(歡迎) 행사(行事)를 치르다.

擧行(　　　)(　　　)〔　　　〕

도 ▸ ①명령에 따라 시행(施行)함. ②행사나 의식・예식을 차리어 치름. 예 수료식을 擧行하다.

擧手(　　　)(　　　)〔　　　〕

도 ▸ (회의에서 찬성이나 반대의 의사를 표시하거나 경례를 하기 위하여) 한 손을 위로 듦.

도움글

○ 뜻은 같으나 모양이 다른 이체자(異體字) ▹ 1 練과 鍊 : 洗練=洗鍊(세련) 2 板과 版 : 板木=版木(판목)

다음 한자漢字를 필순筆順에 따라 쓰세요.

한자	훈음	부수·획수	필순	한자	훈음	부수·획수	필순
汽	물끓는김기	氵= 水부 총7획	氵 氵 汒 汽 汽	感	느낄 감	心부 총13획	丿 后 咸 咸 感
熱	더울 열	火 = 灬부 총15획	圥 坴 埶 埶 熱	意	뜻 의	心부 총13획	立 音 音 意 意
知	알 지	矢부 총8획	𠂉 午 矢 知 知	習	익힐 습	羽부 총11획	㇆ 习 羽 習 習
練	익힐 련	糸부 총15획	糹 絧 綞 練 練	訓	가르칠 훈	言부 총10획	言 言 訁 訓 訓
擧	들 거	手/臼부 총18획	𦥑 與 擧 擧	行	다닐 행	行부 총6획	丿 彳 彳 行 行
車	수레 차/거	車부 총7획	币 币 亘 亘 車	合	합할 합	口부 총6획	丿 人 亼 今 合
船	배 선	舟부 총11획	丿 月 舟 舡 船	的	과녁 적	白부 총8획	白 白 白 的 的
氣	기운 기	气부 총10획	气 気 氧 氣 氣	過	지날 과	辶 = 辵부 총13획	冂 冎 咼 過 過
情	뜻 정	忄= 心부 총11획	丶 忄 忄 情 情	手	손 수	手부 총4획	一 二 三 手

도움글

○ '行'자는 뜻에 따라 소리가 달라지므로 그 뜻을 잘 헤아려 읽어야 한다.
1 行動 ▷ (다닐 행)(움직일 동)　2 行列 ▷ (항렬 항)(벌일 렬) / (다닐 행)(벌일 렬)

아래 한자漢字의 뜻[訓]과 소리[音]를 자세히 익혀봅시다.

☆표는 5Ⅱ 배정한자임.

課 (言) 총15획	費 (貝) 총12획	週 (辵) 총12획	領 (頁) 총14획	鼻 (鼻) 총14획
☆ 공부할 **과**	쓸 **비**	☆ 주일 **주**	거느릴 **령**	코 **비**

아래 설명을 읽고 빈칸에 보기 와 같이 쓰세요.

보기 努力(힘쓸 노)(힘 력)[노력]

課業(　　　)(　　　)〔　　　〕

도 ▸①하여야 할 일. 예 민족적 課業을 완수(完遂)하다. ②정하여 놓은 업무, 또는 학업(學業).

日課(　　　)(　　　)〔　　　〕

도 ▸날마다 일정하게 하는 일, 또는 그 과정.

課題(　　　)(　　　)〔　　　〕

도 ▸주어진 문제나 임무. 예 방학 課題를 마치다.

費用(　　　)(　　　)〔　　　〕

도 ▸무엇을 사거나 어떤 일을 하는데 드는 돈.

人件費〔　　　〕
(　　　)(　　　)(　　　)

도 ▸사람을 쓰는데 드는 비용(費用).

歲費(　　　)(　　　)〔　　　〕

도 ▸①국가 기관의 1년간의 비용. ②국회의원이 받는 보수(報酬) 및 수당(手當).

消費(　　　)(　　　)〔　　　〕

도 ▸돈이나 물건・시간・노력 따위를 써 없앰.
예 체력을 消費하다.

참 所費(소비) ▹어떤 일에 든 비용(費用).

鼻音(　　　)(　　　)〔　　　〕

도 ▸입안의 통로를 막고 코로 공기를 내보내면서 내는 소리. [ㄴ, ㅁ, ㅇ 따위의 울림소리]

週末(　　　)(　　　)〔　　　〕

도 ▸'한 주일의 끝'이라는 뜻으로, 토요일, 또는 토요일과 일요일을 일컬음.

週間(　　　)(　　　)〔　　　〕

도 ▸월요일부터 일요일까지.

週番(　　　)(　　　)〔　　　〕

도 ▸한 주일마다 차례로 바꾸어서 하는 근무.

領空(　　　)(　　　)〔　　　〕

도 ▸한 나라의 영토(領土)와 영해(領海)의 상공(上空)으로, 그 나라의 주권(主權)이 미치는 공간.

참1 領土(영토) ▹영유(領有)하고 있는 땅.

참2 領海(영해) ▹그 나라의 영역(領域)에 포함되는 바다.

要領(　　　)(　　　)〔　　　〕

도 ▸①사물의 요긴하고 으뜸 되는 점. 예 要領을 알 수가 없다. ②적당한 꾀를 부려 하는 짓. 예 要領을 부리다.

領事(　　　)(　　　)〔　　　〕

도 ▸국교(國交)가 있는 나라에 머물면서 자국민(自國民)을 보호 감독하고, 통상과 문화 교류 등의 일을 맡아보는 관직, 또는 외무 공무원.

鼻祖(　　　)(　　　)〔　　　〕

도 ▸'어떤 일을 가장 먼저 시작한 사람'을 일컫는 말. 시조(始祖). 원조(元祖). [사람은 태내에서 맨 먼저 코부터 모양을 이룬다는 데에서 생긴 말]

도움글

○ 오비삼척(吾鼻三尺) ▹'내 코가 석 자'라는 속담으로, '내 일도 감당 못해 남을 도울 여유가 없음'을 이르는 말이다.

다음 한자漢字를 필순筆順에 따라 쓰세요.

한자	훈음	부수·획수	필순	한자	훈음	부수·획수	필순
課	공부할 과	言부 총15획	亠 言 訁 誀 課	件	물건 건	人부 총6획	亻 亻 仁 仵 件
費	쓸 비	貝부 총12획	一 コ 弓 弗 費	音	소리 음	音부 총9획	亠 亠 立 音 音
週	주일 주	辶=辵부 총12획	冂 冂 周 凋 週	末	끝 말	木부 총5획	一 二 キ 末 末
領	거느릴 령	頁부 총14획	今 令 領 領 領	間	사이 간	門부 총12획	𠃍 門 門 門 間
鼻	코 비	鼻부 총14획	白 自 鳥 畠 鼻	番	차례 번	田부 총12획	丷 ㄙ 平 釆 番
業	업 업	木부 총13획	丷 丵 丵 丵 業	空	빌 공	穴부 총8획	宀 穴 穴 空 空
題	제목 제	頁부 총18획	早 早 是 題 題	要	요긴할 요	襾부 총9획	冖 襾 西 要 要
歲	해 세	止부 총13획	止 芦 芦 歲 歲	事	일 사	亅부 총8획	一 亘 亘 亘 事
消	사라질 소	氵=水부 총10획	氵 氵 氵 消 消	祖	할아비 조	示부 총10획	ネ ネ ネ 祖 祖

도움글

○ '課(공부할 과, 과정 과)'자의 '과정(課程)'은 '①해야 할 일의 정도 ②학년의 정도에 따른 과목 ③교과 과정'을 이르는 말이다. 참 동음이의어 課程(과정) ≠ 科程(과정) ≠ 過程(과정) ≠ 過政(과정)

아래 한자漢字의 뜻[訓]과 소리[音]를 자세히 익혀봅시다.

☆표는 5Ⅱ 배정한자임.

偉 (人) 총11획	具 (八) 총8획	加 (力) 총5획	告 (口) 총7획	基 (土) 총11획
☆클 위	☆갖출 구	더할 가	☆고할 고	☆터 기

아래 설명을 읽고 빈칸에 보기 와 같이 쓰세요.

보기 努力(힘쓸 노)(힘 력)[노력]

偉大(　　)(　　)[　　]
도 ▸국량(局量)이나 업적 따위가 뛰어나고 훌륭함.

偉人(　　)(　　)[　　]
도 ▸위대(偉大)한 일을 한 사람, 또는 국량(局量)이 위대한 사람.

偉業(　　)(　　)[　　]
도 ▸위대한 사업이나 업적. 예 통일의 偉業을 달성.

具體的[　　]
(　　)(　　)(　　)
도 ▸어떤 사물이 뚜렷한 실체를 갖추고 있는 것. 예 具體的으로 설명하다. 반 추상적(抽象的).

具色(　　)(　　)[　　]
도 ▸물건 따위를 골고루 갖추는 일.

家具(　　)(　　)[　　]
도 ▸가정 살림에 쓰이는 온갖 세간.
참 家口(가구)▹주거와 생계(生計)를 같이하는 단위.

加入(　　)(　　)[　　]
도 ▸단체나 조직 따위에 들어감. 예 남북한이 함께 유엔에 加入하다.

加重(　　)(　　)[　　]
도 ▸더 무겁게 함. 더 무거워짐. 예 마음의 부담이 加重되다. 예 加重 처벌하다.

加速(　　)(　　)[　　]
도 ▸①속도가 빨라짐, 또는 빨라진 그 속도. ②속도를 더함. 반 감속(減速).

加熱(　　)(　　)[　　]
도 ▸어떤 물체에 열(熱)을 가함.

告知書[　　]
(　　)(　　)(　　)
도 ▸관공서(官公署)에서 일정한 일을 민간(民間)에게 알리는 서장(書狀). 예 납세(納稅) 告知書.

告發(　　)(　　)[　　]
도 ▸수사 기관에 범죄 사실을 신고(申告)하고, 수사 및 소송(訴訟)을 요구하는 일.

告白(　　)(　　)[　　]
도 ▸마음속에 숨기고 있던 것을 털어놓음.

基金(　　)(　　)[　　]
도 ▸어떤 목적(目的)을 위하여 적립(積立)하거나 준비하여 두는 자금(資金).

基地(　　)(　　)[　　]
도 ▸군대(軍隊)나 탐험대(探險隊) 따위의 행동의 근거지(根據地).

基本(　　)(　　)[　　]
도 ▸사물의 가장 중요한 밑바탕.

도움글

○ '불편을 드려서 죄송합니다. 관리인 白', '주인 白' 등에서 '白'자의 의미는 무엇일까? '告白'에서 '白'자의 쓰임과 같이 '白'자는 '희다, 날이 새다' 등의 뜻 이외에 '사뢰다, 아뢰다'의 뜻이 있다.

다음 한자漢字를 필순筆順에 따라 쓰세요.

한자	훈음	부수·획수	필순	한자	훈음	부수·획수	필순
偉	클 위	人부 총11획	亻 伫 偉 偉 偉	速	빠를 속	辶=辵부 총11획	日 申 束 涑 速
具	갖출 구	八부 총8획	冂 目 且 具 具	熱	더울 열	火=灬부 총15획	圥 坴 埶 埶 熱
加	더할 가	力부 총5획	㇆ 力 加 加 加	知	알 지	矢부 총8획	𠂉 矢 矢 知 知
告	고할 고	口부 총7획	𠂉 牛 生 告 告	書	글 서	曰부 총10획	彐 ⺕ 聿 書 書
基	터 기	土부 총11획	甘 其 其 基 基	發	필 발	癶부 총12획	丿 ㇇ 癶 癹 發
體	몸 체	骨부 총23획	冎 骨 骨 髀 體	白	흰 백	白부 총5획	丿 亻 白 白 白
的	과녁 적	白부 총8획	白 白 白 的 的	金	쇠 금	金부 총8획	人 今 仐 余 金
色	빛 색	色부 총6획	𠂊 ⺈ 色 色 色	地	땅[따] 지	土부 총6획	十 土 圠 地 地
重	무거울 중	里부 총9획	亠 台 亩 重 重	本	근본 본	木부 총5획	一 十 才 木 本

도움글

- '具'자는 '目' + '一' + '八'의 형태로 결합된 글자이다. '且(차)'자 밑에 '八'자로 잘못 쓰는 경우가 많으니 주의해야 한다.

아래 한자漢字의 뜻[訓]과 소리[音]를 자세히 익혀봅시다.

☆표는 5Ⅱ 배정한자임.

寒 (宀) 총12획	建 (廴) 총9획	操 (手) 총16획	曜 (日) 총18획	束 (木) 총7획
찰 한	세울 건	잡을 조	빛날 요	☆ 묶을 속

아래 설명을 읽고 빈칸에 보기 와 같이 쓰세요.

보기 努力(힘쓸 노)(힘 력)[노력]

寒冷前線 [ ]
( )( )( )( )

도 ▸ 따뜻한 기단(氣團)을 밀어 올리듯 하면서 나아가는 찬 기단의 전선. 반 온난전선(溫暖前線).

寒食( )( )[ ]

도 ▸ 동지(冬至)로부터 105일째 되는 날. 이 날 종묘(宗廟)와 능원(陵園)에는 제향(祭享)을 올리고, 민간(民間)에서는 성묘(省墓)를 함.

寒流( )( )[ ]

도 ▸ 해류의 한 가지. 대개 양극(兩極)의 바다에서 나와 대륙(大陸)을 따라 적도(赤道) 쪽으로 흐르는 찬 해류(海流). 반 난류(暖流).

寒雪( )( )[ ]

도 ▸ 차가운 눈. 매서운 눈보라. 예 北風寒雪.

建國( )( )[ ]

도 ▸ 새로 나라를 세움. 개국(開國). 창업(創業).

建立( )( )[ ]

도 ▸ 탑(塔)·동상(銅像)·건물(建物) 따위를 만들어 세움.
예 기념탑을 建立하다.

建物( )( )[ ]

도 ▸ 사람이 들어 살거나 물건을 넣어 두기 위하여 지은 집.

體操( )( )[ ]

도 ▸ 신체의 이상적 발달을 꾀하기 위해서 행하는 조직화(組織化)된 운동. [맨손체조·기계체조]

操心( )( )[ ]

도 ▸ 잘못이나 실수 따위가 없도록 마음을 씀.
예 몸가짐을 操心하다.

操作( )( )[ ]

도 ▸ 기계나 장치 따위를 다루어 움직이게 함.
참 造作(조작) ▷ (좋지 못한 목적에 의해) 무슨 일을 거짓으로 지어내거나 꾸며 냄.

曜日( )( )[ ]

도 ▸ '요(曜)'를 붙이어 나타내는, 한 주일(週日)의 각 날을 이르는 말.

結束( )( )[ ]

도 ▸ 뜻이 같은 사람끼리 하나로 뭉침.

團束( )( )[ ]

도 ▸ ①주의를 기울여 단단히 다잡거나 보살핌. ②법률·규칙·명령 따위를 어기지 않게 통제함.
예 음주(飮酒) 차량을 團束하다.

約束( )( )[ ]

도 ▸ 어떤 일에 대하여 어떻게 하기로 미리 정해 놓고 서로 어기지 않을 것을 다짐함.

도움글

○ '結束', '約束'은 서로 뜻이 비슷한 유의자로 결합된 한자어이다. '結'자와 서로 비슷한 뜻을 가진 유의자는 '束'자 이외에 '約'·'構4급 (얽을 구)' 등의 한자가 있다.

다음 한자漢字를 필순筆順에 따라 쓰세요.

寒	찰 한	宀부 총12획	宀 宀 宑 実 寒	立	설 립	立부 총5획	丶 亠 亠 立 立
建	세울 건	廴부 총9획	ㄱ ㅋ 聿 聿 建	物	물건 물	牛부 총8획	丿 牛 牛 牞 物
操	잡을 조	扌=手부 총16획	扌 扌 扌 揾 操	作	지을 작	人부 총7획	丿 亻 亻 作 作
曜	빛날 요	日부 총18획	日 旫 旿 曜 曜	體	몸 체	骨부 총23획	冎 骨 骨 體 體
束	묶을 속	木부 총7획	一 一 申 束 束	結	맺을 결	糸부 총12획	幺 糸 紅 結 結
冷	찰 랭	冫부 총7획	冫 冫 冷 冷 冷	團	둥글 단	囗부 총14획	冂 冋 囸 團 團
前	앞 전	刀=刂부 총9획	丷 䒑 前 前 前	約	맺을 약	糸부 총9획	幺 幺 糸 約 約
線	줄 선	糸부 총15획	幺 糸 線 線 線	雪	눈 설	雨부 총11획	冖 雨 雪 雪 雪
流	흐를 류	氵=水부 총10획	氵 氵 泫 浐 流	食	먹을 식	食부 총9획	今 今 食 食 食

도움글

❍ '寒'자와 서로 뜻이 반대, 또는 상대되는 한자는 '溫(온)·熱(열)·暖II(난)·暑3급(서)·煖1급(난)' 등이 있으며, 서로 뜻이 비슷한 유의자는 '冷(랭)'자가 있다.

아래 한자漢字의 뜻[訓]과 소리[音]를 자세히 익혀봅시다.

☆표는 5II 배정한자임.

流 (水) 총10획	災 (火) 총7획	福 (示) 총14획	約 (糸) 총9획	舊 (臼) 총18획
☆ 흐를 류	재앙 재	☆ 복 복	☆ 맺을 약	☆ 예 구

아래 설명을 읽고 빈칸에 보기 와 같이 쓰세요.

보기 努力(힘쓸 노)(힘 력)[노력]

風流(　　)(　　)〔　　〕

도 ▸①속(俗)되지 않고 운치(韻致)가 있는 일. 예 風流를 즐기다. ②'음악(音樂)'을 예스럽게 이르는 말.

電流(　　)(　　)〔　　〕

도 ▸전기(電氣)가 이동(移動)하는 현상.

主流(　　)(　　)〔　　〕

도 ▸①강의 원줄기가 되는 큰 흐름. ②어떤 조직이나 단체에서 영향력이 가장 큰 세력.
참 酒類(주류) ▹ 술의 종류에 드는 것을 이르는 말.

天災地變〔　　〕
(　　)(　　)(　　)(　　)

도 ▸지진, 홍수, 태풍 따위의 자연 현상으로 일어나는 재앙(災殃)이나 괴변(壞變).

災害(　　)(　　)〔　　〕

도 ▸재앙(災殃)으로 말미암은 피해(被害).

火災(　　)(　　)〔　　〕

도 ▸불이 나는 재앙(災殃).

福音(　　)(　　)〔　　〕

도 ▸①반가운 소식. ②(기독교에서) 그리스도에 의해서 인류가 구원을 받게 된다는 기쁜 소식, 또는 그것을 전하는 가르침.

福利(　　)(　　)〔　　〕

도 ▸생활면에서 만족감을 느낄만한 이로운 일.
예 국민의 福利를 증진(增進)시키다.

多福(　　)(　　)〔　　〕

도 ▸복이 많음, 또는 많은 복. 예 多福한 가정(家庭).

公約(　　)(　　)〔　　〕

도 ▸사회(社會) 공중(公衆)에 대한 약속(約束).
참 空約(공약) ▹ 헛된 약속.

期約(　　)(　　)〔　　〕

도 ▸때를 정하여 약속함. 예 승리의 날을 期約하다.

節約(　　)(　　)〔　　〕

도 ▸아끼어 씀. 아낌. 검약(儉約).

舊面(　　)(　　)〔　　〕

도 ▸이전(以前)부터 안면(顔面)이 있는 사람.
반 초면(初面).

舊習(　　)(　　)〔　　〕

도 ▸예로부터 내려오는 낡은 관습(慣習).

新舊(　　)(　　)〔　　〕

도 ▸새 것과 낡은 것. 새 것과 헌 것. 새 것과 기존의 것.
예 新舊의 조화. 예 新舊의 대립.

도움글

○ '新'자와 서로 뜻이 반대, 또는 상대되는 한자는 '舊(구)·古(고)'자가 있다.
○ 송구영신(送舊迎新) ▹ 묵은해를 보내고 새해를 맞이함. ※ 送(보낼 송), 迎(맞을 영)

다음 한자漢字를 필순筆順에 따라 쓰세요.

한자	훈음	부수·총획	필순	한자	훈음	부수·총획	필순
流	흐를 류	氵=水부 총10획	氵 氵 汁 浐 流	音	소리 음	音부 총9획	亠 立 立 音 音
災	재앙 재	火부 총7획	巛 巛 巛 災 災	利	이할 리	刀=刂부 총7획	二 千 禾 利 利
福	복 복	示부 총14획	礻 礻 祀 福 福	多	많을 다	夕부 총6획	夕 夕 夕 多 多
約	맺을 약	糸부 총9획	幺 幺 糸 約 約	公	공평할 공	八부 총4획	丿 八 公 公
舊	예 구	臼부 총18획	艹 萑 萑 舊 舊	期	기약할 기	月부 총12획	卄 甘 其 期 期
風	바람 풍	風부 총9획	丿 几 凨 風 風	節	마디 절	竹부 총15획	節 ⺮ 笞 節 節 節
電	번개 전	雨부 총13획	雨 雨 雪 雷 電	面	낯 면	面부 총9획	丆 丙 而 面 面
主	주인 주	丶부 총5획	丶 亠 三 丰 主	害	해할 해	宀부 총10획	宀 宀 宇 宝 害
變	변할 변	言부 총23획	言 結 䜌 變 變	新	새 신	斤부 총13획	立 辛 亲 新 新

도움글

○ '福'자는 부수는 '示(보일 시)'이나 서체에 따라 '礻'과 같이 획수를 줄여 쓰기도 한다. 그러나 총획수는 '示'와 같이 '5획'이며, 부수 명칭은 '示(보일시변)'이라고 한다.

아래 한자漢字의 뜻[訓]과 소리[音]를 자세히 익혀봅시다.

☆표는 5II 배정한자임.

談 (言) 총15획	賞 (貝) 총15획	都 (邑) 총12획	類 (頁) 총19획	屋 (尸) 총9획
말씀 담	상줄 상	도읍 도	☆무리 류	집 옥

아래 설명을 읽고 빈칸에 보기 와 같이 쓰세요.

보기 努力(힘쓸 노)(힘 력)[노력]

談話文 〔 〕
( )( )( )
도▸어떤 일에 대한 견해(見解)나 태도를 격식(格式)을 차리지 않고 공적(公的)으로 밝히는 글.

對談( )( )〔 〕
도▸어떤 일에 대하여 서로 이야기를 주고받음.
참 大談(대담)▹큰 장담. 큰소리.

筆談( )( )〔 〕
도▸말이 서로 통하지 않는 경우에 글로 써서 의사(意思)를 통함.

愛賞( )( )〔 〕
도▸(자연의 풍경이나 예술 작품을) 즐기며 칭찬함.
예 금강산의 절경을 愛賞하는 글을 짓다.

入賞( )( )〔 〕
도▸상을 타게 되는 등수 안에 듦. 예 전국 대회에서 入賞까지 한 경력이 있다.

賞品( )( )〔 〕
도▸상으로 주는 물품(物品).
참1 商品(상품)▹사고파는 물건.
참2 上品(상품)▹높은 품격(品格).

都賣( )( )〔 〕
도▸생산자로부터 사들인 상품을 모개로 넘겨 파는 일.
참 모개로▹이것저것 한데 몰아서. 있는 대로 모두.

都合( )( )〔 〕
도▸①모두 합함. 예 남녀 都合 50명이다. ②모두.
예 그것은 都合 얼마입니까?

都會地 〔 〕
( )( )( )
도▸'사람이 많고, 번화(繁華)한 곳'을 일반적으로 이르는 말. 도시(都市).

類例( )( )〔 〕
도▸같거나 비슷한 종류의 예. 예 역사상 類例없는 일이다.

種類( )( )〔 〕
도▸어떤 기준에 따라 나눈 갈래. 종(種).

類萬不同 〔 〕
( )( )( )( )
도▸①많은 것이 서로 같지 않고 다름. ②분수에 맞지 않음. 정도에 넘침. 예 은혜를 저버리고 배신하는 것도 類萬不同이지, 어쩌면 그럴 수 있지.

屋外( )( )〔 〕
도▸집의 바깥. 건물의 바깥. 한데. 반 옥내(屋內).

家屋( )( )〔 〕
도▸사람이 사는 집.

社屋( )( )〔 〕
도▸회사(會社)의 건물. 예 社屋 신축 공사.

도움글
○ 서로 뜻이 상대, 또는 반대되는 한자 예1 愛(애)↔惡(오) 예2 賣(매)↔買(매) 예3 功(공)↔過(과)

다음 한자漢字를 필순筆順에 따라 쓰세요.

한자	훈음	부수 · 총획	필순	한자	훈음	부수 · 총획	필순
談	말씀 담	言부 총15획	亠 言 訁 談 談	賣	팔 매	貝부 총15획	士 声 声 賣 賣
賞	상줄 상	貝부 총15획	⺌ 尚 尚 賞 賞	會	모일 회	日부 총13획	人 合 命 會 會
都	도읍 도	邑 = 阝부 총12획	土 耂 者 都 都	愛	사랑 애	心부 총13획	爫 爫 恶 愛 愛
類	무리 류	頁부 총19획	米 类 类 類 類	種	씨 종	禾부 총14획	千 禾 稙 種 種
屋	집 옥	尸부 총9획	ㄱ ㅋ 尸 层 屋	例	법식 례	人부 총8획	亻 仃 伢 伢 例
話	말씀 화	言부 총13획	亠 訁 訐 話 話	萬	일만 만	艸부 총13획	艹 苜 萬 萬 萬
文	글월 문	文부 총4획	丶 亠 ナ 文	外	바깥 외	夕부 총5획	丿 ク 夕 夘 外
對	대할 대	寸부 총14획	丨 业 丵 丵 對	家	집 가	宀부 총10획	宁 家 家 家 家
筆	붓 필	竹부 총12획	⺈ ⺮ 笁 笙 筆	社	모일 사	示부 총8획	ラ ネ ネ 社 社

도움글

○ 지금까지 5급(200자 / 6급 300자 제외)으로 배정된 한자의 활용을 익혔습니다. 5급(500자)은 6급(300자)을 포함한 것이므로 6급부터 차근차근 공부하시면 좋은 밑거름이 될 것입니다.

한자능력 검정시험

훈음쓰기 · 한자쓰기

학습 도움

훈음쓰기 · 한자쓰기

훈음訓音쓰기와 한자漢字쓰기는 5급[500자]을 총정리할 수 있도록 엮은 것입니다.

학습방법

✔ [훈음쓰기 1 · 한자쓰기 1]과 [한자쓰기 2 · 훈음쓰기 2]를 풀이하여 서로 대조對照하면서 확인한 후, 틀린 한자에 대해서는 낱말을 만들어서 반복 학습합니다.

정답확인

✔ 훈음쓰기와 한자쓰기를 서로 대조對照하면 정답을 확인할 수 있습니다.

아래 한자의 훈과 음을 빈칸에 쓰세요. ☆표는 5Ⅱ 배정한자임.

훈음쓰기 1

吉(口)	壇(土)	兵(八)☆	勞(力)☆	亡(亠)
位(人)	害(宀)☆	德(彳)☆	打(手)	曲(曰)
案(木)	法(水)☆	炭(火)	示(示)	終(糸)
船(舟)	變(言)☆	財(貝)☆	量(里)	順(頁)☆
價(人)☆	以(人)☆	典(八)☆	化(匕)☆	史(口)☆
士(士)☆	局(尸)☆	念(心)☆	改(攴)	最(曰)
材(木)☆	氷(水)	爭(爪)	祝(示)	罪(网)
良(艮)☆	說(言)☆	貯(貝)	鐵(金)	願(頁)
件(人)	任(人)☆	再(冂)	卒(十)☆	商(口)☆
談(言)	賞(貝)	都(邑)	類(頁)☆	屋(尸)

도움글

- 「都」자의 부수(部首)는 '阝'이다. 하지만 '阝' 부수는 위치에 따라 글자와 의미가 달라지므로 주의하여야 한다. '阝'가 왼쪽에 있을 때에는 「阜」자이고, '阝'가 오른쪽에 있을 때에는 「邑」자로 쓰인다.

아래 훈과 음에 알맞은 한자를 빈칸에 쓰세요

한자쓰기 2

받들 봉	펼 전	생각 사	공경 경	기약할 기
널 판	씻을 세	소 우	씨 종	붙을 착
떨어질 락	허락할 허	바탕 질	관계할 관	기를 양
굳셀 건	전할 전	찰 랭	높을 탁	착할 선
손 객	섬 도	성품 성	구원할 구	밝을 랑
지날 력	고기잡을 어	홀로 독	다툴 경	생각할 고
잎 엽	알 식, 기록할 지	꾸짖을 책	뭍 륙	머리 수
하여금 령	머무를 정	흉할 흉	언덕 원	부를 창
베낄 사	고을 주	악할 악, 미워할 오	패할 패	바랄 망
흐를 류	재앙 재	복 복	맺을 약	예 구

도움글

- 「찰 랭」에서 '찰'은 '차다, 춥다, 쓸쓸하다' 등의 뜻으로, 「냉방」, 「한랭」 등의 한자어에 쓰인다.
- 「關(관계할 관)」은 '빗장 관'으로도 쓰이는 데, 여기에서 '빗장'은 '문빗장'의 준말로, '문을 잠글 적에 가로지르는 나무때기나 쇠장대'를 말함.

아래 훈과 음에 알맞은 한자를 빈칸에 쓰세요.

길할 **길**	단 **단**	병사 **병**	일할 **로**	망할 **망**
자리 **위**	해할 **해**	큰 **덕**	칠 **타**	굽을 **곡**
책상 **안**	법 **법**	숯 **탄**	보일 **시**	마칠 **종**
배 **선**	변할 **변**	재물 **재**	헤아릴 **량**	순할 **순**
값 **가**	써 **이**	법 **전**	될 **화**	사기 **사**
선비 **사**	판 **국**	생각 **념**	고칠 **개**	가장 **최**
재목 **재**	얼음 **빙**	다툴 **쟁**	빌 **축**	허물 **죄**
어질 **량**	말씀 **설**, 달랠 **세**	쌓을 **저**	쇠 **철**	원할 **원**
물건 **건**	맡길 **임**	두 **재**	마칠 **졸**	장사 **상**
말씀 **담**	상줄 **상**	도읍 **도**	무리 **류**	집 **옥**

도움글

- 「재목 재」에서 '재목材木'은 '건축 · 토목 · 가구 따위의 재료로 쓰는 나무'를 뜻하는 말로, '큰 일을 할 인물'을 비유하여 이르는 말로 쓰이기도 한다. 예 그는 앞으로 큰 일을 할 材木이다.

아래 한자의 훈과 음을 빈칸에 쓰세요. ☆표는 5II 배정한자임. **훈음쓰기 2**

奉(大)☆	展(尸)☆	思(心)	敬(攴)☆	期(月)
板(木)	洗(水)☆	牛(牛)	種(禾)☆	着(羊)☆
落(艸)	許(言)	質(貝)☆	關(門)☆	養(食)☆
健(人)	傳(人)☆	冷(冫)	卓(十)	善(口)
客(宀)☆	島(山)	性(心)☆	救(攴)	朗(月)☆
歷(止)☆	漁(水)	獨(犬)☆	競(立)	考(老)
葉(艸)	識(言)☆	責(貝)☆	陸(阜)☆	首(首)☆
令(人)	停(人)	凶(凵)☆	原(厂)	唱(口)
寫(宀)	州(巛)☆	惡(心)☆	敗(攴)	望(月)☆
流(水)☆	災(火)	福(示)☆	約(糸)☆	舊(臼)☆

도움글

- **혼동하기 쉬운 한자** 참1 着과 看(볼 관) 참2 島와 鳥(새 조) 참3 令과 今(이제 금)
- **정자正字와 약자略字** 참1 舊 = 旧 참2 寫 = 写 참3 獨 = 独 참4 傳 = 伝 참5 關 = 関

아래 한자의 훈과 음을 빈칸에 쓰세요. ☆표는 5Ⅱ 배정한자임. **훈음쓰기 3**

歲(止)☆	浴(水)	産(生)☆	節(竹)☆	耳(耳)
要(襾)☆	調(言)☆	赤(赤)	院(阜)	馬(馬)
倍(人)	他(人)	到(刀)☆	去(厶)	品(口)☆
宿(宀)☆	己(己)☆	情(心)☆	效(攴)☆	格(木)☆
止(止)	河(水)	當(田)☆	筆(竹)☆	臣(臣)☆
見(見)☆	貴(貝)	輕(車)	雄(隹)	鮮(魚)☆
仕(人)☆	兒(儿)☆	切(刀)☆	參(厶)☆	固(囗)
實(宀)☆	廣(广)☆	必(心)☆	料(斗)	橋(木)
比(比)	湖(水)	的(白)☆	結(糸)☆	致(至)
偉(人)☆	具(八)☆	加(力)	告(口)☆	基(土)☆

도움글

- **혼동하기 쉬운 한자** 참1 到와 倒(넘어질 도) 참2 比와 此(이 차) 참3 當과 富(부자 부)
- **정자正字와 약자略字** 참1 實 = 実 참2 廣 = 広 참3 輕 = 軽 참4 當 = 当 참5 參 = 参

아래 훈과 음에 알맞은 한자를 빈칸에 쓰세요. 한자쓰기 4

볼 관	팔 매	지날 과	비 우	고기 어
신선 선	채울 충	처음 초	벗 우	둥글 단
완전할 완	차례 서	근심 환	나그네 려	끝 말
결단할 결	없을 무	서로 상	줄 급	능할 능
법 규	살 매	가릴 선	구름 운	검을 흑
억 억	으뜸 원	법칙 칙, 곧 즉	옳을 가	인할 인
집 택, 집 댁	가게 점	재주 기	볕 경	조사할 사
물끓는김 기	더울 열	알 지	익힐 련	들 거
과정 과, 공부할 과	쓸 비	주일 주	거느릴 령	코 비
찰 한	세울 건	잡을 조	빛날 요	묶을 속

도움글

○「줄 급」에서 '줄'은 '주다'라는 뜻으로, 「급여」, 「공급」, 「배급」 등의 한자어에 쓰인다.

○「살 매」에서 '살'은 '사다'라는 뜻으로, 「매입」, 「매수」, 「매식」 등의 한자어에 쓰인다.

한자쓰기 3

아래 훈과 음에 알맞은 한자를 빈칸에 쓰세요.

해 세	목욕할 욕	낳을 산	마디 절	귀 이
요긴할 요	고를 조	붉을 적	집 원	말 마
곱 배	다를 타	이를 도	갈 거	물건 품
잘 숙	몸 기	뜻 정	본받을 효	격식 격
그칠 지	물 하	마땅 당	붓 필	신하 신
볼 견, 뵈올 현	귀할 귀	가벼울 경	수컷 웅	고울 선
섬길 사	아이 아	끊을 절, 온통 체	참여할 참, 갖은석 삼	굳을 고
열매 실	넓을 광	반드시 필	헤아릴 료	다리 교
견줄 비	호수 호	과녁 적	맺을 결	이를 치
클 위	갖출 구	더할 가	고할 고	터 기

도움글

- 「잘 숙」에서 '잘'은 '자다, 묵다' 등의 뜻으로, 「숙소」, 「숙식」, 「숙제」 등의 한자어에 쓰인다.
- 「고울 선」에서 '고울'은 '곱다, 선명하다' 등의 뜻으로, 「생선」, 「신선」 등의 한자어에 쓰인다.

아래 한자의 훈과 음을 빈칸에 쓰세요. ☆표는 5Ⅱ 배정한자임.

훈음쓰기 4

觀(見)☆	賣(貝)	過(辵)☆	雨(雨)☆	魚(魚)
仙(人)☆	充(儿)☆	初(刀)	友(又)☆	團(囗)☆
完(宀)	序(广)	患(心)	旅(方)☆	末(木)
決(水)☆	無(火)	相(目)☆	給(糸)	能(肉)☆
規(見)	買(貝)	選(辵)	雲(雨)☆	黑(黑)
億(人)	元(儿)☆	則(刀)	可(口)	因(囗)
宅(宀)☆	店(广)☆	技(手)	景(日)	查(木)
汽(水)	熱(火)	知(矢)☆	練(糸)☆	擧(手)
課(言)☆	費(貝)	週(辵)☆	領(頁)	鼻(鼻)
寒(宀)	建(廴)	操(手)	曜(日)	束(木)☆

도움글

- **혼동하기 쉬운 한자** 참1 建과 健(굳셀 건) 참2 雨와 兩(두 량) 참3 束과 東(동녘 동)
- **정자正字와 약자略字** 참1 賣 = 売 참2 團 = 団 참3 觀 = 観 참4 擧 = 挙 참5 練 = 練

아래 한자의 훈과 음을 빈칸에 쓰세요.

8~6급 훈음쓰기 1

一(一)	中(丨)	主(丶)	水(水)	事(亅)
二(二)	京(亠)	人(人)	住(人)	光(儿)
入(入)	八(八)	冬(冫)	出(凵)	木(木)
力(力)	北(匕)	區(匸)	十(十)	才(手)
口(口)	向(口)	國(囗)	土(土)	夏(夊)
夕(夕)	大(大)	女(女)	子(子)	家(宀)
寸(寸)	小(小)	山(山)	川(川)	席(巾)
年(干)	度(广)	工(工)	式(弋)	強(弓)
形(彡)	待(彳)	心(心)	成(戈)	老(老)
手(手)	教(攴)	文(文)	新(斤)	方(方)

도움글

○ 혼동하기 쉬운 한자

참1 力과 刀(칼 도) 참2 待와 侍(모실 시) 참3 席과 度(법도 도)
참4 新과 親(친할 친) 참5 老와 考(생각할 고) 참6 形과 刑(형벌 형)

아래 훈과 음에 알맞은 한자를 빈칸에 쓰세요.

8~6급 한자쓰기 2

어미 모	날 일	흰 백	달 월	실과 과
살 활	나무 수	노래 가	바를 정	죽을 사
돌 석	기운 기	강 강	맑을 청	불 화
아비 부	물건 물	농사 농	날 생	쓸 용
지경 계	병 병	오를 등	일백 백	눈 목
짧을 단	예도 례	가을 추	빌 공	아이 동
대답 답	쌀 미	등급 급	아름다울 미	익힐 습
놈 자	들을 문	기를 육	스스로 자	빛 색
쓸 고	이름 호	다닐 행	옷 의	서녘 서
과목 과	뿔 각	말씀 언	발 족	몸 신

도움글

- 「지경 계」에서 '지경'은 '땅과 땅의 경계', 또는 '어떤 처지나 형편'을 뜻하는 말이다.
- 「쓸 고」에서 '쓸'은 '쓴맛'을 뜻하는 말로, 이는 '괴로워하다'는 뜻으로도 쓰이는 한자이다.

아래 훈과 음에 알맞은 한자를 빈칸에 쓰세요.

8 ~ 6급 한자쓰기 1

한 일	가운데 중	주인 주	물 수	일 사
두 이	서울 경	사람 인	살 주	빛 광
들 입	여덟 팔	겨울 동	날 출	나무 목
힘 력	북녘 북, 달아날 배	구분할 구	열 십	재주 재
입 구	향할 향	나라 국	흙 토	여름 하
저녁 석	큰 대	계집 녀	아들 자	집 가
마디 촌	작을 소	메 산	내 천	자리 석
해 년	법도 도	장인 공	법 식	강할 강
모양 형	기다릴 대	마음 심	이룰 성	늙을 로
손 수	가르칠 교	글월 문	새 신	모 방

도움글

- 「장인 공」에서 '장인'은 '손으로 물건 만드는 일을 業으로 하는 사람'을 이르는 말이다.
- 「모 방」에서 '모'는 '물건의 거죽으로 튀어나온 뾰족한 끝', 또는 '모서리'를 이르는 말이다.

아래 한자의 훈과 음을 빈칸에 쓰세요.

8~6급 훈음쓰기 2

母(毋)	日(日)	白(白)	月(月)	果(木)
活(水)	樹(木)	歌(欠)	正(止)	死(歹)
石(石)	氣(气)	江(水)	清(水)	火(火)
父(父)	物(牛)	農(辰)	生(生)	用(用)
界(田)	病(疒)	登(癶)	百(白)	目(目)
短(矢)	禮(示)	秋(禾)	空(穴)	童(立)
答(竹)	米(米)	級(糸)	美(羊)	習(羽)
者(耂)	聞(耳)	育(肉)	自(自)	色(色)
苦(艸)	號(虍)	行(行)	衣(衣)	西(襾)
科(禾)	角(角)	言(言)	足(足)	身(身)

도움글

○ 혼동하기 쉬운 한자

참1 科와 料(헤아릴 료) 참2 白과 百(일백 백) 참3 米와 光(빛 광)
참4 童과 重(무거울 중) 참5 西와 四(넉 사) 참6 苦와 若(같을 약)

아래 한자의 훈과 음을 빈칸에 쓰세요.

8~6급 훈음쓰기 3

車(車)	近(辶)	邑(邑)	醫(酉)	里(里)
金(金)	長(長)	門(門)	陽(阜)	集(隹)
孝(子)	青(青)	面(面)	韓(韋)	音(音)
頭(頁)	風(風)	食(食)	體(骨)	高(高)
黃(黃)	不(一)	九(乙)	五(二)	交(亠)
今(人)	便(人)	先(儿)	內(入)	公(八)
利(刀)	功(力)	立(立)	南(十)	反(又)
各(口)	和(口)	圖(囗)	堂(土)	多(夕)
夫(大)	始(女)	孫(子)	室(宀)	對(寸)
少(小)	市(巾)	平(干)	庭(广)	左(工)

도움글

- 혼동하기 쉬운 한자 참1 各과 名(이름 명) 참2 交와 父(아비 부) 참3 體와 禮(예도 례)
- 서로 반대되는 뜻을 가진 한자 참1 始 ↔ 終 참2 左 ↔ 右 참3 祖 ↔ 孫 참4 公 ↔ 私

아래 훈과 음에 알맞은 한자를 빈칸에 쓰세요.

8~6급 한자쓰기 4

약할 약	뒤 후	느낄 감	싸움 전	바 소
말미암을 유	놓을 방	기 기	매양 매	밝을 명
글 서	옷 복	뿌리 근	심을 식	백성 민
골 동	그럴 연	특별할 특	임금 왕	사내 남
필 발	살필 성, 덜 생	모일 사	창 창	글 장
무리 등	푸를 록	일만 만	재주 술	겉 표
친할 친	셀 계	길 로	군사 군	길 도
고을 군	들 야	은 은	사이 간	눈 설
제목 제	마실 음	석 삼	대신할 대	쉴 휴
형 형	온전 전	한가지 공	다를 별, 나눌 별	움직일 동

도움글

- 「말미암을 유」에서 '말미암다'는 '까닭이 되다, 계기가 되다, 인연이 되다' 등을 뜻하는 말이다.
- 「기 기」에서 '기'는 '무엇을 상징하기 위하여 그림을 그려 만든 것'으로, '校旗, 軍旗' 등에 쓰인다.

아래 훈과 음에 알맞은 한자를 빈칸에 쓰세요.

8~6급 한자쓰기 3

수레 거, 수레 차	가까울 근	고을 읍	의원 의	마을 리
쇠 금, 성 김	긴 장	문 문	볕 양	모을 집
효도 효	푸를 청	낯 면	나라 한	소리 음
머리 두	바람 풍	밥 식	몸 체	높을 고
누를 황	아닐 불	아홉 구	다섯 오	사귈 교
이제 금	편할 편, 똥오줌 변	먼저 선	안 내	공평할 공
이할 리	공 공	설 립	남녘 남	돌이킬 반
각각 각	화할 화	그림 도	집 당	많을 다
지아비 부	비로소 시	손자 손	집 실	대할 대
적을 소	저자 시	평평할 평	뜰 정	왼 좌

도움글

- 「공 공」에서 '공'은 '공로, 공적' 등의 뜻으로, '功勞, 功績, 武功' 등의 漢字語에 쓰인다.
- 「저자 시」에서 '저자'는 '시장에서 물건을 파는 가게, 또는 물건을 사고 파는 場'을 이르는 말이다.

아래 한자의 훈과 음을 빈칸에 쓰세요.

8~6급 훈음쓰기 4

弱(弓)	後(彳)	感(心)	戰(戈)	所(戶)
由(田)	放(攴)	旗(方)	每(毋)	明(日)
書(曰)	服(月)	根(木)	植(木)	民(氏)
洞(水)	然(火)	特(牛)	王(玉)	男(田)
發(癶)	省(目)	社(示)	窓(穴)	章(立)
等(竹)	綠(糸)	萬(艸)	術(行)	表(衣)
親(見)	計(言)	路(足)	軍(車)	道(辵)
郡(邑)	野(里)	銀(金)	間(門)	雪(雨)
題(頁)	飮(食)	三(一)	代(人)	休(人)
兄(儿)	全(入)	共(八)	別(刀)	動(力)

도움글

- 혼동하기 쉬운 한자　참1 代와 伐(칠 벌)　참2 綠과 錄(기록할 록)　참3 特과 持(가질 지)
- 서로 반대되는 뜻을 가진 한자　참1 前 ↔ 後　참2 與 ↔ 野　참3 強 ↔ 弱　참4 動 ↔ 靜

아래 한자의 훈과 음을 빈칸에 쓰세요.

8~6급 훈음쓰기 5

半(十)	古(口)	問(口)	四(囗)	場(土)
夜(夕)	失(大)	姓(女)	字(子)	安(宀)
幸(干)	弟(弓)	急(心)	數(攴)	族(方)
時(日)	東(木)	業(木)	消(水)	海(水)
球(玉)	番(田)	直(目)	神(示)	算(竹)
朝(月)	線(糸)	藥(艸)	記(言)	速(辵)
部(邑)	重(里)	校(木)	開(門)	電(雨)
上(一)	來(人)	六(八)	分(刀)	勝(力)
午(十)	同(口)	園(囗)	在(土)	外(夕)
天(大)	學(子)	定(宀)	愛(心)	昨(日)

도움글

○ 혼동하기 쉬운 한자 참1 午와 牛(소 우) 참2 電과 雷(우레 뢰) 참3 失과 矢(화살 시)

○ 서로 반대되는 뜻을 가진 한자 참1 昨 ↔ 今 참2 勝 ↔ 敗 참3 朝 ↔ 夕 참4 直 ↔ 曲

아래 훈과 음에 알맞은 한자를 빈칸에 쓰세요.

8~6급 한자쓰기 6

있을 유	즐길 락, 노래 악	큰바다 양	다스릴 리	그림 화
할아비 조	차례 제	종이 지	꽃부리 영	읽을 독
일천 천	옮길 운	아래 하	법식 례	앞 전
날랠 용	뜻 의	이름 명	땅/따 지	클 태
오얏 리, 성 리	길 영	말씀 어	멀 원	인간 세
수풀 림	따뜻할 온	나눌 반	풀 초	한수 한, 한나라 한
마을 촌	하여금 사	낮 주	목숨 명	봄 춘
말씀 화	통할 통	일곱 칠	믿을 신	오를 우, 오른(쪽) 우
성 박	모일 회	기름 유	나타날 현	꽃 화
가르칠 훈	지을 작	합할 합	근본 본	부을 주

도움글

- 「한수 한」에서 '한수'는 '중국의 강이름'을 뜻하는 말로, '漢江, 北漢山' 등의 漢字語에 쓰인다.
- 「부을 주」에서 '부을'은 '물대다, 붓다, 쏟다' 등의 뜻으로, 注目, 注油' 등의 漢字語에 쓰인다.

아래 훈과 음에 알맞은 한자를 빈칸에 쓰세요.

8~6급 한자쓰기 5

반 반	예 고	물을 문	넉 사	마당 장
밤 야	잃을 실	성 성	글자 자	편안 안
다행 행	아우 제	급할 급	셈 수	겨레 족
때 시	동녘 동	업 업	사라질 소	바다 해
공 구	차례 번	곧을 직	귀신 신	셈 산
아침 조	줄 선	약 약	기록할 기	빠를 속
떼 부	무거울 중	학교 교	열 개	번개 전
윗 상	올 래	여섯 륙	나눌 분	이길 승
낮 오	한가지 동	동산 원	있을 재	바깥 외
하늘 천	배울 학	정할 정	사랑 애	어제 작

도움글

- 「열 개」에서 '열'은 '열다, 피다' 등의 뜻으로, 「개표」, 「개화」, 「개시」 등의 한자어에 쓰인다.
- 「떼 부」에서 '떼'는 '무리'를 뜻하는 말로, 「時(때 시)」의 '때 = 시간'을 뜻하는 말과 구별해야 한다.

아래 한자의 훈과 음을 빈칸에 쓰세요.

8~6급 훈음쓰기 6

有(月)	樂(木)	洋(水)	理(玉)	畫(田)
祖(示)	第(竹)	紙(糸)	英(艸)	讀(言)
千(十)	運(辵)	下(一)	例(人)	前(刀)
勇(力)	意(心)	名(口)	地(土)	太(大)
李(木)	永(水)	語(言)	遠(辵)	世(一)
林(木)	溫(水)	班(玉)	草(艸)	漢(水)
村(木)	使(人)	晝(日)	命(口)	春(日)
話(言)	通(辵)	七(一)	信(人)	右(口)
朴(木)	會(曰)	油(水)	現(玉)	花(艸)
訓(言)	作(人)	合(口)	本(木)	注(水)

도움글

- 혼동하기 쉬운 한자 　참1 作과 昨(어제 작)　참2 晝와 畫(그림 화, 그을 획)　참3 李와 季(계절 계)
- 서로 반대되는 뜻을 가진 한자 　참1 本 ↔ 末　참2 前 ↔ 後　참3 遠 ↔ 近　참4 晝 ↔ 夜

한자능력 검정시험

반대자 / 유의자 / 한자 · 고사성어

학습 도움

반대자

✔ 반대자反對字 : 두 개의 글자가 서로 뜻이 반대反對, 또는 상대相對되는 뜻을 가진 한자어를 말합니다.

유의자

✔ 유의자類義字 : 두 개의 글자가 서로 비슷한 뜻을 가진 한자어를 말합니다.

한자성어 · 고사성어

✔ 한자성어漢字成語 : 우리말의 속담俗談이나 격언格言을 한자로 옮겨 쓴 것을 말합니다.

✔ 고사성어故事成語 : 옛날부터 전해 내려오는 내력來歷 있는 일, 또는 그것을 나타낸 어구語句로써 옛사람의 지혜와 가르침이 담겨 있습니다.

아래의 반대자 또는 상대자에 알맞은 훈과 음을 쓰세요.

1 반대자

江山	強弱	去來	輕重
苦樂	曲直	功過	男女
南北	吉凶	內外	勞使
老少	多少	當落	大小
東西	賣買	問答	物心
發着	本末	氷炭	死生

해답 ☞ 215쪽

도움글

- 功過 ▷ '공로(功勞)와 과실(過失)'을 아울러 이르는 말. 그동안의 功過를 따져서 상벌을 결정하였다.
- 勞使 ▷ '노동자(勞動者)와 사용자(使用者)'를 아울러 이르는 말. 勞使는 협상 끝에 서로 합의하였다.
- 氷炭 ▷ '얼음과 숯'이라는 뜻으로, 반대되는 입장에서 서로 받아들이지 못하는 관계를 이르는 말.

아래의 반대자 또는 상대자에 알맞은 훈과 음을 쓰세요.

死 活	山 川	山 河	山 海
上 下	善 惡	先 後	成 敗
手 足	和 戰	勝 敗	始 末
始 終	新 舊	心 身	愛 惡
言 行	溫 冷	左 右	遠 近
有 無	利 害	因 果	日 月

해답 ☞ 216쪽

도움글

○ 溫冷 ▷ '따뜻한 기운과 찬 기운'을 아울러 이르는 말. ※ '冷'자의 상대자는 '溫', 또는 '熱'자임에 주의!

○ 愛惡 ▷ '사랑과 미움'을 아울러 이르는 말. ※ '愛'자의 상대자는 '惡(오)', 또는 '憎(증)'자임에 주의!

○ 因果 ▷ '원인(原因)과 결과(結果)'를 아울러 이르는 말. 예 사건의 因果 관계를 밝히다.

아래의 훈과 음에 알맞은 반대 또는 상대되는 한자를 쓰세요.

반대자 2

강 **강** / 메 **산**	강할 **강** / 약할 **약**	갈 **거** / 올 **래**	가벼울 **경** / 무거울 **중**
쓸 **고** / 즐길 **락**	굽을 **곡** / 곧을 **직**	공 **공** / 지날 **과**	사내 **남** / 계집 **녀**
남녘 **남** / 북녘 **북**	길할 **길** / 흉할 **흉**	안 **내** / 바깥 **외**	일할 **로**/노 / 하여금 **사**
늙을 **로**/노 / 젊을 **소**	많을 **다** / 적을 **소**	마땅 **당** / 떨어질 **락**	큰 **대** / 작을 **소**
동녘 **동** / 서녘 **서**	팔 **매** / 살 **매**	물을 **문** / 대답 **답**	물건 **물** / 마음 **심**
필 **발** / 붙을 **착**	근본 **본** / 끝 **말**	얼음 **빙** / 숯 **탄**	죽을 **사** / 날 **생**

해답 ☞ 213쪽

도움글

○ 다음의 반대(상대)자 중에서 잘못된 것을 골라 바르게 고쳐 쓰세요. 정답 ☞ 227쪽 하단

① 利海 (　　　) ② 心神 (　　　) ③ 始末 (　　　) ④ 言發 (　　　) ⑤ 愛惡 (　　　)
⑥ 死明 (　　　) ⑦ 勝敗 (　　　) ⑧ 新今 (　　　) ⑨ 山河 (　　　) ⑩ 先後 (　　　)

아래의 훈과 음에 알맞은 반대 또는 상대되는 한자를 쓰세요.

죽을 사 / 살 활	메 산 / 내 천	메 산 / 물 하	메 산 / 바다 해
윗 상 / 아래 하	착할 선 / 악할 악	먼저 선 / 뒤 후	이룰 성 / 패할 패
손 수 / 발 족	화할 화 / 싸움 전	이길 승 / 패할 패	비로소 시 / 끝 말
비로소 시 / 마칠 종	새 신 / 예 구	마음 심 / 몸 신	사랑 애 / 미워할 오
말씀 언 / 다닐 행	따뜻할 온 / 찰 랭	왼 좌 / 오를/오른 우	멀 원 / 가까울 근
있을 유 / 없을 무	이할 리/이 / 해할 해	인할 인 / 실과 과	날 일 / 달 월

해답 ☞ 214쪽

도움글

○ 다음의 반대(상대)자 중에서 잘못된 것을 골라 바르게 고쳐 쓰세요. 정답 ☞ 227쪽 하단

① 多小 (　　　) ② 本末 (　　　) ③ 當落 (　　　) ④ 勞士 (　　　) ⑤ 曲線 (　　　)
⑥ 功過 (　　　) ⑦ 江下 (　　　) ⑧ 物心 (　　　) ⑨ 輕動 (　　　) ⑩ 發着 (　　　)

아래의 반대자 또는 상대자에 알맞은 훈과 음을 쓰세요.

반대자 3

自他	長短	前後	祖孫
朝夕	朝野	主客	晝夜
天地	初終	春秋	出入
夏冬	海陸	兄弟	黑白
古今	昨今	教學	冷熱
新古	心體	言文	海空

해답 ☞ 218쪽

도움글

- 朝野 ▷ '조정(朝廷)과 재야(在野)', 또는 '정부(政府)와 민간(民間)'을 아울러 이르는 말.
- 夏冬 ▷ '여름과 겨울'을 아울러 이르는 말. 예 '夏冬'은 '春秋'와 같이 '해[年]'를 뜻하는 말로도 쓰인다.
- 昨今 ▷ '어제와 오늘, 어제와 이제', 또는 '요즈음, 요사이'를 이르는 말. 예 昨今의 사회상황

아래의 훈과 음에 알맞은 반대 또는 상대되는 한자를 쓰세요.

스스로 **자** / 다를 **타**	긴 **장** / 짧을 **단**	앞 **전** / 뒤 **후**	할아비 **조** / 손자 **손**
아침 **조** / 저녁 **석**	아침 **조** / 들 **야**	주인 **주** / 손 **객**	낮 **주** / 밤 **야**
하늘 **천** / 땅 **지**	처음 **초** / 마칠 **종**	봄 **춘** / 가을 **추**	날 **출** / 들 **입**
여름 **하** / 겨울 **동**	바다 **해** / 뭍 **륙**	형 **형** / 아우 **제**	검을 **흑** / 흰 **백**
예 **고** / 이제 **금**	어제 **작** / 이제 **금**	가르칠 **교** / 배울 **학**	찰 **랭**/냉 / 더울 **열**
새 **신** / 예 **고**	마음 **심** / 몸 **체**	말씀 **언** / 글월 **문**	바다 **해** / 빌 **공**

해답 ☞ 217쪽

도움글

○ 다음의 반대(상대)자 중에서 잘못된 것을 골라 바르게 고쳐 쓰세요. 정답 ☞ 227쪽 하단

① 朝夜 ( ) ② 昨金 ( ) ③ 主客 ( ) ④ 黑白 ( ) ⑤ 夏秋 ( )

⑥ 晝夕 ( ) ⑦ 教學 ( ) ⑧ 祖孫 ( ) ⑨ 海川 ( ) ⑩ 長短 ( )

아래의 유의자에 알맞은 훈과 음을 쓰세요.

유의자 **1**

歌曲	家屋	家宅	競爭
計算	過去	過失	果實
教訓	根本	技術	談話
到着	道路	圖畫	文章
法式	法典	法規	選擧
思考	思念	兵士	兵卒

해답 221쪽

도움글

- 歌曲 ▷ '노래와 악곡(樂曲)'이라는 뜻으로, (우리나라에서는) 시조에 곡을 붙여 부르는 노래의 한 가지.
- 過失 ▷ '잘못이나 허물'을 뜻하는 말. [반] 고의(故意). 고의가 아닌, 자기의 過失이라고 인정하였다.
- 兵卒 ▷ 군사(軍士) · 군졸(軍卒)과 같은 말로, 군대에서 장교의 지휘를 받는 군인을 이른다.

아래의 유의자에 알맞은 훈과 음을 쓰세요.

樹林	樹木	始初	身體
心情	言語	年歲	永遠
英特	衣服	意思	戰爭
停止	庭園	正直	調和
終止	知識	河川	河海
寒冷	幸福	生産	變化

해답 ☞ 222쪽

도움글

- 樹林 ▷ 나무가 우거진 숲. 예 아름드리 나무들로 樹林이 무성하였다.
- 英特 ▷ 뛰어나게 영명(英明)함. 예 어제 만난 아이는 英特하고 총명한 아이였다.
- 河海 ▷ '큰 강과 바다'를 아울러 이르는 말. 예 어버이의 은덕(恩德)이 河海와 같다.

아래의 훈과 음에 알맞은 유의자를 한자로 쓰세요.

노래 **가**	굽을 **곡**	집 **가**	집 **옥**	집 **가**	집 **택**	다툴 **경**	다툴 **쟁**
셀 **계**	셈 **산**	지날 **과**	갈 **거**	지날 **과**	잃을 **실**	실과 **과**	열매 **실**
가르칠 **교**	가르칠 **훈**	뿌리 **근**	근본 **본**	재주 **기**	재주 **술**	말씀 **담**	말씀 **화**
이를 **도**	붙을 **착**	길 **도**	길 **로**	그림 **도**	그림 **화**	글월 **문**	글 **장**
법 **법**	법 **식**	법 **법**	법 **전**	법 **법**	법 **규**	가릴 **선**	들 **거**
생각 **사**	생각할 **고**	생각 **사**	생각 **념**	병사 **병**	선비 **사**	병사 **병**	마칠 **졸**

해답 ☞ 219쪽

도움글

○ 다음의 유의자 중에서 잘못된 것을 골라 바르게 고쳐 쓰세요. 정답 ☞ 227쪽 하단

① 選手 (　　　) ② 敎訓 (　　　) ③ 競爭 (　　　) ④ 計産 (　　　) ⑤ 道行 (　　　)

⑥ 家屋 (　　　) ⑦ 談和 (　　　) ⑧ 兵卒 (　　　) ⑨ 到着 (　　　) ⑩ 果失 (　　　)

아래의 훈과 음에 알맞은 유의자를 한자로 쓰세요.

나무 **수** · 수풀 **림**	나무 **수** · 나무 **목**	비로소 **시** · 처음 **초**	몸 **신** · 몸 **체**
마음 **심** · 뜻 **정**	말씀 **언** · 말씀 **어**	해 **년**/연 · 해 **세**	길 **영** · 멀 **원**
꽃부리 **영** · 특별할 **특**	옷 **의** · 옷 **복**	뜻 **의** · 생각 **사**	싸움 **전** · 다툴 **쟁**
머무를 **정** · 그칠 **지**	뜰 **정** · 동산 **원**	바를 **정** · 곧을 **직**	고를 **조** · 화할 **화**
마칠 **종** · 그칠 **지**	알 **지** · 알 **식**	물 **하** · 내 **천**	물 **하** · 바다 **해**
찰 **한** · 찰 **랭**	다행 **행** · 복 **복**	날 **생** · 낳을 **산**	변할 **변** · 될 **화**

해답 ☞ 220쪽

도움글

○ 다음의 유의자 중에서 잘못된 것을 골라 바르게 고쳐 쓰세요. 정답 ☞ 227쪽 하단

① 庭原 (　　　) ② 身體 (　　　) ③ 英技 (　　　) ④ 衣服 (　　　) ⑤ 知識 (　　　)
⑥ 戰爭 (　　　) ⑦ 心淸 (　　　) ⑧ 調化 (　　　) ⑨ 終止 (　　　) ⑩ 永近 (　　　)

✔ **한자성어**漢字成語란, 우리말의 속담俗談이나 격언格言을 한자로 옮겨 쓴 것을 말합니다.
✔ **고사성어**故事成語란, 옛날부터 전해 내려오는 내력來歷 있는 일, 또는 그것을 나타낸 어구語句로써 옛사람의 지혜와 가르침이 담겨 있습니다.

- 價格競爭(가격경쟁) ▷ 시장에서, 판매업자끼리 서로 가격을 낮추는 경쟁.
- 家庭教育(가정교육) ▷ 일상생활 가운데 집안 어른들이 자녀들에게 주는 가르침.
- 家庭用品(가정용품) ▷ 가정에서 쓰는 여러 가지 물품.
- 家庭學習(가정학습) ▷ 집에서 하는 학습.
- 各人各色(각인각색) ▷ 사람마다 각각 다름.
- 見物生心(견물생심) ▷ 물건을 보게 되면 그것을 가지고 싶은 욕심이 생김.
- 決死反對(결사반대) ▷ 죽기를 각오하고 있는 힘을 다하여 반대함.
- 敬天愛人(경천애인) ▷ 하늘을 공경하고 인간을 사랑함.
- 高山流水(고산유수) ▷ ① 높은 산과 흐르는 물 ② '거문고의 소리', 또는 '자기를 잘 알아주는 참다운 친구'를 비유적으로 이르는 말.
- 高速道路(고속도로) ▷ 빠르게 달릴 수 있도록 만든 자동차 전용의 도로.
- 高速鐵道(고속철도) ▷ 시속 약 200km 이상으로 운행되는 철도.
- 共同生活(공동생활) ▷ 일정한 시간과 공간에서 여럿이 서로 도우며 사는 생활.
- 公明正大(공명정대) ▷ 마음이 공명하며, 조금도 사사로움이 없이 바름.
- 交友以信(교우이신) ▷ '믿음으로써 벗을 사귀어야 함'을 이르는 말.
- 交通信號(교통신호) ▷ 교차로나 건널목 따위에서 사람이나 차량이 질서 있게 가도록 나타내는 표시.
- 教學相長(교학상장) ▷ 가르치는 일과 배우는 일은 다 함께 자기의 학업을 발전시키는 것임을 이르는 말.
- 九死一生(구사일생) ▷ '아홉 번 죽을 뻔하다 한 번 살아난다.'는 뜻으로, '죽을 고비를 여러 차례 넘기고 겨우 살아남'을 이르는 말.
- 國立公園(국립공원) ▷ 자연과 문화적(文化的) 가치(價値)를 보호하기 위하여 나라에서 관리하는 공원.
- 國民年金(국민연금) ▷ 국민 생활의 안정과 복지 증진을 위하여 일정액의 연금을 지급하는 사회 보장 제도.
- 國語教育(국어교육) ▷ 국민에게 국어의 사용, 이해, 표현 따위를 습득시키는 교육.
- 今時初聞(금시초문) ▷ 바로 지금 처음으로 들음. 지금에야 비로소 처음으로 들음.
- 男女老少(남녀노소) ▷ '남자와 여자, 늙은이와 젊은이'란 뜻으로, '모든 사람'을 이르는 말.
- 男女有別(남녀유별) ▷ '남자와 여자 사이에 분별이 있어야 함'을 이르는 말.
- 南北會談(남북회담) ▷ 남북 적십자 회담.
- 老少同樂(노소동락) ▷ 늙은이와 젊은이가 함께 즐김.
- 大明天地(대명천지) ▷ 아주 환하게 밝은 세상.

- 東問西答(동문서답) ▷ 물음과는 전혀 상관없는 엉뚱한 대답. 문동답서(問東答西).
- 同姓同本(동성동본) ▷ 성(姓)과 본관(本貫)이 모두 같음.
- 馬耳東風(마이동풍) ▷ '말의 귀에 동풍이 불어도 아랑곳하지 않는다.'는 뜻으로, '남의 말을 귀담아듣지 않고 지나쳐 흘려 버림'을 이르는 말.
- 聞一知十(문일지십) ▷ '하나를 듣고 열 가지를 미루어 안다.'는 뜻으로, '지극히 총명함'을 이르는 말.
- 門前成市(문전성시) ▷ '집 문 앞이 시장을 이룬다.'는 뜻으로, '찾아오는 사람이 많음'을 이르는 말.
- 百年大計(백년대계) ▷ 먼 앞날까지 미리 내다보고 세우는 크고 중요한 계획.
- 百年河清(백년하청) ▷ '중국의 황하가 늘 흐려 맑을 때가 없다.'는 뜻으로, '아무리 기다려도 일이 이루어지기 어려움'을 이르는 말.
- 白面書生(백면서생) ▷ 한갓 글만 읽어서 세상일에 전혀 경험이 없는 사람.
- 百發百中(백발백중) ▷ '백 번 쏘아 백 번 맞힌다.'는 뜻으로, '총이나 활 따위를 쏠 때마다 겨눈 곳에 다 맞음', 또는 '무슨 일이나 틀림없이 잘 들어맞음'을 이르는 말.
- 白雪公主(백설공주) ▷ 독일의 전래 민화인 『동화집』 이야기의 여자 주인공.
- 白衣民族(백의민족) ▷ '흰옷을 입은 민족'이라는 뜻으로, '우리 민족'을 이르는 말.
- 百戰百勝(백전백승) ▷ 싸울 때마다 다 이김. 백전불패(百戰不敗).
- 父子有親(부자유친) ▷ '아버지와 아들의 도리는 친애함에 있음'을 이르는 말.
- 父傳子傳(부전자전) ▷ 아버지가 아들에게 대대로 전함.
- 北窓三友(북창삼우) ▷ '거문고, 술, 시(詩)'를 아울러 이르는 말.
- 不老長生(불로장생) ▷ 늙지 아니하고 오래 삶. 장생불로(長生不老).
- 不買運動(불매운동) ▷ 항의의 뜻을 나타내기 위하여 어떤 특정한 상품을 사지 아니하는 일.
- 不問曲直(불문곡직) ▷ 옳고 그름을 따지지 아니함. 곡직불문(曲直不問).
- 不遠千里(불원천리) ▷ 천 리 길도 멀다고 여기지 않음.
- 氷上競技(빙상경기) ▷ 얼음판 위에서 하는 경기를 통틀어 이르는 말.
- 士農工商(사농공상) ▷ 예전에, 백성을 나누던 네 가지 계급으로, '선비, 농부, 장인, 상인'을 이르던 말.
- 山高水長(산고수장) ▷ '산은 높고 강은 길게 흐른다.'는 뜻으로, '인자(仁者)나 군자의 덕행이 높고 한없이 오래 전하여 내려오는 것'을 이르는 말.
- 山林綠化(산림녹화) ▷ 황폐한 산에 나무를 심고 보호하며 초목을 무성하게 하는 일.
- 山戰水戰(산전수전) ▷ 산에서도 싸우고 물에서도 싸웠다는 뜻으로, 세상의 온갖 고생과 어려움을 다 겪었음을 이르는 말.
- 山川草木(산천초목) ▷ '산과 내와 풀과 나무'라는 뜻으로, '자연'을 이르는 말.
- 三寒四溫(삼한사온) ▷ '사흘 동안 춥고 나흘 동안 따뜻하다.'는 뜻으로, 한국을 비롯하여 아시아의 동부, 북부에서 나타나는 겨울 기온의 변화 현상을 이르는 말.

生死苦樂(생사고락) ▷ '삶과 죽음, 괴로움과 즐거움'을 아울러 이르는 말.

選擧公約(선거공약) ▷ 정당이나 입후보자가 유권자들에게 제시하는 공적인 약속.

善男善女(선남선녀) ▷ '성품이 착한 남자와 여자'란 뜻으로, '착하고 어진 사람들', 또는 '곱게 단장을 한 남자와 여자'를 이르는 말.

先史時代(선사시대) ▷ 문헌 사료가 전혀 존재하지 않는 석기 시대와 청동기 시대.

世上萬事(세상만사) ▷ 세상에서 일어나는 온갖 일

新聞記者(신문기자) ▷ 신문에 실을 자료를 수집, 취재, 집필, 편집하는 사람.

身土不二(신토불이) ▷ '몸과 땅은 둘이 아니고 하나'라는 뜻으로, '자기가 사는 땅에서 자란 농산물이 체질에 잘 맞음'을 이르는 말.

十中八九(십중팔구) ▷ '열 가운데 여덟이나 아홉 정도'라는 말로, '거의 대부분이거나 거의 틀림없음'을 이르는 말.

安分知足(안분지족) ▷ 편안한 마음으로 제 분수를 지키며 만족할 줄을 앎.

安心立命(안심입명) ▷ 자신의 불성(佛性)을 깨닫고 삶과 죽음을 초월함으로써 마음의 편안함을 얻는 것을 이르는 말.

良藥苦口(양약고구) ▷ '좋은 약은 입에 쓰나 병에 이롭다.'는 뜻으로, '충고의 말은 귀에 거슬리나 자신에게는 이롭다.'는 말.

語不成說(어불성설) ▷ 말이 조금도 사리에 맞지 않음.

言行一致(언행일치) ▷ 말과 행동이 서로 같음, 또는 말한 대로 실행함.

旅行案內(여행안내) ▷ 여행하는 사람의 편의를 위하여 자세히 안내하는 일.

年中行事(연중행사) ▷ 해마다 일정한 시기를 정하여 놓고 하는 행사.

樂山樂水(요산요수) ▷ '산을 좋아하고 물을 좋아한다.'는 뜻으로, '자연을 즐기고 좋아함'을 이르는 말.

遠洋漁船(원양어선) ▷ 원양 어업을 하기에 알맞도록 설비를 갖춘 배.

遠洋漁業(원양어업) ▷ 먼 바다를 오랜 시간에 걸쳐 항해하며 하는 어업.

有口無言(유구무언) ▷ '입은 있어도 할말이 없다.'는 뜻으로, '변명할 말이 없거나 변명을 못함'을 이르는 말.

類萬不同(유만부동) ▷ ①비슷한 것이 많으나 서로 같지는 않음. ②정도에 넘침, 또는 분수에 맞지 않음.

有名無實(유명무실) ▷ 이름만 그럴듯하고 실속은 없음.

陸上競技(육상경기) ▷ 육상에서 행하여지는 각종 경기를 통틀어 이르는 말.

耳目口鼻(이목구비) ▷ '귀 · 눈 · 입 · 코'를 뜻하는 말로, '얼굴의 생김새'를 이른다.

以實直告(이실직고) ▷ 사실 그대로 고함.

以心傳心(이심전심) ▷ 마음과 마음으로 서로 뜻이 통함.

一口二言(일구이언) ▷ '한 입으로 두 말을 한다.'는 뜻으로, '한 가지 일에 대하여 말을 이랬다저랬다함'을 이르는 말.

一長一短(일장일단) ▷ '한 쪽의 장점과 다른 한 쪽의 단점'이라는 말로, '장점도 있고, 단점도 있음'을 이르는 말.

- 一朝一夕(일조일석) ▷ '하루아침과 하루 저녁'이란 뜻으로, '짧은 시일'을 이르는 말.
- 立春大吉(입춘대길) ▷ 입춘을 맞이하여 길운을 기원하며 벽이나 대문 등에 써 붙이는 글귀.
- 自給自足(자급자족) ▷ 필요한 물자를 스스로 생산하여 충당함.
- 自問自答(자문자답) ▷ 스스로 묻고 스스로 대답함.
- 子孫萬代(자손만대) ▷ 오래도록 내려오는 여러 대. 세세손손(世世孫孫). 대대손손(代代孫孫).
- 自手成家(자수성가) ▷ 물려받은 재산이 없이 자기 혼자의 힘으로 집안을 일으키고 재산을 모음.
- 自由世界(자유세계) ▷ ①자유로운 사회. ②제2차 세계 대전 이후 자본주의 국가가 자기 진영에 속하는 여러 나라를 공산 진영에 상대하여 이르는 말.
- 自由自在(자유자재) ▷ 자기 뜻대로 모든 것이 자유롭고 거침이 없음.
- 作心三日(작심삼일) ▷ '마음먹은 것이 사흘을 가지 못한다.'는 뜻으로, '결심이 굳지 못함'을 이르는 말.
- 電光石火(전광석화) ▷ '번갯불이나 부싯돌의 불이 번쩍임'이라는 뜻으로, '매우 짧은 시간이나 매우 재빠른 움직임'을 이르는 말.
- 前無後無(전무후무) ▷ 이전에도 없었고 앞으로도 없음.
- 朝變夕改(조변석개) ▷ '아침저녁으로 뜯어고친다.'는 뜻으로, '계획이나 결정 따위를 자주 고침'을 이르는 말.
- 中部地方(중부지방) ▷ 우리나라의 황해도, 경기도, 강원도, 충청도와 같이 어떤 지역의 중앙에 자리한 지방.
- 知過必改(지과필개) ▷ 허물을 알면 반드시 고쳐야 함을 이르는 말.
- 知行合一(지행합일) ▷ 지식과 행동이 서로 맞음. 지행일치(知行一致).
- 天災地變(천재지변) ▷ 자연현상으로 인한 재앙. 천지재변(天地災變).
- 天下第一(천하제일) ▷ 세상에 견줄 만한 것이 없이 최고임.
- 靑山流水(청산유수) ▷ '푸른 산에 맑은 물'이라는 뜻으로, '말을 막힘없이 잘하는 모양이나 그렇게 하는 말'을 비유하여 이르는 말.
- 淸風明月(청풍명월) ▷ 맑은 바람과 밝은 달. 풍월(風月).
- 草家三間(초가삼간) ▷ '세 칸의 초가'라는 뜻으로, '아주 작은 집'을 이르는 말.
- 草食動物(초식동물) ▷ 풀을 주로 먹고사는 동물.
- 秋風落葉(추풍낙엽) ▷ '가을바람에 떨어지는 나뭇잎'이라는 뜻으로, '어떤 형세나 세력이 갑자기 기울어짐'을 이르는 말.
- 春夏秋冬(춘하추동) ▷ 봄・여름・가을・겨울의 네 계절.
- 七月七夕(칠월칠석) ▷ '음력으로 칠월 초이렛날의 밤'이라는 뜻으로, 이 날에 은하의 서쪽에 있는 직녀와 동쪽에 있는 견우가 오작교에서 일 년에 한 번 만난다는 전설을 이르는 말.
- 土木工事(토목공사) ▷ 땅과 하천 따위를 고쳐 만드는 공사.

- 八方美人(팔방미인) ▷ 어느 모로 보나 아름다운 사람, 또는 여러 방면에 능통한 사람.
- 敗家亡身(패가망신) ▷ 집안의 재산을 다 써 없애고 몸을 망침.
- 寒冷前線(한랭전선) ▷ 차가운 기단(氣團)이 따뜻한 기단을 밀어 올리고 이동하여 가는 곳에 나타나는 전선.
- 行動擧止(행동거지) ▷ 몸을 움직여 하는 모든 짓.
- 現代美術(현대미술) ▷ 20세기에 전개된 새로운 경향의 미술. 모던 아트
- 花朝月夕(화조월석) ▷ '꽃 피는 아침과 달 밝은 밤'이라는 뜻으로, '경치가 좋은 시절', 또는 '음력 2월 보름(花朝)과 8월 보름(月夕)'을 이르는 말.

다음 한자성어를 읽고, 그 쓰임에 대하여 알아봅시다.

古代美術(고대미술)	工夫時間(공부시간)	科學技術(과학기술)
交通安全(교통안전)	大韓民國(대한민국)	獨立萬歲(독립만세)
萬民平等(만민평등)	名作童話(명작동화)	文化事業(문화사업)
産業發展(산업발전)	生命工學(생명공학)	選擧集會(선거집회)
少年時節(소년시절)	市民公園(시민공원)	市民文學(시민문학)
新藥開發(신약개발)	信用社會(신용사회)	野球選手(야구선수)
親切奉仕(친절봉사)	湖南地方(호남지방)	校歌合唱(교가합창)
童話作家(동화작가)	世界平和(세계평화)	自由民主(자유민주)
父母兄弟(부모형제)	市場物價(시장물가)	公正選擧(공정선거)

문제 정답

■ 문제 215쪽 정답 ☞	① 利害	② 心身(體)	④ 言行(文)	⑥ 死活(生)	⑧ 新舊(古)
■ 문제 216쪽 정답 ☞	① 多少	④ 勞使	⑤ 曲直	⑦ 江山	⑨ 輕重
■ 문제 218쪽 정답 ☞	① 朝夕(野)	② 昨今	⑤ 夏冬	⑥ 晝夜	⑨ 海陸(空)
■ 문제 221쪽 정답 ☞	① 選擧	④ 計算	⑤ 道路	⑦ 談話	⑩ 果實
■ 문제 222쪽 정답 ☞	① 庭園	③ 英特	⑦ 心情	⑧ 調和	⑩ 永遠

다음 (　　)속에 알맞은 한자를 써 넣어 한자성어를 완성하세요. 정답 ☞ 아래

1. 各人各(　　)	2. 遠(　　)漁船	3. 花(　　)月夕	4. 行(　　)擧止
5. 百年大(　　)	6. 知(　　)合一	7. 價(　　)競爭	8. 秋(　　)落葉
9. 父傳(　　)傳	10. 良藥(　　)口	11. 生死(　　)樂	12. 以(　　)傳心
13. 不(　　)曲直	14. (　　)口無言	15. 安(　　)知足	16. 士農(　　)商
17. 選擧(　　)約	18. 高速鐵(　　)	19. 山林(　　)化	20. 耳(　　)口鼻
21. (　　)山流水	22. (　　)春大吉	23. 老(　　)同樂	24. (　　)行一致
25. 同姓同(　　)	26. 馬耳(　　)風	27. 自給自(　　)	28. 子(　　)萬代
29. (　　)風明月	30. 天災(　　)變	31. 獨立(　　)歲	32. 白面(　　)生
33. 不(　　)千里	34. 敗家亡(　　)	35. (　　)光石火	36. 今時初(　　)
37. 有(　　)無實	38. (　　)不成說	39. 百(　　)河淸	40. 八方(　　)人
41. 産業(　　)展	42. 自(　　)自在	43. (　　)衣民族	44. 類(　　)不同
45. 不(　　)長生	46. 前無(　　)無	47. 百(　　)百勝	48. 聞一知(　　)
49. (　　)土不二	50. 三寒(　　)溫	51. 大(　　)天地	52. 北(　　)三友
53. 敎學相(　　)	54. (　　)過必改	55. 見(　　)生心	56. 東(　　)西答
57. 樂山(　　)水	58. 朝變(　　)改	59. 自(　　)成家	60. (　　)明正大
61. 山(　　)水長	62. 交(　　)信號	63. 敬(　　)愛人	64. 一長一(　　)

정답 1. 色 2. 洋 3. 朝 4. 動 5. 計 6. 行 7. 格 8. 風 9. 子 10. 苦 11. 苦 12. 心 13. 問 14. 有 15. 分 16. 工 17. 公 18. 道 19. 綠 20. 目 21. 高, 靑 22. 立 23. 少 24. 言 25. 本 26. 東 27. 足 28. 孫 29. 淸 30. 地 31. 萬 32. 書 33. 遠 34. 身 35. 電 36. 聞 37. 名 38. 語 39. 年 40. 美 41. 發 42. 由 43. 白 44. 萬 45. 老 46. 後 47. 戰 48. 十 49. 身 50. 四 51. 明 52. 窓 53. 長 54. 知 55. 物 56. 問 57. 樂 58. 夕 59. 手 60. 公 61. 高 62. 通 63. 天 64. 短

한자능력
검정시험

약자쓰기

학습 도움

약자쓰기

- ✔ 약자略字는 한자의 실용화를 위해 예전부터 획을 줄여서 흐름을 연결하여 필기체筆記體로 사용하던 글자입니다. 한자의 서체는 모양에 따라 전서篆書, 예서隷書, 행서行書, 초서草書, 해서楷書 등으로 구별합니다. 약자略字는 초서草書의 서체를 정형화定型化시킨 것으로 이해할 수 있습니다.
- ✔ 중국에서는 현재 우리가 보편적으로 사용하고 있는 한자를 번체자繁體字라 하고, 획을 줄여서 만든 한자를 간체자簡體字라고 합니다. 하지만 간체자와 약자는 간혹 같은 모양을 지닌 것도 있지만 본래 전혀 다른 의미에서 형성된 글자입니다.

정답확인

- ✔ 빈칸에 약자를 써 가면서 뜻이 통하는 한자어를 만들어 그와 관련된 문장을 지어봅니다. 약자를 실용화하는 데에 많은 도움이 될 것입니다.
- ✔ 약자로 사용되는 한자를 먼저 백지白紙에 옮겨 쓴 후, 스스로 약자로 옮겨 쓰는 받아쓰기 형식의 연습을 하면 효과적으로 기억될 수 있습니다.

다음은 한자의 약자를 나열한 것입니다. 본래의 글자와 약자를 서로 비교하여 익히도록 하세요.

価				
價(값 가) 5Ⅱ				
挙				
擧(들 거) 5급				
軽				
輕(가벼울 경) 5급				
関				
關(관계할 관) 5Ⅱ				
观	観			
觀(볼 관) 5Ⅱ				
広				
廣(넓을 광) 5Ⅱ				
旧				
舊(예 구) 5Ⅱ				
区				
區(구분할 구) 6급				
国				
國(나라 국) 8급				

気				
氣(기운 기) 7Ⅱ				
団				
團(둥글 단) 5Ⅱ				
当				
當(마땅 당) 5Ⅱ				
対				
對(대할 대) 6Ⅱ				
徳				
德(큰 덕) 5Ⅱ				
図				
圖(그림 도) 6Ⅱ				
独				
獨(홀로 독) 5Ⅱ				
読				
讀(읽을 독) 6Ⅱ				
楽				
樂(즐길 락) 6Ⅱ				

다음은 한자의 약자를 나열한 것입니다. 본래의 글자와 약자를 서로 비교하여 익히도록 하세요.

약자	본래의 글자	급수
来	來(올 래)	7급
練	練(익힐 련)	5II
礼	禮(예도 례)	6급
労	勞(일할 로)	5II
万	萬(일만 만)	8급
売	賣(팔 매)	5급
発	發(필 발)	6II
変	變(변할 변)	5II
写 写	寫(베낄 사)	5급

약자	본래의 글자	급수
舩	船(배 선)	5급
岁 嵗	歲(해 세)	5II
数	數(셈 수)	7급
実	實(열매 실)	5II
児	兒(아이 아)	5II
悪	惡(악할 악)	5II
薬	藥(약 약)	6II
温	溫(따뜻할 온)	6급
逺	遠(멀 원)	6급

다음은 한자의 약자를 나열한 것입니다. 본래의 글자와 약자를 서로 비교하여 익히도록 하세요.

医				
醫(의원 의) 6급				
者				
者(놈 자) 6급				
争				
爭(다툴 쟁) 5급				
伝				
傳(전할 전) 5II				
战	戦			
戰(싸움 전) 6II				
節				
節(마디 절) 5II				
㝎				
定(정할 정) 6급				
卆				
卒(마칠 졸) 5II				
昼				
晝(낮 주) 6급				

貭				
質(바탕 질) 5II				
参				
參(참여할 참) 5II				
鉄				
鐵(쇠 철) 5급				
体				
體(몸 체) 6II				
学				
學(배울 학) 8급				
号				
號(이름 호) 6급				
画				
畫(그림 화) 6급				
会				
會(모일 회) 6II				
効				
效(본받을 효) 5II				

다음은 한자의 약자를 나열한 것입니다. 본래의 글자와 약자를 서로 비교하여 익히도록 하세요.

黒				
黑(검을 흑) 5급				
国	鉄			
國鐵(국철)				
気	体			
氣體(기체)				
礼	楽			
禮樂(예악)				
万	国			
萬國(만국)				
独	対			
獨對(독대)				
战	争			
戰爭(전쟁)				
伝	来			
傳來(전래)				
数	学			
數學(수학)				

参	观			
参觀(참관)				
团	体			
團體(단체)				
当	国			
當國(당국)				
軽	挙			
輕擧(경거)				
変	貭			
變質(변질)				
図	画			
圖畫(도화)				
万	岁			
萬歲(만세)				
独	学			
獨學(독학)				
鉄	舩			
鐵船(철선)				

다음은 약자로 구성된 한자어입니다. 본래의 글자와 약자를 서로 비교하여 익히도록 하세요.

売	国								
賣國(매국)									
万	変								
萬變(만변)									
号	数								
號數(호수)									
画	質								
畫質(화질)									
実	効								
實效(실효)									
開	発								
開發(개발)									
信	号								
信號(신호)									
集	会								
集會(집회)									
新	旧								
新舊(신구)									

다음은 약자로 구성된 한자어입니다. 본래의 글자와 약자를 서로 비교하여 익히도록 하세요.

学	者								
學者(학자)									
卆	業								
卒業(졸업)									
区	分								
區分(구분)									
安	㝎								
安定(안정)									
参	席								
參席(참석)									
昼	夜								
晝夜(주야)									
広	場								
廣場(광장)									
読	書								
讀書(독서)									
価	格								
價格(가격)									

한자능력 검정시험

평가문제

학습 도움

평가문제

평가문제란 본문학습을 응용하여 엮은 출제 · 예상문제입니다.

학습방법

✔ 평가문제는 본문학습[1 ~ 2 , 3 ~ 4 , 5 ~ 6 …]을 묶어서 엮은 것이므로, 제시된 범위를 충분히 익힌 후에 문제를 풀어보면 학습에 도움이 될 것입니다.

✔ 5급(500자)에 대한 종합적인 평가는 본 교재에 제시된 평가문제만으로는 부족한 감이 없지 않으므로, 별도로 기출 · 예상문제집을 풀이해 보는 것이 확실한 자기평가가 될 것입니다.

정답확인

✔ 정답은 부록(25쪽 ~ 31쪽)에 있습니다.

1 ~ 2

01 다음 한자어의 독음을 쓰세요.

1 士兵	2 勞苦	3 功德
4 利害	5 敗亡	6 曲線美

02 다음 한자의 훈과 음을 쓰세요.

7 吉	8 勇	9 性
10 品	11 問	12 算

03 다음 글자와 서로 어울려 뜻이 통하는 한자를 |보기|에서 찾아 쓰세요.

|보기|

成 動 授 亡 同 忘

13		命	14 勞	

04 다음 밑줄 친 낱말을 한자로 쓰세요.

15 붓글씨로 <u>입춘대길</u>이라고 써서 大門에 붙이며 한 해의 안녕(安寧)을 기원(祈願)하였다.

16 어려운 시국(時局)을 <u>타개</u>하는 지도력(指導力).

17 남・북한 <u>병력</u>을 경제 발전에 투입한다면…

05 다음 뜻에 알맞은 한자어를 쓰세요.

18 (공해) 건강이나 생활환경에 미치는 여러 가지 해로움.	19 (명곡) 뛰어난 악곡
20 (교단) 강의할 때 올라서는 단.	21 (덕성) 어질고 너그러운 품성

06 다음을 |보기|와 같이 한자로 쓰세요.

|보기|

힘쓸 노 (努)

22 무거울 중	23 지을 작

07 다음 한자어의 독음과 뜻을 쓰세요.

24 智德體 (   )

뜻 ▷ ....

25 不問曲直 (   )

뜻 ▷ ....

익혀서 지혜로

다음 한자어의 독음讀音을 써보자.

凶日	功勞	問答	利害	等級
災害	力道	戰爭	身分	樂曲

3 ~ 4

01 다음 한자어의 독음을 쓰세요.

1 法則	2 財産	3 旅客
4 變色	5 炭質	6 溫順

02 다음 한자의 훈과 음을 쓰세요.

7 令	8 船	9 末
10 方	11 色	12 少

03 다음 한자와 뜻이 서로 반대되는 한자를 독음과 함께 쓰세요.

13	始		14	輕	
독음			독음		

04 다음 밑줄 친 낱말을 한자로 쓰세요.

15 과거에 빼앗긴 문화재를 되찾아야 한다.

16 한자능력검정시험은 문제지와 답안지를 각각 제출(提出)하여야 한다.

17 스승에게 제자 된 도리를 다하여야 한다.

05 다음 뜻에 알맞은 한자어를 쓰세요.

18 (안건) 문제가 되어 있는 사항	19 (어선) 고기잡이를 하는 배
20 (기법) 기술상의 수법	21 (중량) 무게

06 다음 □에 들어가는 서로 뜻이 통하는 한자를 |보기|에서 찾아 쓰세요.

|보기|

炭 間 信 明 交 數 泉

22 石□ / □化

23 □分 / □

07 다음 훈과 음에 알맞은 한자를 쓰세요.

24 물건 물	25 바람 풍	26 가르칠 훈

08 다음 한자어와 독음은 같으나 뜻이 다른 한자어를 쓰세요.

27 展示 ⇨

28 小量 ⇨

익혀서 지혜로

● 다음 한자어의 독음讀音을 써보자.

有形	地熱	目的	規則	性質

5 ~ 6

01 다음 한자어의 독음을 쓰세요.

1 典例	2 局面	3 念頭

02 다음 한자의 훈과 음을 쓰세요.

4 格	5 最	6 史

03 다음 글자와 서로 어울려 뜻이 통하는 한자를 |보기|에서 찾아 쓰세요.

|보기|
法 開 國 答 充 最 聞 用

7 信 ☐
8 對 ☐
9 ☐ 典
10 ☐ 善

04 다음 밑줄 친 낱말을 한자로 쓰세요.

11 선사시대 유물(遺物)이 출토(出土)되었다.

12 성공의 기쁨은 피땀 흘린 노력의 대가이다.

13 현실에 적합치 못한 법은 개정해야 한다.

14 삼국사기는 정사이고, 삼국유사는 야사이다.

05 다음 뜻에 알맞은 한자어를 쓰세요.

15 (군사) 장교의 지휘를 받는 군인	16 (시가) 시장에서 팔리는 값
17 (시국) 사회 안팎의 사정	18 (화학) 물질의 구성과 구조

06 다음을 |보기|와 같이 한자로 쓰세요.

|보기|
이름 명 (名)

19 몸 체	20 가까울 근

07 다음 ☐에 들어가는 뜻이 서로 통하는 한자를 |보기|에서 찾아 쓰세요.

|보기|
腹 技 記 服 而 樂 以

21 ☐ / 內 ☐
22 ☐ / ☐ 士

08 다음 중 뜻이 서로 반대, 또는 상대되는 한자로 연결되지 않은 것은? (   )

23 ① 因－果 ② 勝－敗 ③ 先－前 ④ 初－終

익혀서 지혜로

● 다음 한자어의 독음讀音을 써보자.

商品	成功	先例	史料	作用

7 ~ 8

01 다음 한자어의 독음을 쓰세요.

1 貯炭	2 念願	3 良藥

02 다음 한자의 훈과 음을 쓰세요.

4 責	5 傳	6 窓

03 다음 한자와 뜻이 서로 반대되는 한자를 독음과 함께 쓰세요.

7		身	8		無
독음			독음		

04 다음 빈칸에 들어갈 알맞은 한자를 쓰세요.

9 勞使간의 의견 차이로 □爭이 끊이지 않고 있다.

	爭

10 자신이 당선되어야 하는 이유를 □說하였다.

	說

05 다음 밑줄 친 낱말을 한자로 쓰세요.

11 그들에게 내려진 유죄 판결은 당연한 결과이다.

12 산간 마을의 숙원 사업이던 전화가 개통되었다.

06 다음 뜻에 알맞은 한자어를 쓰세요.

13 (원서) 지원하는 뜻을 적은 서류	14 (빙산) 거대한 얼음 덩어리
15 (축복) 행복하기를 빎	16 (양서) 내용이 좋은 책

07 다음 □에 들어가는 서로 뜻이 통하는 한자를 |보기|에서 찾아 쓰세요.

|보기|

仙 鐵 祝 汽 學 材 里 金

17

電	

18

	料

08 다음 훈과 음에 알맞은 한자를 쓰세요.

19 재주 기	20 다툴 경	21 싸움 전

09 다음 |보기|의 한자를 서로 결합하여 뜻이 통하는 한자어를 만들어 보세요.

|보기|

話 事 使 雪 祝 用 記 願

22	23	24

익혀서 지혜로

다음 한자어의 독음讀音을 써보자.

題材	平和	效能	路線	競技

9 ~ 10

01 다음 한자어의 독음을 쓰세요.

1 兵卒	2 再建	3 敬老席
4 用件	5 賞品	6 任意

02 다음 한자의 훈과 음을 쓰세요.

7 展	8 歲	9 責
10 望	11 祝	12 信

03 다음 한자와 서로 어울려 뜻이 통하는 한자를 |보기|에서 찾아 쓰세요.

|보기|

席 適 試 去 常 明 式 商

13		品	14	禮	
독음			독음		

04 다음 밑줄 친 낱말을 한자로 쓰세요.

15 자신이 졸업한 학교를 모교(母校)라 한다.

16 심청이는 아버지를 극진히 봉양하였다.

17 자신이 기대한 것만큼 미치지 못했다.

05 다음 뜻에 알맞은 한자어를 쓰세요.

18 (사춘기) 육체적·정신적으로 성인이 되는 시기	19 (사사건건) 온갖 일(사건)
20 (재활) 다시 활동함	21 (정기) 일정한 기간

06 다음을 |보기|와 같이 한자로 쓰세요.

|보기|

가리킬 지 (指)

22 열 개	23 사랑 애

07 다음 한자어와 독음은 같으나 뜻이 다른 한자어를 쓰세요.

24 發展 ⇨

25 展開 ⇨

08 다음 漢字의 색이 다른 획은 몇 번째 쓰는 지 |보기|에서 찾아 그 번호를 쓰세요.

26 

① 첫 번째
② 두 번째
③ 세 번째
④ 네 번째

익혀서 지혜로

다음 한자어의 독음讀音을 써보자.

活動	期間	醫術	科學	通話

11 ~ 12

01 다음 한자어의 독음을 쓰세요.

1 質感	2 關東	3 着手
4 特許	5 數板	6 落選

02 다음 한자의 훈과 음을 쓰세요.

7 黃	8 休	9 店
10 朴	11 練	12 特

03 다음 글자와 서로 어울려 뜻이 통하는 한자를 |보기|에서 찾아 쓰세요.

|보기|
上 務 商 功 無 工 流

13		關	14	着	
독음			독음		

04 다음 밑줄 친 낱말을 한자로 쓰세요.

15 농업 기술의 발달로 <u>품종</u>개량을 이루었다.

16 산업의 발달로 옷의 <u>질감</u>이 좋아지고 있다.

17 "어려운 <u>관문</u>을 통과한 것을 축하한다."

05 다음 □에 들어가는 서로 뜻이 통하는 한자를 |보기|에서 찾아 쓰세요.

|보기|
旅 流 手 各 分 教 波 族

18 (□ / 種 □)

19 (□ 養 / □)

06 다음 뜻에 알맞은 한자어를 쓰세요.

20 (안내) 내용이나 사정을 알림	21 (낙화) 지는 꽃(떨어지는 꽃)

07 다음을 |보기|와 같이 한자로 쓰세요.

|보기|
여객 (旅客)

22 한우	23 세수

08 다음 한자와 뜻이 서로 반대되는 한자를 독음과 함께 쓰세요.

24		答	25	多	
독음			독음		

09 다음 중 뜻이 서로 반대, 또는 상대되는 한자로 연결되지 않은 것은? (   )

26 ① 有 – 無 ② 家 – 屋 ③ 當 – 落 ④ 手 – 足

익혀서 지혜로

● 다음 한자어의 독음讀音을 써보자.

休戰	完工	藥材	會談	當選

13 ~ 14

01 다음 한자어의 독음을 쓰세요.

1 落島	2 冷待	3 朗讀

02 다음 한자의 훈과 음을 쓰세요.

4 救	5 觀	6 兒

03 다음 한자와 뜻이 서로 반대되는 한자를 독음과 함께 쓰세요.

7		熱	8		惡
독음			독음		

04 다음 빈칸에 들어갈 알맞은 한자를 쓰세요.

9 우리나라는 3면이 바다로 둘러 있기 때문에 '□□島'라고도 한다.

10 거리마다 善□善□들이 한복을 입고 명절 휴일 나들이를 즐기고 있다.

05 다음 밑줄 친 낱말을 한자로 쓰세요.

11 선현이는 언제나 명랑한 모습이다.

12 위인들의 전기문을 읽고 독후감을 쓰다.

06 다음 뜻에 알맞은 한자어를 쓰세요.

13 (이성) 생각하고 판단하는 마음의 작용	14 (독선) 혼자만이 옳다고 믿고 행동하는 일.
15 (건전) 몸이나 정신이 튼튼하고 온전함	16 (교탁) 책 따위를 놓는 탁자

07 다음 □에 들어가는 서로 뜻이 통하는 한자를 |보기|에서 찾아 쓰세요.

|보기|

全 價 式 技 知 成 電 姓

17 □ / 格□

18 □球 / □

08 다음 한자어와 서로 뜻이 상대적인 한자어를 쓰세요.

19 客觀 ⇨ □□

09 다음 훈과 음에 알맞은 한자를 쓰세요.

20 급할 급	21 특별할 특	22 해할 해

익혀서 지혜로

● 다음 한자어의 독음讀音을 써보자.

理致	藥品	救急	着實	童話

15 ~ 16

01 다음 한자어의 독음을 쓰세요.

1 歷任	2 陸上	3 獨特
4 競爭	5 質責	6 末葉

02 다음 한자의 훈과 음을 쓰세요.

7 都	8 漁	9 爭

03 다음 한자와 서로 어울려 뜻이 통하는 한자를 |보기|에서 찾아 쓰세요.

|보기|

溫 意 水 程 首 止

10 ( )識 11 ( )席

04 다음 밑줄 친 낱말을 한자로 쓰세요.

12 그는 여러 방면에 높은 <u>식견</u>을 가지고 있다.

13 여러 가지 방법을 <u>고안</u>해 냈다.

14 박물관에서 <u>고고학</u>에 관련된 유물을 관람하였다.

15 새로운 <u>어장</u> 확보를 위해 노력해야 한다.

05 다음 뜻에 알맞은 한자어를 쓰세요.

16 (독백) 혼자서 대사를 말함	17 (수도) 중앙 정부가 있는 도시
18 (내력) 어떤 사물의 지나온 자취	19 (원양) 뭍에서 멀리 떨어진 바다

06 다음을 |보기|와 같이 한자로 쓰세요.

|보기|

붙을 착 (着)

20 알 지	21 과녁 적

07 다음 한자어와 독음은 같으나 뜻이 다른 한자어를 쓰세요.

22 國家 ⇨ ( )

23 景氣 ⇨ ( )

08 다음 한자어의 독음과 뜻을 쓰세요.

24 責善 ( )

뜻 ▷

익혀서 지혜로

다음 한자어의 독음讀音을 써보자.

近海	古代	意見	方法	末期

17 ~ 18

01 다음 한자어의 독음을 쓰세요.

1 惡寒	2 惡習	3 令愛

02 다음 한자의 훈과 음을 쓰세요.

4 料	5 談	6 實

03 다음 한자와 뜻이 서로 반대되는 한자를 독음과 함께 쓰세요.

7		凶	8	勝	
독음			독음		

04 다음 밑줄 친 낱말을 한자로 쓰세요.

9 전국 어린이 사생 대회가 열렸다.

10 경제 생활의 원리는 예나 지금이나 크게 변하지 않는다.

11 오랫동안 바라던 소망이 이루어졌다.

05 다음 |보기|의 한자를 서로 결합하여 뜻이 통하는 한자어를 만들어 보세요.

|보기|

功 則 加 成 可 法 工

12	13	14

06 다음 뜻에 알맞은 한자어를 쓰세요.

15 (고원) 높은 산지	16 (가창) 노래를 부름
17 (성패) 일의 성공과 실패	**18 (정년) 일정한 나이에 이르러 퇴직하는 제도**

07 다음 □에 들어가는 서로 뜻이 통하는 한자를 |보기|에서 찾아 쓰세요.

|보기|

忘 靜 消 九 停 望 爭 北

19

失	

	戰

20

08 다음 훈과 음에 알맞은 한자를 쓰세요.

21 이름 호	22 고을 군	23 지을 작

09 다음 중 뜻이 서로 반대, 또는 상대되는 한자로 연결되지 않은 것은? (   )

24 ①始－終 ②晝－夜 ③談－話 ④黑－白

10 다음 중 서로 뜻이 비슷한 한자로 연결되지 않은 것은? (   )

25 ①法－式 ②本－末 ③年－歲 ④心－情

익혀서 지혜로

● 다음 한자어의 독음讀音을 써보자.

材料	失敗	落心	德談	幸福

19 ~ 20

01 다음 한자어의 독음을 쓰세요.

1 赤道	2 曲調	3 動産
4 要約	5 競馬	6 浴室

02 다음 한자의 훈과 음을 쓰세요.

7 線	8 節	9 順
10 強	11 院	12 寒

03 다음 한자와 서로 어울려 뜻이 통하는 한자를 |보기|에서 찾아 독음과 함께 쓰세요.

|보기|

身 先 信 神 球 明 新

13		號	14	光	
독음			독음		

04 다음 밑줄 친 낱말을 한자로 쓰세요.

15 방학 동안 우리 시조 가락을 배웠다.

16 바닷가는 해수욕을 즐기는 인파로 붐볐다.

17 10월 3일은 우리나라 건국을 기념하는 개천절이다.

05 다음 뜻에 알맞은 한자어를 쓰세요.

18 (절전) 전기를 아껴 씀	19 (조화) 서로 잘 어울림
20 (국산) 자기 나라에서 생산함	21 (입원) 치료하기 위해 병원에 들어감

06 다음을 |보기|와 같이 한자로 쓰세요.

|보기|

씻을 세 (洗)

22 병 병	23 무거울 중

07 다음 한자어의 독음과 뜻을 쓰세요.

24 馬耳東風 (　　　　　)

뜻 ▷

25 耳目口鼻 (　　　　　)

뜻 ▷

08 다음 漢字의 색이 다른 획은 몇 번째 쓰는지 |보기|에서 찾아 그 번호를 쓰세요.

26 

① 아홉 번째
② 열 번째
③ 열한 번째
④ 열두 번째

익혀서 지혜로

● 다음 한자어의 독음讀音을 써보자.

財物	平面	直角	會計	地表

21 ~ 22

01 다음 한자어의 독음을 쓰세요.

1 實情	2 品類	3 當到

02 다음 한자의 훈과 음을 쓰세요.

4 着	5 他	6 質

03 다음 훈과 음에 알맞은 한자를 쓰세요.

7 걸 표	8 곧을 직	9 지경 계

04 다음 한자와 서로 어울려 뜻이 통하는 한자를 |보기|에서 찾아 독음과 함께 쓰세요.

|보기|
持 終 立 問 位 學 特 祖

10	品		11		效
독음			독음		

05 다음 한자어의 독음과 뜻을 쓰세요.

12 知己 (　　　　　)

뜻 ▷

06 다음 밑줄 친 낱말을 한자로 쓰세요.

13 그는 나의 부탁을 냉정하게 거절하였다.

14 남들이 열 번 해서 이루었다면, 나는 백배 노력할 것이다.

07 다음 □에 들어갈 한자를 |보기|에서 찾아 쓰세요.

|보기|
來 才 過 宿 住 目 處

15 □ / 題□

16 □去 / □

08 다음 뜻에 알맞은 한자어를 쓰세요.

17 (발효) 효력을 나타내게 됨	18 (타국) 제 나라가 아닌 다른 나라
19 (소거) 지워서 없앰	20 (격식) 격에 어울리는 법식

09 다음 글을 읽고 □에 들어갈 알맞은 말을 |보기|를 참고하여 한자로 쓰세요.

|보기|
衣 言 己 白 倍 利 數 格 達

㉮ 6과 9는 3의 □□이다.
㉯ '인생에 대한 교훈이나 경계가 되는 짧은 말'을 □□이라고 한다.
㉰ 公共心의 반대말은 □□心이다.
㉱ '우리 겨레'를 '□□民族'이라고 이른다.

㉮ 21		㉯ 22	
㉰ 23		㉱ 24	

익혀서 지혜로

다음 한자어의 독음讀音을 써보자.

合格	不幸	對決	敎訓	約數

23 ~ 24

01 다음 한자어의 독음을 쓰세요.

1 當番	2 雄健	3 貴宅

02 다음 한자의 훈과 음을 쓰세요.

4 族	5 運	6 英

03 다음 한자와 뜻이 서로 반대되는 한자를 독음과 함께 쓰세요.

	7			8	
	當				重
독음			독음		

04 다음 밑줄 친 낱말을 한자로 쓰세요.

9 다수의 <u>의견</u>에 따라 일을 진행해 나가다.

10 부모님의 <u>친필</u>을 소중히 간직하다.

11 지금도 그때의 모습이 <u>선명</u>하게 기억난다.

05 다음 뜻에 알맞은 한자어를 쓰세요.

12 (당선) 심사에서 뽑힘	13 (견학) 실제로 보고 배움
14 (사신) 외국에 파견되던 신하	15 (귀중) 매우 소중함

06 다음 □에 들어가는 서로 뜻이 통하는 한자를 |보기|에서 찾아 쓰세요.

|보기|
止 的 音 服 器 記 持

16 □ / 樂 □

17 □ 中 / □

07 다음 훈과 음에 알맞은 한자를 쓰세요.

18 새 신	19 물 하	20 베낄 사

08 다음 낱말을 한자로 쓰세요.

21 행동거지	22 경공업

09 다음 |보기|의 한자를 서로 결합하여 뜻이 통하는 한자어를 만들어 보세요.

|보기|
末 氷 席 高 朝 參 夕 山

23	24	25

10 다음 중 서로 뜻이 반대, 또는 상대되는 한자로 열결되지 않은 것은? (　　)

26 ① 當落 ② 停止 ③ 輕重 ④ 山河

익혀서 지혜로

● 다음 한자어의 독음讀音을 써보자.

萬年雪	選擧	具體的	樂團	特別

25 ~ 26

01 다음 한자어의 독음을 쓰세요.

1 兒童	2 參考	3 切實
4 料理	5 實技	6 陸橋

02 다음 한자의 훈과 음을 쓰세요.

7 幸	8 致	9 然
10 觀	11 鐵	12 場

03 다음 한자와 서로 어울려 뜻이 통하는 한자를 |보기|에서 찾아 독음과 함께 쓰세요.

|보기|
適 過 毛 果 動 手

13		話	14		失
독음			독음		

04 다음 밑줄 친 낱말을 한자로 쓰세요.

15 우리의 고유한 문화 유산을 길이 보존하자!

16 남을 위해 봉사하는 아름다운 마음!

17 너의 잘못을 이실직고하여 진실을 밝혀라.

05 다음 뜻에 알맞은 한자어를 쓰세요.

18 (일절) 도무지. 결코	19 (고체) 쉽게 변형되지 않는 물체
20 (입장료) 입장하기 위해 내는 돈	21 (참가) 참석하거나 가입함

06 다음을 |보기|와 같이 한자로 쓰세요.

|보기|
전할 전 (傳)

22 맺을 결	23 물건 품

07 다음 한자어와 독음은 같으나 뜻이 다른 한자어를 쓰세요.

24 失手 ⇨

08 다음 |보기|의 한자를 서로 결합하여 뜻이 통하는 한자어를 만들어 보세요.

|보기|
金 有 必 科 白 要 料 利 全 告

25	26	27

익혀서 지혜로

● 다음 한자어의 독음讀音을 써보자.

鐵道	運數	大陸	黑心	所用

27 ~ 28

01 다음 한자어의 독음을 쓰세요.

1 競賣	2 理致	3 對比

02 다음 한자의 훈과 음을 쓰세요.

4 例	5 費	6 店

03 다음 한자와 뜻이 서로 반대되는 한자를 독음과 함께 쓰세요.

7	賣		8		入
독음			독음		

04 다음 밑줄 친 낱말을 한자로 쓰세요.

9 꿈에 그리던 금강산을 관광하고 돌아왔다.

10 이번 시험만 통과하면 합격이다.

11 철새들이 호수에서 헤엄을 치고 있다.

05 다음 뜻에 알맞은 한자어를 쓰세요.

12 (양어) 물고기를 길러 번식시킴	13 (목적) 목표나 방향
14 (관념) 생각이나 견해	15 (우기) 비가 가장 많이 내리는 시기

06 다음 □에 들어가는 서로 뜻이 통하는 한자를 |보기|에서 찾아 쓰세요.

|보기|

然 困 實 決 失 因 風

16 消 □

17 □ 果

07 다음 훈과 음에 알맞은 한자를 쓰세요.

18 남녘 남	19 합할 합	20 공평할 공

08 다음 |보기|의 한자를 서로 결합하여 뜻이 통하는 한자어를 만들어 보세요.

|보기|

景 過 團 市 束 致 場

21	22	23

09 다음 한자어와 독음은 같으나 뜻이 다른 한자어를 쓰세요.

24 消 化 ⇨ □□

10 다음 중 한자의 쓰임이 잘못된 것은? ( )

25 ①結果 ②觀光 ③的中 ④兄第

익혀서 지혜로

다음 한자어의 독음讀音을 써보자.

數量	內部	正當	性質	風物

29 ~ 30

01 다음 한자어의 독음을 쓰세요.

1 旅客	2 仙藥	3 末期
4 充當	5 級友	6 集團

02 다음 한자의 훈과 음을 쓰세요.

7 期	8 費	9 初
10 決	11 財	12 才

03 다음 한자와 뜻이 서로 비슷한 한자를 독음과 함께 쓰세요.

13		路	14	終	
독음			독음		

04 다음 밑줄 친 낱말을 한자로 쓰세요.

15 어르신의 병환이 쾌유(快癒)되길 빕니다.

16 꾸준한 노력으로 완성을 눈앞에 두고 있다.

17 서로 이별하며 변치 않을 우정을 다짐했다.

18 우리나라의 초대 대통령은 이승만입니다.

05 다음 뜻에 알맞은 한자어를 쓰세요.

19 (완결) 완전하게 끝맺음	20 (여비) 여행에 드는 비용
21 (충전) 전기를 축적함	22 (서곡) '무슨 일의 시초'를 비유하여 이르는 말

06 다음을 |보기|와 같이 한자로 쓰세요.

|보기|

바랄 망 (望)

23 오를 등	24 떼 부

07 다음 한자어의 독음과 뜻을 쓰세요.

25 序頭 (   )

뜻 ▷

26 今時初聞 (   )

뜻 ▷

08 다음 한자와 뜻이 서로 반대되는 한자를 독음과 함께 쓰세요.

27	本		28		終
독음			독음		

익혀서 지혜로

● 다음 한자어의 독음讀音을 써보자.

神通力	新鮮	結局	目的	舊面

31 ~ 32

01 다음 한자어의 독음을 쓰세요.

1 能通	2 規格	3 決算

02 다음 한자의 훈과 음을 쓰세요.

4 性	5 當	6 法

03 다음 한자와 뜻이 서로 반대되는 한자를 독음과 함께 쓰세요.

7		買	8		白
독음			독음		

04 다음 빈칸에 들어갈 알맞은 한자를 쓰세요.

9 自□自□이란, 자기에게 필요한 것을 자기가 생산하여 충당하는 것을 말한다.

自		自	

10 우리나라의 선거 제도는 선거인이 직접 피선거인을 뽑는 □□制를 채택(採擇)하고 있다.

		制

05 다음 밑줄 친 낱말을 한자로 쓰세요.

11 운동장에는 觀衆이 <u>운집</u>하여 人山人海를 이루었다.

12 고민되는 일은 혼자 결정하는 것보다는 어른이나 선배들과 <u>상담</u>하는 것이 좋다.

06 다음 뜻에 알맞은 한자어를 쓰세요.

13 (선정) 많은 것 중에서 골라서 정함	14 (결의) 뜻을 정하여 굳게 가짐
15 (규격) 사물의 표준이 되는 규정	16 (급수) 물을 공급함

07 다음 □에 들어가는 서로 뜻이 통하는 한자를 |보기|에서 찾아 쓰세요.

|보기|
無 件 山 價 力 可 料 歌

17

原	
	格

18

	事

08 다음을 훈과 음에 알맞은 한자를 쓰세요.

19 죽을 사	20 푸를 청	21 빛 색

09 다음 |보기|의 한자를 서로 결합하여 뜻이 통하는 한자어를 만들어 보세요.

|보기|
行 告 心 清 口 通 動 白

22	23	24

익혀서 지혜로

● 다음 한자어의 독음讀音을 써보자.

充當	性格	每每	固定	間選

33 ~ 34

01 다음 한자어의 독음을 쓰세요.

1 宅內	2 情景	3 鐵則

02 다음 한자의 훈과 음을 쓰세요.

4 遠	5 習	6 億

03 다음 한자와 뜻이 서로 반대되는 한자를 독음과 함께 쓰세요.

7		果	8		短
독음			독음		

04 다음 밑줄 친 낱말을 한자로 쓰세요.

9 모두들 학기말 고사를 앞두고 긴장하고 있다.

10 "그 녀석 잘난 체하는 꼴이 정말 가관이더군!"

11 자신의 특기를 살려 노력하는 것이 성공의 지름길!

05 다음 뜻에 알맞은 한자어를 쓰세요.

12 (원로) 경험과 공로가 많은 사람	13 (상점) 가게. 점방
14 (가능성) 될 수 있는 성질	**15 (가결) 인정하여 결정함**

06 다음 □에 들어가는 서로 뜻이 통하는 한자를 |보기|에서 찾아 쓰세요.

|보기|
貯 所 永 理 人 英 品

16				17	金
	住				

07 다음 훈과 음에 알맞은 한자를 쓰세요.

18 글 서	19 바를 정	20 일만 만

08 다음 |보기|의 한자를 서로 결합하여 뜻이 통하는 한자어를 만들어 보세요.

|보기|
體 來 全 要 短 金 重 去

21	22	23

09 다음 한자와 뜻이 서로 비슷한 한자를 독음과 함께 쓰세요.

24		屋	25		直
독음			독음		

10 다음 중 한자의 쓰임이 잘못된 것은? (   )

26 ① 念豆 ② 案件 ③ 救援 ④ 到着 ⑤ 寸陰

익혀서 지혜로

다음 한자어의 독음讀音을 써보자.

習性	功勞	財產	事情	近景

35 ~ 36

01 다음 한자어의 독음을 쓰세요.

1 汽船	2 歲費	3 週番
4 要領	5 擧手	6 熱情

02 다음 한자의 훈과 음을 쓰세요.

7 知	8 練	9 感

03 다음 한자와 서로 어울려 뜻이 통하는 한자를 |보기|에서 찾아 쓰세요.

|보기|
字 所 自 少 服 安 發

10		火	11		習
독음			독음		

04 다음 밑줄 친 낱말을 한자로 쓰세요.

12 예산이 부족하여 <u>비용</u>을 줄여 쓰기로 했다.

13 돌고래가 <u>조련</u>사의 지시에 따라 묘기를 부린다.

14 한 <u>주간</u>에 일어난 일들을 정리하였다.

15 우리 선생님은 참교육에 대한 <u>열의</u>가 대단하시다.

05 다음 뜻에 알맞은 한자어를 쓰세요.

16 (거행) 행사나 의식을 치름	17 (일과) 날마다 일정하게 하는 일
18 (연습) 학문이나 기예 따위를 익힘	19 (영공) 한 나라의 주권이 미치는 공간

06 다음을 |보기|와 같이 한자로 쓰세요.

|보기|
원리 (原理)

20 기차	21 과제

07 다음 한자어의 독음과 뜻을 쓰세요.

22 鼻祖 (　　　　)
뜻 ▷

23 過熱 (　　　　)
뜻 ▷

08 다음 漢字의 색이 다른 획은 몇 번째 쓰는지 |보기|에서 찾아 그 번호를 쓰세요. (　)

24 番

① 네 번째
② 다섯 번째
③ 여섯 번째
④ 여덟 번째

익혀서 지혜로

● 다음 한자어의 독음讀音을 써보자.

直感	反對	高調	週初	命令

37 ~ 38

01 다음 한자어의 독음을 쓰세요.

1 告發	2 操作	3 基地

02 다음 한자의 훈과 음을 쓰세요.

4 冷	5 過	6 團

03 다음 한자와 서로 어울려 뜻이 통하는 한자를 |보기|에서 찾아 독음과 함께 쓰세요.

|보기|
術 己 失 室 調 基 平

7		業	8	手	
독음			독음		

04 다음 밑줄 친 낱말을 한자로 쓰세요.

9 최소한의 구색만 갖추고 장사를 시작하였다.

10 불편하더라도 음주 차량을 꾸준히 단속하여 남의 행복을 앗아가는 행위를 막아야 한다.

05 다음 뜻에 알맞은 한자어를 쓰세요.

11 (가열) 어떤 물체에 열을 가함	12 (건국) 나라를 세움
13 (약속) 어떻게 하기로 정함	14 (조심) 실수가 없도록 마음을 씀

06 다음 □에 들어가는 서로 뜻이 통하는 한자를 |보기|에서 찾아 쓰세요.

|보기|
忘 東 注 景 住 寒 行 主

15		
	流	

	雪	
16		

07 다음 훈과 음에 알맞은 한자를 쓰세요.

17 먹을 식	18 빛날 요	19 빠를 속

08 다음 |보기|의 한자를 서로 결합하여 뜻이 통하는 한자어를 만들어 보세요.

|보기|
展 立 考 對 開 線 告 學 電

20	21	22

09 다음 한자와 뜻이 서로 비슷한 한자를 독음과 함께 쓰세요.

23	偉		24		歲
독음			독음		

10 다음 중 한자의 쓰임이 잘못된 것은? (　　)

25 ① 健全 倍數 ③ 生産 ④ 順里 ⑤ 願書

익혀서 지혜로

다음 한자어의 독음讀音을 써보자.

生計	赤道	局量	失手	實體

39 ~ 40

01 다음 한자어의 독음을 쓰세요.

1 災害	2 筆談	3 類例

02 다음 한자의 훈과 음을 쓰세요.

4 節	5 都	6 社

03 다음 한자와 뜻이 서로 반대, 또는 상대되는 한자를 |보기|에서 찾아 쓰세요.

|보기|

古 新 夕 利 祝 理

7		害	8		舊
독음			독음		

04 다음 밑줄 친 낱말을 한자로 쓰세요.

9 이것들은 도합 얼마입니까?

10 남・북한 청년들은 다시 만날 것을 기약하며 아쉬운 이별의 밤을 보냈다.

11 거리의 상점 앞은 대통령의 담화문을 듣는 사람들로 붐비고 있다.

05 다음 훈과 음에 알맞은 한자를 쓰세요.

12 바람 풍	13 많을 다	14 사랑 애

06 다음 뜻에 알맞은 한자어를 쓰세요.

15 (전류) 전기가 이동하는 현상	16 (종류) 어떤 기준에 따라 나눈 갈래
17 (공약) 사회 공중에 대한 약속	18 (복리) 생활면에서 이로운 일

07 다음 한자어의 독음과 뜻을 쓰세요.

19 天災地變 (　　　　　)
뜻 ▷

20 類萬不同 (　　　　　)
뜻 ▷

08 다음 한자어와 독음은 같으나 뜻이 다른 한자어를 쓰세요.

21 | 賞 | 品 | ⇨ | | |

09 다음 중 서로 뜻이 비슷한 한자로 이루어진 것이 아닌 것은? (　　)

22 ① 競－爭 ② 主－客 ③ 河－川 ④ 終－止

10 다음 중 서로 뜻이 반대되는 한자로 이루어진 것이 아닌 것은? (　　)

23 ① 新－舊 ② 因－果 ③ 根－本 ④ 初－終

익혀서 지혜로

● 다음 한자어의 독음讀音을 써보자.

格式	團體	風景	公的	勝利

한자능력검정시험

기출 · 예상문제

학습 도움

기출 · 예상문제

기출 · 예상문제란 그동안 출제되었던 문제와 앞으로 출제 가능한 문제들을 한데 모아 엮은 것으로, 출제 경향과 문제의 난이도를 측정해 보는 데에 도움이 되도록 엮은 것입니다.

정답확인

문제 해답은 부록(32쪽 ~ 34쪽)에 실려 있습니다.

01회 한자능력검정시험 5급II
기출·예상문제

01 다음 밑줄 친 漢字語의 讀音을 쓰세요. 1~35번

1 새로운 局面이 열렸다. ‥ [ ]

2 아군의 사기를 높여야 이 싸움에 勝算이 있다. ………… [ ]

3 그는 晝夜로 열심히 공부했다. ………… [ ]

4 장부에 순서대로 番號를 매겼다. ………… [ ]

5 왕비가 親筆로 쓴 수기가 발견되었다. ………… [ ]

6 그는 거듭 감탄하는 表情을 지었다. ………… [ ]

7 그럭저럭하다가 告白할 기회를 놓치고 말았다. ………… [ ]

8 우리가 團結해야 이번 일을 헤쳐 나갈 수 있다. ………… [ ]

9 비행기는 밤이 늦어서야 공항에 到着했다. ………… [ ]

10 장군은 兵士들에게 최후의 결전을 명령하였다. ………… [ ]

11 매일, 신문 社說을 읽고 어려운 단어를 공부합니다. ………… [ ]

12 차례를 識別하기 위해 숫자를 붙였다. ………… [ ]

13 사무실은 햇볕을 받아 溫室처럼 무더웠다. ………… [ ]

14 銀行이 문을 닫을 시간에야 겨우 도착하였다. ………… [ ]

15 대통령 特使를 파견하였다. ………… [ ]

16 여자들은 거의가 韓服 차림이었다. ………… [ ]

17 그는 중대한 過失을 인정하고 자리에서 물러났다. ………… [ ]

18 땀방울에 태양 光線이 진주처럼 빛났다. ………… [ ]

19 그는 急流에 휩쓸리지 않으려고 안간힘을 썼다. ………… [ ]

20 온도 변화를 體感하였다. ‥ [ ]

21 그는 待望의 우승컵을 품에 안았다. ………… [ ]

22 그는 性質이 거칠고 꼼꼼하지 않았다. ………… [ ]

23 그는 가슴을 졸이며 合格자 발표를 기다렸다. ………… [ ]

24 차츰 그곳의 풍속에 同化되어 갔다. ………… [ ]

25 동생은 宿題도 다 하기 전에 밖에 나가 놀고 싶어했다. ………… [ ]

26 대회의 규정에 따라 금지 藥物을 복용한 선수는 탈락하였다. ………… [ ]

27 많은 관중이 경기장에 雲集했다. ………… [ ]

28 선생님께서는 그의 잘못된 시간 觀念을 꾸짖었다. ………… [ ]

29 기차가 덜커덩거리며 速力을 내기 시작했다. ………… [ ]

30 "그런 둔재가 首席 합격을 하다니 뜻밖이다." ………… [ ]

31 두 사람은 손가락을 걸어 約束하였다. ………… [ ]

32 입양아를 받아들여 정성껏 養育했다. ………… [ ]

33 그는 물려받은 많은 財産을 모두 기부하였다. ……………………………… [ ]

34 밥상에는 여러 種類의 반찬이 차려져 있었다. ……………………………… [ ]

35 그들은 서로의 입장이 相反되었다. ……………………………… [ ]

02 다음 漢字의 訓과 音을 쓰세요. 36~58번

| 보기 |

字 → 글자 자

36 本 [ ] 37 仕 [ ]
38 頭 [ ] 39 路 [ ]
40 勞 [ ] 41 奉 [ ]
42 獨 [ ] 43 福 [ ]
44 宅 [ ] 45 黃 [ ]
46 決 [ ] 47 順 [ ]
48 計 [ ] 49 雨 [ ]
50 當 [ ] 51 昨 [ ]
52 油 [ ] 53 太 [ ]
54 族 [ ] 55 品 [ ]
56 必 [ ] 57 綠 [ ]
58 參 [ ]

03 다음 글의 밑줄 친 단어를 漢字로 쓰세요. 59~78번

59 실내 온도가 맞지 않으면 화초가 잘 자라지 않는다. ……………………………… [ ]

60 그는 매사에 빈틈이 없었다. ……………………………… [ ]

61 그는 온갖 역경을 이기고 마침내 성공하였다. ……………………………… [ ]

62 두 형제는 평생을 효자라는 소리를 들었다. ……………………………… [ ]

63 그는 소년인데도 의지가 참 꿋꿋하였다. ……………………………… [ ]

64 그는 언어감각이 뛰어난 작가이다. ……………………………… [ ]

65 자욱한 연기로 기도가 막혀서 숨을 쉴 수가 없다. ……………………………… [ ]

66 산업용 로봇이 등장하면서 일자리가 줄어들었다. ……………………………… [ ]

67 자신을 둘러싼 외계를 현실로 느끼지 못하였다. ……………………………… [ ]

68 어린이는 대부분의 공공요금이 반액이다. ……………………………… [ ]

69 비바람이 점차 거세지자 당국은 휴교 조치를 취했다. ……………………………… [ ]

70 각종 표본을 수집하기 위해 산림지대를 순찰하였다. ……………………………… [ ]

71 그는 약속을 어겨서 신용을 잃었다. ……………………………… [ ]

72 그가 어디론가 이사했다는 풍문이 돌았다. ……………………………… [ ]

73 정부는 농촌 경제를 살리기 위하여 노력하였다. ……………………………… [ ]

74 몸에 무리가 가는 운동은 삼가야 한다. ……………………………… [ ]

75 물품 대금을 미리 지급하였다. ……………………………… [ ]

76 인간은 음식을 통해서도 물을 섭취한다. ……………………………… [ ]

77 그는 종종 자신의 능력을 지나치게 믿었다. ……………………………… [ ]

78 댐의 수문이 열리자 거센 물줄기가 쏟아져 내렸다. ……………………………… [ ]

04 다음 [ ] 안에 각각 뜻이 반대 또는 상대되는 글자를 |보기|에서 찾아 넣어 단어가 되게 하세요. 79~81번

|보기|

①遠 ②德 ③切 ④舊 ⑤害 ⑥開

79 利 ↔ [ ] 80 新 ↔ [ ]

81 [ ] ↔ 近

05 다음 [ ] 안에 각각 訓이 같은 글자를 |보기|에서 찾아 넣어 단어가 되게 하세요. 82~84번

|보기|

①良 ②朗 ③陸 ④孫 ⑤兒 ⑥效

82 [ ] - 地 83 [ ] - 童

84 明 - [ ]

06 다음 [ ] 안에 각각 알맞은 글자를 |보기|에서 찾아 넣어 한자성어를 완성하세요. 85~88번

|보기|

①傳 ②由 ③變 ④定

⑤靑 ⑥敬 ⑦知 ⑧根

85 安分[ ]足 : 제 분수를 지키고 만족할 줄을 앎.

86 萬古不[ ] : 오랜 세월을 두고 변하지 않음.

87 [ ]天愛人 : 하늘을 공경하고 사람을 사랑함.

88 以心[ ]心 : 마음에서 마음으로 뜻을 전함.

07 다음 각 단어와 음은 같으나 뜻이 다른 단어를 쓰되 주어진 뜻풀이에 맞는 말을 漢字로 쓰세요. 89~91번

89 國基 - [ ] : 나라를 상징하는 기.

90 全課 - [ ] : 전투나 경기 따위에서 올린 성과.

91 市區 - [ ] : 경기 시작을 알리기 위해 처음으로 공을 치거나 던지는 일.

08 다음 漢字語의 뜻을 간단히 쓰세요. 92~94번

92 半價 : [ ]

93 強度 : [ ]

94 節電 : [ ]

09 다음 漢字의 약자를 쓰세요. 95~97번

95 圖 - [ ] 96 發 - [ ]

97 體 - [ ]

10 다음 漢字의 색이 다른 획은 몇 번째 쓰는지 |보기|에서 찾아 그 번호를 쓰세요. 98~100번

|보기|

①첫 번째 ②두 번째 ③세 번째

④네 번째 ⑤다섯 번째 ⑥여섯 번째

⑦일곱 번째 ⑧여덟 번째 ⑨아홉 번째

98  ………………………… [ ]

99  ………………………… [ ]

100  ………………………… [ ]

• 채점방식 ▪ 1문제 : 1점

• 합격점수 ▪ 70점 이상

02회 한자능력검정시험 5급Ⅱ 기출·예상문제

01 다음 밑줄 친 漢字語의 讀音을 쓰세요. 1~35번

1 방과후에 서예를 배우러 課外 학습을 하러 간다. .... [ ]
2 한글날을 記念하여 여러 행사를 가졌다. .... [ ]
3 제품에 생산 年度를 표시하였다. .... [ ]
4 그는 自己 몫을 가난한 이웃에게 나누어주었다. .... [ ]
5 한 해 동안의 수입과 지출을 決算하였다. .... [ ]
6 선수들은 태극기를 향해 敬禮를 하였다. .... [ ]
7 내일 배울 部分을 예습하였다. .... [ ]
8 그는 여러 관직을 歷任하였다. .... [ ]
9 국민들은 정부 當局의 발표를 기다렸다. .... [ ]
10 골목에는 同種 업체가 모여 있다. .... [ ]
11 예전엔 거마가 主要 교통수단이었다. .... [ ]
12 언론 매체마다 대통령의 特別 담화를 실었다. .... [ ]
13 이상 기후로 인해 곡물 價格이 올랐다. .... [ ]
14 여론이 좋지 않자 정세를 觀望하기로 하였다. .... [ ]
15 조사 결과가 新聞 지상에 공개되었다. .... [ ]
16 그는 곧 울 것 같은 表情을 지었다. .... [ ]
17 버려진 황무지를 農地로 만들었다. .... [ ]
18 만장일치로 법안을 通過시켰다. .... [ ]
19 그의 뛰어난 識見에 탄복하였다. .... [ ]
20 텔레비전 廣告를 통해 신제품을 선전하였다. .... [ ]
21 늦어도 今週 안에 결정하기로 하였다. .... [ ]
22 명절에는 대부분의 商店들이 문을 닫는다. .... [ ]
23 오늘의 成功은 평생 노력한 결과이다. .... [ ]
24 할머니의 옛날이야기에 時間 가는 줄 몰랐다. .... [ ]
25 홍수로 많은 가옥과 논밭이 流失되었다. .... [ ]
26 물질의 풍요가 幸福만을 가져다주지는 않는다. .... [ ]
27 후대에까지 獨立 정신을 기리고 이어가야 한다. .... [ ]
28 그녀는 관객들의 환호 속에 무대 위로 登場했다. .... [ ]
29 그는 卒兵으로 입대하여 많은 공을 세웠다. .... [ ]
30 영화관 앞에서 親舊를 기다렸다. .... [ ]
31 노인은 安樂 의자에 앉아 쉬고 있었다. .... [ ]
32 개성은 인삼의 고장으로 有名하다. .... [ ]
33 대중 음악 순위를 集計하였다. .... [ ]

34 담배를 마약과 같이 不法化해야 한다고 주장하였다. ························ [ ]

35 한국 도자기의 곡선미는 世界的으로 유명하다. ································ [ ]

02 다음 漢字의 訓과 音을 쓰세요. 36~58번

| 보기 |

字 → 글자 자

36 開 [ ] 37 根 [ ]
38 姓 [ ] 39 團 [ ]
40 待 [ ] 41 京 [ ]
42 必 [ ] 43 陸 [ ]
44 州 [ ] 45 使 [ ]
46 習 [ ] 47 具 [ ]
48 號 [ ] 49 感 [ ]
50 結 [ ] 51 變 [ ]
52 章 [ ] 53 責 [ ]
54 番 [ ] 55 典 [ ]
56 效 [ ] 57 油 [ ]
58 形 [ ]

03 다음 訓과 音에 맞는 漢字를 쓰세요. 59~63번

| 보기 |

나라 국 → 國

59 날랠 용 [ ] 60 빌 공 [ ]
61 마을 리 [ ] 62 가을 추 [ ]
63 할아비조 [ ]

04 다음 밑줄 친 漢字語를 漢字로 쓰세요. 64~78번

64 무분별한 벌목이나 개간으로 산림이 파괴되고 있다. ························ [ ]

65 낡은 교육 시설을 개선하기로 하였다. ································ [ ]

66 주민들은 매월 한 차례씩 모임을 한다. ································ [ ]

67 그는 묻는 말에 대답을 하지 못했다. ································ [ ]

68 아군의 포탄이 적진에 명중하였다. ································ [ ]

69 시력이 고르지 못해 사물이 이중으로 겹쳐 보였다. ························ [ ]

70 "그 일이 과연 잘될지 모르겠다." ································ [ ]

71 적이 방심한 틈을 타서 공격하여 승리를 거두었다. ························ [ ]

72 제분소에는 풍차가 함께 세워져 정취를 더해주었다. ························ [ ]

73 그는 농구팀에서 단신이지만 최우수 선수로 뽑혔다. ························ [ ]

74 여학생 후보가 학급 반장으로 선출되었다. ································ [ ]

75 커튼으로 창문을 가렸다. ··· [ ]

76 섬에서는 뗏목을 이용하여 육지로 이동했다. ································ [ ]

77 어머니는 편지의 뒤편에 바뀐 주소를 써 넣으셨다. ························ [ ]

78 봄이 되면 대부분의 식물들이 개화를 시작한다. ························ [ ]

05 다음 제시된 漢字와 뜻이 상대 또는 반대되는 漢字를 [ ] 안에 써 넣어 글을 완성하세요. 79~81번

79 이제 제법 朝[ ]으로 선선한 바람이 분다.

80 사람의 인격은 학력의 高[ ]로 판단할 것이 아니다

81 일에는 절차가 있고 [ ]後가 있는 법이다.

06 **다음 漢字와 뜻이 같거나 비슷한 漢字를 |보기|에서 찾아 문장을 완성하고 그 번호를 쓰세요.** 82~84번

|보기|
①奉 ②路 ③米 ④着 ⑤光 ⑥客

82 파도에 旅[ ]선이 좌우로 흔들렸다.

83 장마가 그치자 파손된 道[ ]를 복구하였다.

84 의병이 활약하는 가운데 구원병이 到[ ]했다.

07 **다음 [ ] 안에 들어갈 漢字를 |보기|에서 찾아 그 번호를 써서 漢字語를 만드세요.** 85~88번

|보기|
①書 ②冬 ③北 ④頭
⑤藥 ⑥孫 ⑦明 ⑧産

85 子[ ]萬代 : 오래도록 내려오는 여러 대.

86 良[ ]苦口 : 좋은 약은 입에 쓰다는 말.

87 白面[ ]生 : 글만 읽고 세상일에 경험이 없는 사람.

88 公[ ]正大 : 하는 일이나 행동이 사사로움이 없이 떳떳하고 바름.

08 **다음의 漢字語와 音이 같으면서 다음 풀이에 알맞은 한자어를 |보기|에서 찾아 그 번호를 쓰세요.** 89~91번

|보기|
①天運 ②火食 ③旗手
④衣服 ⑤病室 ⑥電球

89 氣數 - [ ] : 행사 때 대열의 앞에 서서 기를 드는 일을 맡은 사람.

90 戰區 - [ ] : 전류를 통하여 빛을 내는 기구.

91 花式 - [ ] : 불에 익힌 음식을 먹음. 또는 그 음식.

09 **다음 뜻에 맞는 漢字語를 |보기|에서 골라 그 번호를 쓰세요.** 92~94번

|보기|
①急束 ②急速 ③傳言
④前言 ⑤英材 ⑥英才

92 말을 전함 .... [ ]

93 몹시 급함 .... [ ]

94 탁월한 재주 또는 그런 사람 ·· [ ]

10 **다음 漢字의 약자를 쓰세요.** 95~97번

95 學 - [ ] 96 來 - [ ]

97 會 - [ ]

11 **다음 漢字의 색이 다른 획은 몇 번째 쓰는지 |보기|에서 찾아 그 번호를 쓰세요.** 99~100번

|보기|
①첫 번째 ②두 번째 ③세 번째
④네 번째 ⑤다섯 번째 ⑥여섯 번째
⑦일곱 번째 ⑧여덟 번째 ⑨아홉 번째

98  .... [ ]

99  .... [ ]

100  .... [ ]

• 채점방식 ▪ 1문제 : 1점
• 합격점수 ▪ 70점 이상

01회 한자능력검정시험 5급 기출·예상문제

01 다음 한자어漢字語의 독음讀音을 쓰세요. 1~34번

1 旅客 [ ]
2 改良 [ ]
3 要因 [ ]
4 新鮮 [ ]
5 集中 [ ]
6 比重 [ ]
7 責望 [ ]
8 德性 [ ]
9 村落 [ ]
10 氷炭 [ ]
11 考案 [ ]
12 藥局 [ ]
13 敎卓 [ ]
14 體操 [ ]
15 貴宅 [ ]
16 失手 [ ]
17 罪惡 [ ]
18 再建 [ ]
19 見聞 [ ]
20 固定 [ ]
21 賣買 [ ]
22 歷任 [ ]
23 思料 [ ]
24 林野 [ ]
25 飮食 [ ]
26 充當 [ ]
27 停止 [ ]
28 節約 [ ]
29 知識 [ ]
30 曲線 [ ]
31 種類 [ ]
32 漁夫 [ ]
33 銀河 [ ]
34 不動産 [ ]

02 다음 한자漢字의 훈訓과 음音을 쓰세요. 35~56번

35 葉 [ ]
36 雄 [ ]
37 勞 [ ]
38 休 [ ]
39 技 [ ]
40 輕 [ ]
41 鐵 [ ]
42 旗 [ ]
43 舊 [ ]
44 選 [ ]
45 敬 [ ]
46 情 [ ]
47 到 [ ]
48 郡 [ ]
49 便 [ ]
50 晝 [ ]
51 實 [ ]
52 災 [ ]
53 束 [ ]
54 院 [ ]
55 浴 [ ]
56 凶 [ ]

03 다음 漢字의 색이 다른 획은 몇 번째 쓰는지 |보기|에서 찾아 그 번호를 쓰세요. 57~59번

|보기|

① 첫 번째 ② 두 번째 ③ 세 번째
④ 네 번째 ⑤ 다섯 번째 ⑥ 여섯 번째
⑦ 일곱 번째 ⑧ 여덟 번째 ⑨ 아홉 번째

57 化 .... [ ]

58 區 .... [ ]

59 級 .... [ ]

04 다음 밑줄 친 한자어漢字語를 한자漢字로 쓰세요. 60~74번

60 교내 축구대회에서 우리 반이 <u>승리</u>하였습니다.
.... [ ]

61 <u>차도</u>에는 자동차만 다닙니다.
.... [ ]

62 해가 뜨니 온 <u>천지</u>가 밝아졌습니다.
.... [ ]

63 나는 <u>대문</u> 앞을 매일 씁니다.
.... [ ]

64 일제의 잔재를 모두 <u>청산</u>하여야 한다.
.... [ ]

65 진열된 물건이 무척 고급스럽게 보였다. ·· [ ]

66 단체마다 애국 계몽 운동을 펼쳤다. ·· [ ]

67 폭격기가 야간 공습을 감행했다. ·· [ ]

68 무엇보다 인명을 중시하여야 한다. ·· [ ]

69 "환절기에는 감기 조심하세요." ·· [ ]

70 학생회에서 회장과 임원을 발표하였다. ·· [ ]

71 왜 그동안 결석을 하였는지 전후 사정을 들어보기로 하였다. ·········· [ ]

72 농기구의 발달로 넓은 농토를 경작하는 것이 조금은 수월해졌다. ·· [ ]

73 친구를 대신해서 모두들 용서를 빌었다. ·· [ ]

74 한문 공부를 통해 조상들의 지혜와 사상을 배웁니다. ························ [ ]

05 다음 [ ] 안에 들어갈 한자를 |보기|에서 찾아 그 번호를 써서 한자어漢字語를 만드세요. 75~79번

|보기|

①草 ②計 ③材 ④界
⑤願 ⑥耳 ⑦災 ⑧原

75 馬[ ]東風 76 火[ ]申신告
77 [ ]綠同色 78 所[ ]成就취
79 百年大[ ]

06 다음 한자와 뜻이 같거나 비슷한 한자를 골라 그 번호를 쓰세요. 80~82번

80 初 [ ] : ①始 ②上 ③時 ④寸
81 根 [ ] : ①植 ②末 ③終 ④本
82 正 [ ] : ①午 ②直 ③面 ④子

07 다음 한자와 음이 같은 한자를 골라 그 번호를 쓰세요. 83~85번

83 首 [ ] : ①示 ②數 ③書 ④所
84 技 [ ] : ①在 ②物 ③術 ④期
85 廣 [ ] : ①光 ②強 ③黃 ④觀

08 다음 훈과 음에 맞는 한자를 쓰세요. 86~90번

86 익힐 습 [ ] 87 대할 대 [ ]
88 공 공 [ ] 89 기다릴 대 [ ]
90 뜰 정 [ ]

09 다음 한자와 뜻이 상대 또는 반대되는 한자를 쓰세요. 91~94번

91 黑 ↔ [ ] 92 [ ] ↔ 夕
93 陸 ↔ [ ] 94 冷 ↔ [ ]

10 다음 한자어漢字語의 뜻을 쓰세요. 95~97번

|보기|

讀音 : 읽는 소리

95 言爭 : [ ]
96 貯水 : [ ]
97 今明間 : [ ]

11 다음 한자漢字의 약자略字를 쓰세요. 98~100번

|보기|

學 → 学

98 體 - [ ] 99 禮 - [ ]
100 號 - [ ]

- 채점방식 ▪ 1문제 : 1점
- 합격점수 ▪ 70점 이상

02회 한자능력검정시험 5급 기출·예상문제

01 다음 한자어漢字語의 독음讀音을 쓰세요.

1~34번

1	廣告 [ ]	2	念頭 [ ]
3	分明 [ ]	4	加重 [ ]
5	宿願 [ ]	6	品格 [ ]
7	完全 [ ]	8	觀光 [ ]
9	最後 [ ]	10	說敎 [ ]
11	落葉 [ ]	12	畫壇 [ ]
13	賞金 [ ]	14	舊正 [ ]
15	水災 [ ]	16	命令 [ ]
17	情談 [ ]	18	商業 [ ]
19	車道 [ ]	20	新作 [ ]
21	方向 [ ]	22	多角 [ ]
23	意圖 [ ]	24	當選 [ ]
25	展示 [ ]	26	調査 [ ]
27	食卓 [ ]	28	過失 [ ]
29	效果 [ ]	30	原料 [ ]
31	銀行 [ ]	32	問安 [ ]
33	注目 [ ]	34	半島 [ ]

02 다음 한자漢字의 훈訓과 음音을 쓰세요.

35~56번

35	敗 [ ]	36	祝 [ ]
37	案 [ ]	38	服 [ ]
39	救 [ ]	40	産 [ ]
41	傳 [ ]	42	貯 [ ]
43	致 [ ]	44	輕 [ ]
45	湖 [ ]	46	倍 [ ]
47	淸 [ ]	48	打 [ ]
49	必 [ ]	50	賣 [ ]
51	基 [ ]	52	奉 [ ]
53	氷 [ ]	54	漁 [ ]
55	費 [ ]	56	領 [ ]

03 다음 漢字의 색이 다른 획은 몇 번째 쓰는지 |보기|에서 찾아 그 번호를 쓰세요.

57~59번

|보기|

① 첫 번째 ② 두 번째 ③ 세 번째
④ 네 번째 ⑤ 다섯 번째 ⑥ 여섯 번째
⑦ 일곱 번째 ⑧ 여덟 번째 ⑨ 아홉 번째
⑩ 열 번째

57 西 .... [ ]

58 歌 .... [ ]

59 良 .... [ ]

04 다음 밑줄 친 한자어漢字語를 한자漢字로 쓰세요.

60~74번

60 아침 <u>자습</u> 시간에 한자를 공부합니다.
.... [ ]

61 <u>오전</u> 중에 수업을 네 시간 합니다.
.... [ ]

62 형과 아우를 <u>형제</u>라고 합니다.
.... [ ]

63 오늘은 우리 학교의 <u>개교</u> 기념일입니다.
.... [ ]

64 아래와 위를 <u>상하</u>라고 합니다.
.... [ ]

65 물의 힘을 이용하여 수력 전기를 만듭니다. .... [ ]

66 어느새 눈 녹은 양지에는 싹이 돋아났다. .... [ ]

67 시간을 잘 지킵시다. .... [ ]

68 에디슨은 열일곱 살에 당당한 발명가가 되었다. .... [ ]

69 아침에 일어나 창문을 열고 햇살을 맞이하였다. .... [ ]

70 겨울철 난로가에는 소화기를 준비해 두어야 합니다. .... [ ]

71 정원에 온갖 화초를 심어 기르고 있습니다. .... [ ]

72 상대팀이 약체라 비교적 쉽게 이겼다. .... [ ]

73 내리막길에서 속도를 내기 시작하였다. .... [ ]

74 겨울철 가정 난방 연료로 석유와 가스를 주로 사용한다. .... [ ]

05 다음 [ ] 안에 들어갈 한자를 |보기|에서 찾아 그 번호를 써서 한자어漢字語를 만드세요.

75~79번

|보기|

①去 ②競 ③則 ④元
⑤言 ⑥見 ⑦景 ⑧遠

75 永[ ]不變 76 運動[ ]技
77 有口無[ ] 78 規[ ]生活
79 [ ]物生心

06 다음 한자와 뜻이 같거나 비슷한 한자를 골라 그 번호를 쓰세요.

80~82번

80 家 [ ] : ①長 ②事 ③宅 ④主
81 法 [ ] : ①流 ②典 ③水 ④河
82 文 [ ] : ①章 ②問 ③畫 ④和

07 다음 한자와 음이 같은 한자를 골라 그 번호를 쓰세요.

83~85번

83 雨 [ ] : ①五 ②永 ③友 ④洋
84 建 [ ] : ①園 ②國 ③牛 ④健
85 歷 [ ] : ①任 ②史 ③力 ④正

08 다음 훈訓과 음音에 맞는 한자를 쓰세요.

86~90번

86 떼 부 [ ] 87 하여금 사 [ ]
88 종이 지 [ ] 89 제목 제 [ ]
90 다행 행 [ ]

09 다음 한자와 뜻이 상대相對 또는 반대反對되는 한자漢字를 쓰세요.

91~94번

91 老 ↔ [ ] 92 苦 ↔ [ ]
93 古 ↔ [ ] 94 南 ↔ [ ]

10 다음 한자어漢字語의 뜻을 쓰세요.

95~97번

|보기|

讀音 : 읽는 소리

95 先頭 : [ ]
96 失神 : [ ]
97 明年 : [ ]

11 다음 한자漢字의 약자略字를 쓰세요.

98~100번

|보기|

學 → 学

98 對 - [ ] 99 萬 - [ ]
100 發 - [ ]

• 채점방식 ▪ 1문제 : 1점
• 합격점수 ▪ 70점 이상

03회 한자능력검정시험 5급 기출·예상문제

01 다음 한자어漢字語의 독음讀音을 쓰세요.

1~34번

1 對話 [ ]	2 最初 [ ]
3 冷害 [ ]	4 財團 [ ]
5 半生 [ ]	6 朝會 [ ]
7 兵卒 [ ]	8 曜日 [ ]
9 命令 [ ]	10 分類 [ ]
11 無罪 [ ]	12 調査 [ ]
13 不當 [ ]	14 歷史 [ ]
15 性質 [ ]	16 自然 [ ]
17 節電 [ ]	18 熱情 [ ]
19 打開 [ ]	20 效果 [ ]
21 湖水 [ ]	22 書店 [ ]
23 都市 [ ]	24 決算 [ ]
25 敗亡 [ ]	26 能動 [ ]
27 末期 [ ]	28 客車 [ ]
29 參加 [ ]	30 原因 [ ]
31 要領 [ ]	32 旅費 [ ]
33 幸運 [ ]	34 洗練 [ ]

02 다음 한자漢字의 훈訓과 음音을 쓰세요.

35~56번

35 結 [ ]	36 買 [ ]
37 念 [ ]	38 洞 [ ]
39 過 [ ]	40 筆 [ ]
41 具 [ ]	42 望 [ ]
43 唱 [ ]	44 患 [ ]
45 落 [ ]	46 願 [ ]
47 由 [ ]	48 首 [ ]
49 知 [ ]	50 臣 [ ]
51 致 [ ]	52 雲 [ ]
53 耳 [ ]	54 汽 [ ]
55 充 [ ]	56 歲 [ ]

03 다음 漢字의 색이 다른 획은 몇 번째 쓰는지 |보기|에서 찾아 그 번호를 쓰세요.

57~59번

|보기|

① 첫 번째 ② 두 번째 ③ 세 번째
④ 네 번째 ⑤ 다섯 번째 ⑥ 여섯 번째
⑦ 일곱 번째 ⑧ 여덟 번째 ⑨ 아홉 번째

57 服 .... [ ]

58 事 .... [ ]

59 綠 .... [ ]

04 다음 밑줄 친 한자어漢字語를 한자漢字로 쓰세요.

60~74번

60 길고 짧음을 장단이라고 합니다. .... [ ]

61 강가에 있는 마을을 강촌이라고 합니다. .... [ ]

62 겨울에는 북서풍이 붑니다. .... [ ]

63 한자 삼천 자는 꼭 익힙시다. .... [ ]

64 쌀은 농촌에서 생산합니다. .... [ ]

65 우리 문화유산을 후손에게 물려줍시다.
.... [ ]

66 공연에 필요한 소품을 물색하고 다녔다.
.... [ ]

67 온 가족이 '태조 왕건'을 시청하였다.
.... [ ]

68 너무 긴장하여 땀이 전신에 흘러내렸다.
.... [ ]

69 같은 실수를 자꾸 저지르는 것은 성실하지 못하기 때문이다. .... [ ]

70 벽의 페인트칠을 주의하세요.
.... [ ]

71 나는 방금 그 소식을 들었다.
.... [ ]

72 우리 모두 형편이 말이 아니군!
.... [ ]

73 이 영화는 '연소자 관람가'이다.
.... [ ]

74 우리 고장은 '도청 소재지'이다.
.... [ ]

05 다음 [ ] 안에 들어갈 한자를 보기에서 찾아 그 번호를 써서 한자어漢字語를 만드세요. 75~79번

보기

①功 ②問 ③速 ④工
⑤敬 ⑥友 ⑦通 ⑧東

75 [ ]天愛人 76 約[ ]時間
77 交[ ]以信 78 不[ ]曲直
79 士農[ ]商

06 다음 한자와 뜻이 같거나 비슷한 한자를 골라 그 번호를 쓰세요. 80~82번

80 終 [ ] : ①初 ②冬 ③末 ④正
81 變 [ ] : ①化 ②和 ③火 ④言
82 教 [ ] : ①學 ②訓 ③校 ④室

07 다음 글의 밑줄 친 단어를 漢字로 쓰세요. 83~85번

83 勞 [ ] : ①老 ②利 ③料 ④流
84 船 [ ] : ①頭 ②生 ③北 ④鮮
85 島 [ ] : ①朝 ②到 ③海 ④州

08 다음 훈訓과 음音에 맞는 한자를 쓰세요. 86~90번

86 뜰 정 [ ] 87 기를 육 [ ]
88 각각 각 [ ] 89 강할 강 [ ]
90 모을 집 [ ]

09 다음 한자와 뜻이 상대相對 또는 반대反對되는 한자를 쓰세요. 91~94번

91 問 ↔ [ ] 92 [ ] ↔ 着
93 輕 ↔ [ ] 94 [ ] ↔ 舊

10 다음 한자어漢字語의 뜻을 쓰세요. 95~97번

보기

讀音 : 읽는 소리

95 雨期 : [ ]
96 四時 : [ ]
97 樹立 : [ ]

11 다음 한자漢字의 약자略字를 쓰세요. 98~100번

보기

學 → 学

98 讀 - [ ] 99 會 - [ ]
100 國 - [ ]

• 채점방식 ▪ 1문제 : 1점
• 합격점수 ▪ 70점 이상

《부수일람표》

【1획】		
一	하나	일
丨	뚫다	곤
丶	구절 찍다	주
丿	삐치다	별
乙	새	을
亅	갈고리	궐
【2획】		
二	둘	이
亠	윗부분	두
人·亻	사람	인
儿	어진사람	인
入	들어가다	입
八	여덟	팔
冂	멀다·들밖	경
冖	덮다	멱
冫	얼음	빙
几	책상	궤
凵	입벌리다	감
刀·刂	칼	도
力	힘	력
勹	감싸다	포
匕	숟가락·비수	비
匚	모진그릇	방
匸	감추다	혜
十	열	십
卜	점	복
卩·㔾	병부	절
厂	기슭	엄
厶	사사	사
又	또	우
【3획】		
口	입	구
囗	에워싸다	위
土	흙	토
士	선비	사
夂	뒤에 오다	치
夊	편안히 걷다	쇠
夕	저녁	석
大	크다	대
女	계집	녀
子	아들	자
宀	집	면
寸	마디	촌
小	작다	소
尢·兀	절뚝발이	왕
尸	주검	시
屮	움이나다	철
山	메	산
川·巛	내	천
工	장인	공
己	몸	기
巾	수건	건
干	방패	간
幺	작다	요
广	돌집	엄
廴	길게 걷다	인
廾	손 맞잡다	공
弋	주살	익
弓	활	궁
彐·彑	돼지머리	계
彡	터럭	삼
彳	자축거리다	척
【4획】		
心·忄·㣺	마음	심
戈	창	과
戶	집·지게문	호
手·扌	손·재방변	수
支	지탱하다	지
攴·攵	치다	복
文	글월	문
斗	말	두
斤	도끼	근
方	모	방
无·旡	없다	무
日	날·해	일
曰	가로되	왈
月	달	월
木	나무	목
欠	하품	흠
止	그치다	지
歹·歺	뼈 앙상하다	알
殳	창·치다	수
毋	없다	무
比	견주다	비
毛	털	모
氏	각시·성씨	씨
气	기운	기
水·氵·氺	물	수
火·灬	불	화
爪·爫	손톱	조
父	아버지	부
爻	사귀다	효
爿	조각널	장
片	조각	편
牙	어금니	아
牛·牜	소	우
犬·犭	개	견
【5획】		
玉·王	구슬	옥
玄	검다	현
瓜	오이	과
瓦	기와·질그릇	와
甘	(맛이)달다	감
生	낳다·살다	생
用	사용하다	용
田	밭	전
疋	발	소
疒	질병	녁
癶	걷다·가다	발
白	희다·아뢰다	백
皮	가죽·껍질	피
皿	그릇	명
目	눈	목
矛	창	모
矢	화살	시
石	돌·섬	석
示·礻	보이다	시
禸	짐승 발자국	유
禾	벼·곡식	화
穴	구멍	혈
立	서다·세우다	립
【6획】		
竹	대나무	죽
米	쌀	미
糸	실	사
缶	장군	부
网·罒·罓	그물	망
羊	양	양
羽	깃	우
老·耂	늙다	로
而	말을 잇다	이
耒	쟁기	뢰
耳	귀	이
聿	붓	율
肉·月	고기	육
臣	신하	신
自	스스로	자
至	이르다	지
臼	절구	구
舌	혀	설
舛	어그러지다	천
舟	배	주
艮	그치다	간
色	빛	색
艸·艹	풀	초
虍	범의 문채	호
虫	벌레	충
血	피	혈
行	다니다	행
衣·衤	옷	의
襾·西	덮다	아
【7획】		
見	보다	견
角	뿔	각
言	말씀	언
谷	골짜기	곡
豆	콩	두
豕	돼지	시
豸	발없는벌레	치
貝	조개	패
赤	붉다	적
走	달리다	주
足	발	족
身	몸	신
車	수레	거
辛	맵다	신
辰	별	진
辵·辶	쉬엄쉬엄가다	착
邑·阝	고을	읍
酉	닭	유
釆	분별하다	변
里	마을	리
【8획】		
金	쇠	금
長·镸	길다	장
門	문	문
阜·阝	언덕	부
隶	미치다	이
隹	새	추
雨	비	우
靑	푸르다	청
非	아니다	비
【9획】		
面	얼굴	면
革	가죽	혁
韋	다룬가죽	위
韭	부추	구
音	소리	음
頁	머리	혈
風	바람	풍
飛	날다	비
食	먹다·밥	식
首	머리	수
香	향기	향
【10획】		
馬	말	마
骨	뼈	골
高	높다	고
髟	머리늘어지다	표
鬥	싸우다	투
鬯	술이름	창
鬲	막다	격
鬼	귀신	귀
【11획】		
魚	물고기	어
鳥	새	조
鹵	소금밭	로
鹿	사슴	록
麥	보리	맥
麻	삼	마
【12획】		
黃	누른빛	황
黍	기장	서
黑	검다	흑
黹	바느질하다	치
【13획】		
黽	맹꽁이	맹
鼎	솥	정
鼓	북	고
鼠	쥐	서
【14획】		
鼻	코	비
齊	가지런하다	제
【15획】		
齒	이·나이	치
【16획】		
龍	용	룡
龜	거북	귀
【17획】		
龠	피리	약

한자(漢字) 부수(部首)

▸ 부수는 한자를 구성하는 기본 글자로, 모두 214자입니다.

一	丨	丶	丿	乙	亅	二	亠	人	儿	入
八	冂	冖	冫	几	凵	刀	力	勹	匕	匚
匸	十	卜	卩	厂	厶	又	口	囗	土	士
夂	夊	夕	大	女	子	宀	寸	小	尢	尸
屮	山	巛	工	己	巾	干	幺	广	廴	廾
弋	弓	彐	彡	彳	心	戈	戶	手	支	攴
文	斗	斤	方	无	日	曰	月	木	欠	止
歹	殳	毋	比	毛	氏	气	水	火	爪	父
爻	爿	片	牙	牛	犬	玄	玉	瓜	瓦	甘
生	用	田	疋	疒	癶	白	皮	皿	目	矛
矢	石	示	禸	禾	穴	立	竹	米	糸	缶
网	羊	羽	老	而	耒	耳	聿	肉	臣	自
至	臼	舌	舛	舟	艮	色	艸	虍	虫	血
行	衣	襾	見	角	言	谷	豆	豕	豸	貝
赤	走	足	身	車	辛	辰	辵	邑	酉	釆
里	金	長	門	阜	隶	隹	雨	靑	非	面
革	韋	韭	音	頁	風	飛	食	首	香	馬
骨	高	髟	鬥	鬯	鬲	鬼	魚	鳥	鹵	鹿
麥	麻	黃	黍	黑	黹	黽	鼎	鼓	鼠	鼻
齊	齒	龍	龜	龠						

(사)한국어문회 주관 | 교육급수 지침서

한자능력 검정시험

5급

5급Ⅱ

부록 · 쓰기연습 포함

- 본문학습 해답
- 평가문제 / 기출 · 예상문제 해답
- 5급 배정한자[500자 – 가나다순]
- 쓰기연습

한자능력 검정시험

본문학습 해답

본문학습 1

吉日 ▷ (길할 길) (날 일) [길일]

立春大吉 ▷ [입춘대길]
(설 립/입) (봄 춘) (큰 대) (길할 길)

花壇 ▷ (꽃 화) (단 단) [화단]

畫壇 ▷ 참(그림 화) (단 단) [화단]

敎壇 ▷ (가르칠 교) (단 단) [교단]

敎團 ▷ 참(가르칠교) (둥글 단) [교단]

文壇 ▷ (글월 문) (단 단) [문단]

士兵 ▷ (선비 사) (병사 병) [사병]

勇兵 ▷ (날랠 용) (병사 병) [용병]

兵力 ▷ (병사 병) (힘 력) [병력]

重勞動 ▷ [중노동]
(무거울 중) (일할 로/노) (움직일 동)

功勞 ▷ (공 공) (일할 로) [공로]

勞苦 ▷ (일할 로/노) (쓸 고) [노고]

功德 ▷ (공 공) (큰 덕) [공덕]

智德體 ▷ [지덕체]
(지혜 지) (큰 덕) (몸 체)

德性 ▷ (큰 덕) (성품 성) [덕성]

본문학습 2

地位 ▷ (땅[따] 지) (자리 위) [지위]

品位 ▷ (물건 품) (자리 위) [품위]

利害 ▷ (이할 리/이) (해할 해) [이해]

水害 ▷ (물 수) (해할 해) [수해]

公害 ▷ (공평할 공) (해할 해) [공해]

亡國 ▷ (망할 망) (나라 국) [망국]

亡命 ▷ (망할 망) (목숨 명) [망명]

敗亡 ▷ (패할 패) (망할 망) [패망]

打開 ▷ (칠 타) (열 개) [타개]

打算 ▷ (칠 타) (셈 산) [타산]

打作 ▷ (칠 타) (지을 작) [타작]

作曲 ▷ (지을 작) (굽을 곡) [작곡]

不問曲直 ▷ [불문곡직]
(아닐 불) (물을 문) (굽을 곡) (곧을 직)

曲線美 ▷ [곡선미]
(굽을 곡) (줄 선) (아름다울 미)

曲線 ▷ 참(굽을 곡) (줄 선) [곡선]

名曲 ▷ (이름 명) (굽을 곡) [명곡]

본문학습 3

答案 ▷ (대답 답) (책상 안) [답안]

案件 ▷ (책상 안) (물건 건) [안건]

方案 ▷ (모 방) (책상 안) [방안]

合法 ▷ (합할 합) (법 법) [합법]

技法 ▷ (재주 기) (법 법) [기법]

法則 ▷ (법 법) (법칙 칙) 〔법칙〕

法令 ▷ (법 법) (하여금 령) 〔법령〕

石炭 ▷ (돌 석) (숯 탄) 〔석탄〕

炭質 ▷ (숯 탄) (바탕 질) 〔탄질〕

炭化 ▷ (숯 탄) (될 화) 〔탄화〕

展示 ▷ (펼 전) (보일 시) 〔전시〕

戰時 ▷ 참(싸움 전) (때 시) 〔전시〕

訓示 ▷ (가르칠 훈) (보일 시) 〔훈시〕

例示 ▷ (법식 례/예) (보일 시) 〔예시〕

始終 ▷ (비로소 시) (마칠 종) 〔시종〕

終末 ▷ (마칠 종) (끝 말) 〔종말〕

終日 ▷ (마칠 종) (날 일) 〔종일〕

본문학습 4

風船 ▷ (바람 풍) (배 선) 〔풍선〕

旅客船 ▷ 〔여객선〕
(나그네 려/여) (손 객) (배 선)

漁船 ▷ (고기잡을 어) (배 선) 〔어선〕

變色 ▷ (변할 변) (빛 색) 〔변색〕

事變 ▷ (일 사) (변할 변) 〔사변〕

變化 ▷ (변할 변) (될 화) 〔변화〕

文化財 ▷ 〔문화재〕
(글월 문) (될 화) (재물 재)

財物 ▷ (재물 재) (물건 물) 〔재물〕

財産 ▷ (재물 재) (낳을 산) 〔재산〕

重量 ▷ (무거울 중) (헤아릴 량) 〔중량〕

分量 ▷ (나눌 분) (헤아릴 량) 〔분량〕

少量 ▷ (적을 소) (헤아릴 량) 〔소량〕

小量 ▷ 참(작을 소) (헤아릴 량) 〔소량〕

溫順 ▷ (따뜻할 온) (순할 순) 〔온순〕

順理 ▷ (순할 순) (다스릴 리) 〔순리〕

順序 ▷ (순할 순) (차례 서) 〔순서〕

본문학습 5

價格 ▷ (값 가) (격식 격) 〔가격〕

時價 ▷ (때 시) (값 가) 〔시가〕

市價 ▷ 참(저자 시) (값 가) 〔시가〕

代價 ▷ (대신할 대) (값 가) 〔대가〕

以內 ▷ (써 이) (안 내) 〔이내〕

以上 ▷ (써 이) (윗 상) 〔이상〕

典例 ▷ (법 전) (법식 례) 〔전례〕

典據 ▷ (법 전) (근거 거) 〔전거〕

前例 ▷ 참(앞 전) (법식 례) 〔전례〕

字典 ▷ (글자 자) (법 전) 〔자전〕

自轉 ▷ 참(스스로 자) (구를 전) 〔자전〕

體典 ▷ (몸 체) (법 전) 〔체전〕

文化 ▷ (글월 문) (될 화) [문화]

化學 ▷ (될 화) (배울 학) [화학]

先史時代 ▷ [선사시대]
(먼저 선) (사기 사) (때 시) (대신할 대)

野史 ▷ (들 야) (사기 사) [야사]

본문학습 6

軍士 ▷ (군사 군) (선비 사) [군사]

樂士 ▷ (노래 악) (선비 사) [악사]

士大夫 ▷ [사대부]
(선비 사) (큰 대) (지아비 부)

局面 ▷ (판 국) (낯 면) [국면]

結局 ▷ (맺을 결) (판 국) [결국]

對局 ▷ (대할 대) (판 국) [대국]

時局 ▷ (때 시) (판 국) [시국]

改良 ▷ (고칠 개) (어질 량) [개량]

改量 ▷ 참(고칠 개) (헤아릴 량) [개량]

一念 ▷ (한 일) (생각 념) [일념]

念頭 ▷ (생각 념/염) (머리 두) [염두]

信念 ▷ (믿을 신) (생각 념) [신념]

改善 ▷ (고칠 개) (착할 선) [개선]

改正 ▷ (고칠 개) (바를 정) [개정]

改定 ▷ 참(고칠 개) (정할 정) [개정]

最近 ▷ (가장 최) (가까울 근) [최근]

最善 ▷ (가장 최) (착할 선) [최선]

最古 ▷ (가장 최) (예 고) [최고]

最高 ▷ 참(가장 최) (높을 고) [최고]

본문학습 7

材料 ▷ (재목 재) (헤아릴 료) [재료]

材木 ▷ (재목 재) (나무 목) [재목]

題材 ▷ (제목 제) (재목 재) [제재]

氷山 ▷ (얼음 빙) (메 산) [빙산]

氷上競技 ▷ [빙상경기]
(얼음 빙) (윗 상) (다툴 경) (재주 기)

言爭 ▷ (말씀 언) (다툴 쟁) [언쟁]

戰爭 ▷ (싸움 전) (다툴 쟁) [전쟁]

分爭 ▷ (나눌 분) (다툴 쟁) [분쟁]

祝福 ▷ (빌 축) (복 복) [축복]

祝電 ▷ (빌 축) (번개 전) [축전]

祝典 ▷ 참(빌 축) (법 전) [축전]

祝願 ▷ (빌 축) (원할 원) [축원]

罪責感 ▷ [죄책감]
(허물 죄) (꾸짖을 책) (느낄 감)

重罪 ▷ (무거울 중) (허물 죄) [중죄]

有罪 ▷ (있을 유) (허물 죄) [유죄]

본문학습 8

良書 ▷ (어질 량/양) (글 서) [양서]
不良 ▷ (아닐 불) (어질 량) [불량]
良藥 ▷ (어질 량/양) (약 약) [양약]
良心 ▷ (어질 량/양) (마음 심) [양심]
說明 ▷ (말씀 설) (밝을 명) [설명]
力說 ▷ (힘 력/역) (말씀 설) [역설]
逆說 ▷ 참(거스를 역) (말씀 설) [역설]
傳說 ▷ (전할 전) (말씀 설) [전설]
貯金 ▷ (쌓을 저) (쇠 금) [저금]
貯水 ▷ (쌓을 저) (물 수) [저수]
貯炭 ▷ (쌓을 저) (숯 탄) [저탄]
地下鐵 ▷ [지하철]
(땅[따] 지) (아래 하) (쇠 철)
電鐵 ▷ (번개 전) (쇠 철) [전철]
鐵窓 ▷ (쇠 철) (창 창) [철창]
念願 ▷ (생각 념/염) (원할 원) [염원]
宿願 ▷ (잘 숙) (원할 원) [숙원]
宿怨 ▷ 참(잘 숙) (원망할 원) [숙원]
願書 ▷ (원할 원) (글 서) [원서]

본문학습 9

事事件件 ▷ [사사건건]
(일 사) (일 사) (물건 건) (물건 건)
物件 ▷ (물건 물) (물건 건) [물건]
用件 ▷ (쓸 용) (물건 건) [용건]
任命 ▷ (맡길 임) (목숨 명) [임명]
責任 ▷ (꾸짖을 책) (맡길 임) [책임]
所任 ▷ (바 소) (맡길 임) [소임]
任意 ▷ (맡길 임) (뜻 의) [임의]
再建 ▷ (두 재) (세울 건) [재건]
再活 ▷ (두 재) (살 활) [재활]
再生 ▷ (두 재) (날 생) [재생]
卒業 ▷ (마칠 졸) (업 업) [졸업]
兵卒 ▷ (병사 병) (마칠 졸) [병졸]
病卒 ▷ 참(병 병) (마칠 졸) [병졸]
卒歲 ▷ (마칠 졸) (해 세) [졸세]
行商 ▷ (다닐 행) (장사 상) [행상]
商品 ▷ (장사 상) (물건 품) [상품]
上品 ▷ 참(윗 상) (물건 품) [상품]
賞品 ▷ 참(상줄 상) (물건 품) [상품]
商業 ▷ (장사 상) (업 업) [상업]

본문학습 10

奉養 ▷ (받들 봉) (기를 양) [봉양]
奉祝 ▷ (받들 봉) (빌 축) [봉축]
信奉 ▷ (믿을 신) (받들 봉) [신봉]
展開 ▷ (펼 전) (열 개) [전개]
發展 ▷ (필 발) (펼 전) [발전]
發電 ▷ 참(필 발) (번개 전) [발전]
展望 ▷ (펼 전) (바랄 망) [전망]
思春期 ▷ [사춘기]
(생각 사) (봄 춘) (기약할 기)
定期 ▷ (정할 정) (기약할 기) [정기]
思考 ▷ (생각 사) (생각할 고) [사고]
事故 ▷ 참(일 사) (연고 고) [사고]
意思 ▷ (뜻 의) (생각 사) [의사]
義士 ▷ 참(옳을 의) (선비 사) [의사]
醫師 ▷ 참(의원 의) (스승 사) [의사]
敬禮 ▷ (공경 경) (예도 례) [경례]
敬老席 ▷ [경로석]
(공경 경) (늙을 로) (자리 석)
敬天愛人 ▷ [경천애인]
(공경 경) (하늘 천) (사랑 애) (사람 인)
期待 ▷ (기약할 기) (기다릴 대) [기대]
任期 ▷ (맡길 임) (기약할 기) [임기]

본문학습 11

數板 ▷ (셈 수) (널 판) [수판]
板門店 ▷ [판문점]
(널 판) (문 문) (가게 점)
案內板 ▷ [안내판]
(책상 안) (안 내) (널 판)
洗練 ▷ (씻을 세) (익힐 련) [세련]
洗手 ▷ (씻을 세) (손 수) [세수]
洗禮 ▷ (씻을 세) (예도 례) [세례]
牛黃 ▷ (소 우) (누를 황) [우황]
牛馬 ▷ (소 우) (말 마) [우마]
韓牛 ▷ (나라 한) (소 우) [한우]
種族 ▷ (씨 종) (겨레 족) [종족]
品種 ▷ (물건 품) (씨 종) [품종]
種目 ▷ (씨 종) (눈 목) [종목]
着工 ▷ (붙을 착) (장인 공) [착공]
着手 ▷ (붙을 착) (손 수) [착수]
着水 ▷ 참(붙을 착) (물 수) [착수]
着用 ▷ (붙을 착) (쓸 용) [착용]

본문학습 12

落選 ▷ (떨어질락/낙) (가릴 선) [낙선]
落花 ▷ (떨어질락/낙) (꽃 화) [낙화]

落書 ▷ (떨어질락/낙) (글 서) [낙서]
特許 ▷ (특별할 특) (허락할 허) [특허]
許可 ▷ (허락할 허) (옳을 가) [허가]
許多 ▷ (허락할 허) (많을 다) [허다]
質感 ▷ (바탕 질) (느낄 감) [질감]
質量 ▷ (바탕 질) (헤아릴 량) [질량]
質朴 ▷ (바탕 질) (성 박) [질박]
質問 ▷ (바탕 질) (물을 문) [질문]
關門 ▷ (관계할 관) (문 문) [관문]
關東 ▷ (관계할 관) (동녘 동) [관동]
關心 ▷ (관계할 관) (마음 심) [관심]
無關 ▷ (없을 무) (관계할 관) [무관]
養分 ▷ (기를 양) (나눌 분) [양분]
休養 ▷ (쉴 휴) (기를 양) [휴양]
養成 ▷ (기를 양) (이룰 성) [양성]

본문학습 13

健兒 ▷ (굳셀 건) (아이 아) [건아]
健全 ▷ (굳셀 건) (온전 전) [건전]
健實 ▷ (굳셀 건) (열매 실) [건실]
口傳 ▷ (입 구) (전할 전) [구전]
傳記文 ▷ [전기문]
(전할 전) (기록할 기) (글월 문)

傳來 ▷ (전할 전) (올 래) [전래]
教卓 ▷ (가르칠 교) (높을 탁) [교탁]
食卓 ▷ (먹을 식) (높을 탁) [식탁]
冷戰 ▷ (찰 랭/냉) (싸움 전) [냉전]
冷待 ▷ (찰 랭/냉) (기다릴 대) [냉대]
冷帶 ▷ 참(찰 랭/냉) (띠 대) [냉대]
冷害 ▷ (찰 랭/냉) (해할 해) [냉해]
卓球 ▷ (높을 탁) (공 구) [탁구]
善男善女 ▷ [선남선녀]
(착할 선) (사내 남) (착할 선) (계집 녀)
善良 ▷ (착할 선) (어질 량) [선량]
獨善 ▷ (홀로 독) (착할 선) [독선]

본문학습 14

客觀 ▷ (손 객) (볼 관) [객관]
觀客 ▷ 참(볼 관) (손 객) [관객]
客席 ▷ (손 객) (자리 석) [객석]
客地 ▷ (손 객) (땅[따] 지) [객지]
韓半島 ▷ [한반도]
(나라 한) (반 반) (섬 도)
半島 ▷ 참(반 반) (섬 도) [반도]
落島 ▷ (떨어질락/낙) (섬 도) [낙도]
無人島 ▷ [무인도]
(없을 무) (사람 인) (섬 도)

性格 ▷ (성품 성) (격식 격) [성격]
理性 ▷ (다스릴 리/이) (성품 성) [이성]
異性 ▷ 참(다를 이) (성품 성) [이성]
異姓 ▷ 참(다를 이) (성 성) [이성]
特性 ▷ (특별할 특) (성품 성) [특성]
救國 ▷ (구원할 구) (나라 국) [구국]
救急藥 ▷ [구급약]
(구원할 구) (급할 급) (약 약)
救命 ▷ (구원할 구) (목숨 명) [구명]
朗讀 ▷ (밝을 랑/낭) (읽을 독) [낭독]
明朗 ▷ (밝을 명) (밝을 랑) [명랑]
朗朗 ▷ (밝을 랑/낭) (밝을 랑) [낭랑]

본문학습 15

來歷 ▷ (올 래/내) (지날 력) [내력]
歷史 ▷ (지날 력/역) (사기 사) [역사]
歷代 ▷ (지날 력/역) (대신할 대) [역대]
出漁 ▷ (날 출) (고기잡을 어) [출어]
遠洋漁業 ▷ [원양어업]
(멀 원) (큰바다 양) (고기잡을 어) (업 업)
漁場 ▷ (고기잡을 어) (마당 장) [어장]
獨立 ▷ (홀로 독) (설 립) [독립]
獨白 ▷ (홀로 독) (흰 백) [독백]
獨特 ▷ (홀로 독) (특별할 특) [독특]
獨自的 ▷ [독자적]
(홀로 독) (스스로 자) (과녁 적)
歷任 ▷ (지날 력/역) (맡길 임) [역임]
競爭 ▷ (다툴 경) (다툴 쟁) [경쟁]
競技 ▷ (다툴 경) (재주 기) [경기]
景氣 ▷ 참(볕 경) (기운 기) [경기]
考古學 ▷ [고고학]
(생각할 고) (예 고) (배울 학)
再考 ▷ (두 재) (생각할 고) [재고]
在庫 ▷ 참(있을 재) (곳집 고) [재고]
考案 ▷ (생각할 고) (책상 안) [고안]

본문학습 16

末葉 ▷ (끝 말) (잎 엽) [말엽]
落葉 ▷ (떨어질락/낙) (잎 엽) [낙엽]
葉書 ▷ (잎 엽) (글 서) [엽서]
識見 ▷ (알 식) (볼 견) [식견]
意識 ▷ (뜻 의) (알 식) [의식]
知識 ▷ (알 지) (알 식) [지식]
自責 ▷ (스스로 자) (꾸짖을 책) [자책]
責善 ▷ (꾸짖을 책) (착할 선) [책선]
質責 ▷ (바탕 질) (꾸짖을 책) [질책]

陸上競技 ▷ [육상경기]
(뭍 륙/육) (윗 상) (다툴 경) (재주 기)
上陸 ▷ (윗 상) (뭍 륙) [상륙]
陸地 ▷ (뭍 륙/육) (땅[따] 지) [육지]
元首 ▷ (으뜸 원) (머리 수) [원수]
怨讐 ▷ 참(원망할 원) (원수 수) [원수]
元帥 ▷ 참(으뜸 원) (장수 수) [원수]
首都 ▷ (머리 수) (도읍 도) [수도]
水道 ▷ 참(물 수) (길 도) [수도]
修道 ▷ 참(닦을 수) (길 도) [수도]
首席 ▷ (머리 수) (자리 석) [수석]
壽石 ▷ 참(목숨 수) (돌 석) [수석]

본문학습 17

令愛 ▷ (하여금 령/영) (사랑 애) [영애]
令息 ▷ 참(하여금 령/영) (쉴 식) [영식]
號令 ▷ (이름 호) (하여금 령) [호령]
命令 ▷ (목숨 명) (하여금 령) [명령]
停年 ▷ (머무를 정) (해 년) [정년]
停會 ▷ (머무를 정) (모일 회) [정회]
停電 ▷ (머무를 정) (번개 전) [정전]
停戰 ▷ 참(머무를 정) (싸움 전) [정전]
凶惡 ▷ (흉할 흉) (악할 악) [흉악]

吉凶 ▷ (길할 길) (흉할 흉) [길흉]
凶作 ▷ (흉할 흉) (지을 작) [흉작]
高原 ▷ (높을 고) (언덕 원) [고원]
原理 ▷ (언덕 원) (다스릴 리) [원리]
原料 ▷ (언덕 원) (헤아릴 료) [원료]
歌唱 ▷ (노래 가) (부를 창) [가창]
二重唱 ▷ [이중창]
(두 이) (무거울 중) (부를 창)
合唱 ▷ (합할 합) (부를 창) [합창]

본문학습 18

寫本 ▷ (베낄 사) (근본 본) [사본]
寫生 ▷ (베낄 사) (날 생) [사생]
寫實的 ▷ [사실적]
(베낄 사) (열매 실) (과녁 적)
州郡 ▷ (고을 주) (고을 군) [주군]
惡習 ▷ (악할 악) (익힐 습) [악습]
善惡 ▷ (착할 선) (악할 악) [선악]
惡談 ▷ (악할 악) (말씀 담) [악담]
惡寒 ▷ (미워할 오) (찰 한) [오한]
成敗 ▷ (이룰 성) (패할 패) [성패]
勝敗 ▷ (이길 승) (패할 패) [승패]
敗戰 ▷ (패할 패) (싸움 전) [패전]

失敗 ▷ (잃을 실) (패할 패) [실패]
敗家亡身 ▷ [패가망신]
(패할 패) (집 가) (망할 망) (몸 신)
所望 ▷ (바 소) (바랄 망) [소망]
失望 ▷ (잃을 실) (바랄 망) [실망]
責望 ▷ (꾸짖을 책) (바랄 망) [책망]

節電 ▷ (마디 절) (번개 전) [절전]
禮節 ▷ (예도 례/예) (마디 절) [예절]
音節 ▷ (소리 음) (마디 절) [음절]
耳順 ▷ (귀 이) (순할 순) [이순]
耳目口鼻 ▷ [이목구비]
(귀 이) (눈 목) (입 구) (코 비)

본문학습 19

歲寒 ▷ (해 세) (찰 한) [세한]
年歲 ▷ (해 년/연) (해 세) [연세]
歲入 ▷ (해 세) (들 입) [세입]
稅入 ▷ 참(세금 세) (들 입) [세입]
日光浴 ▷ [일광욕]
(날 일) (빛 광) (목욕할 욕)
海水浴 ▷ [해수욕]
(바다 해) (물 수) (목욕할 욕)
浴室 ▷ (목욕할 욕) (집 실) [욕실]
海産物 ▷ [해산물]
(바다 해) (낳을 산) (물건 물)
國産 ▷ (나라 국) (낳을 산) [국산]
動産 ▷ (움직일 동) (낳을 산) [동산]
東山 ▷ 참(동녘 동) (메 산) [동산]
開天節 ▷ [개천절]
(열 개) (하늘 천) (마디 절)

본문학습 20

要約 ▷ (요긴할 요) (맺을 약) [요약]
強要 ▷ (강할 강) (요긴할 요) [강요]
重要 ▷ (무거울 중) (요긴할 요) [중요]
調和 ▷ (고를 조) (화할 화) [조화]
造花 ▷ (지을 조) (꽃 화) [조화]
時調 ▷ (때 시) (고를 조) [시조]
強調 ▷ (강할 강) (고를 조) [강조]
赤外線 ▷ [적외선]
(붉을 적) (바깥 외) (줄 선)
曲調 ▷ (굽을 곡) (고를 조) [곡조]
赤道 ▷ (붉을 적) (길 도) [적도]
赤信號 ▷ [적신호]
(붉을 적) (믿을 신) (이름 호)
入院 ▷ (들 입) (집 원) [입원]
病院 ▷ (병 병) (집 원) [병원]

競馬 ▷(다툴 경) (말 마) [경마]

馬耳東風 ▷[마이동풍]
(말 마) (귀 이) (동녘 동) (바람 풍)

본문학습 21

倍數 ▷(곱 배) (셈 수) [배수]

公倍數 ▷[공배수]
(공평할 공) (곱 배) (셈 수)

百倍 ▷(일백 백) (곱 배) [백배]

他界 ▷(다를 타) (지경 계) [타계]

他國 ▷(다를 타) (나라 국) [타국]

自他 ▷(스스로 자) (다를 타) [자타]

當到 ▷(마땅 당) (이를 도) [당도]

到着 ▷(이를 도) (붙을 착) [도착]

到來 ▷(이를 도) (올 래) [도래]

過去 ▷(지날 과) (갈 거) [과거]

消去 ▷(사라질 소) (갈 거) [소거]

去來 ▷(갈 거) (올 래) [거래]

作品 ▷(지을 작) (물건 품) [작품]

品類 ▷(물건 품) (무리 류) [품류]

品質 ▷(물건 품) (바탕 질) [품질]

본문학습 22

宿命 ▷(잘 숙) (목숨 명) [숙명]

宿直 ▷(잘 숙) (곧을 직) [숙직]

宿題 ▷(잘 숙) (제목 제) [숙제]

知己 ▷(알 지) (몸 기) [지기]

地氣 ▷㊟(땅[따] 지) (기운 기) [지기]

利己心 ▷[이기심]
(이할 리/이) (몸 기) (마음 심)

表情 ▷(겉 표) (뜻 정) [표정]

冷情 ▷(찰 랭/냉) (뜻 정) [냉정]

冷靜 ▷㊟(찰 랭/냉) (고요할 정) [냉정]

同情 ▷(한가지 동) (뜻 정) [동정]

實情 ▷(열매 실) (뜻 정) [실정]

失政 ▷㊟(잃을 실) (정사 정) [실정]

特效 ▷(특별할 특) (본받을 효) [특효]

發效 ▷(필 발) (본받을 효) [발효]

醱酵 ▷㊟(술괼 발) (술괼 효) [발효]

無效 ▷(없을 무) (본받을 효) [무효]

格式 ▷(격식 격) (법 식) [격식]

格言 ▷(격식 격) (말씀 언) [격언]

合格 ▷(합할 합) (격식 격) [합격]

본문학습 23

行動擧止 ▷ [행동거지]
(다닐 행) (움직일 동) (들 거) (그칠 지)
停止 ▷ (머무를 정) (그칠 지) [정지]
中止 ▷ (가운데 중) (그칠 지) [중지]
山河 ▷ (메 산) (물 하) [산하]
氷河 ▷ (얼음 빙) (물 하) [빙하]
運河 ▷ (옮길 운) (물 하) [운하]
當選 ▷ (마땅 당) (가릴 선) [당선]
當落 ▷ (마땅 당) (떨어질 락) [당락]
當番 ▷ (마땅 당) (차례 번) [당번]
親筆 ▷ (친할 친) (붓 필) [친필]
筆記 ▷ (붓 필) (기록할 기) [필기]
筆寫 ▷ (붓 필) (베낄 사) [필사]
臣下 ▷ (신하 신) (아래 하) [신하]
功臣 ▷ (공 공) (신하 신) [공신]
使臣 ▷ (하여금 사) (신하 신) [사신]

본문학습 24

參見 ▷ (참여할 참) (볼 견) [참견]
見學 ▷ (볼 견) (배울 학) [견학]
意見 ▷ (뜻 의) (볼 견) [의견]
貴宅 ▷ (귀할 귀) (집 댁) [귀댁]
貴中 ▷ (귀할 귀) (가운데 중) [귀중]
貴重 ▷ 참(귀할 귀) (무거울 중) [귀중]
貴下 ▷ 참(귀할 귀) (아래 하) [귀하]
貴族 ▷ (귀할 귀) (겨레 족) [귀족]
輕音樂 ▷ [경음악]
(가벼울 경) (소리 음) (노래 악)
輕重 ▷ (가벼울 경) (무거울 중) [경중]
輕工業 ▷ [경공업]
(가벼울 경) (장인 공) (업 업)
雄健 ▷ (수컷 웅) (굳셀 건) [웅건]
雄圖 ▷ (수컷 웅) (그림 도) [웅도]
英雄 ▷ (꽃부리 영) (수컷 웅) [영웅]
朝鮮 ▷ (아침 조) (고울 선) [조선]
鮮明 ▷ (고울 선) (밝을 명) [선명]
新鮮 ▷ (새 신) (고울 선) [신선]

본문학습 25

奉仕 ▷ (받들 봉) (섬길 사) [봉사]
出仕 ▷ (날 출) (섬길 사) [출사]
致仕 ▷ (이를 치) (섬길 사) [치사]
致謝 ▷ 참(이를 치) (사례할 사) [치사]
幸運兒 ▷ [행운아]
(다행 행) (옮길 운) (아이 아)
兒童 ▷ (아이 아) (아이 동) [아동]

男兒 ▷ (사내 남) (아이 아) [남아]
一切 ▷ (한 일) (끊을 절) [일절]
一切 ▷ 참(한 일) (온통 체) [일체]
切實 ▷ (끊을 절) (열매 실) [절실]
參考書 ▷ [참고서]
(참여할 참) (생각할 고) (글 서)
參觀 ▷ (참여할 참) (볼 관) [참관]
參加 ▷ (참여할 참) (더할 가) [참가]
固有 ▷ (굳을 고) (있을 유) [고유]
固定 ▷ (굳을 고) (정할 정) [고정]
固體 ▷ (굳을 고) (몸 체) [고체]

본문학습 26

以實直告 ▷ [이실직고]
(써 이) (열매 실) (곧을 직) (알릴 고)
實技 ▷ (열매 실) (재주 기) [실기]
實數 ▷ (열매 실) (셈 수) [실수]
失手 ▷ 참(잃을 실) (손 수) [실수]
結實 ▷ (맺을 결) (열매 실) [결실]
廣告 ▷ (넓을 광) (알릴 고) [광고]
廣場 ▷ (넓을 광) (마당 장) [광장]
必然 ▷ (반드시 필) (그럴 연) [필연]
石橋 ▷ (돌 석) (다리 교) [석교]
廣大 ▷ (넓을 광) (큰 대) [광대]
知過必改 ▷ [지과필개]
(알 지) (지날 과) (반드시 필) (고칠 개)
必要 ▷ (반드시 필) (요긴할 요) [필요]
入場料 ▷ [입장료]
(들 입) (마당 장) (헤아릴 료)
料理 ▷ (헤아릴 료/요) (다스릴 리) [요리]
食料品 ▷ [식료품]
(먹을 식) (헤아릴 료) (물건 품)
陸橋 ▷ (뭍 륙/육) (다리 교) [육교]
鐵橋 ▷ (쇠 철) (다리 교) [철교]

본문학습 27

對比 ▷ (대할 대) (견줄 비) [대비]
對備 ▷ 참(대할 대) (갖출 비) [대비]
比例 ▷ (견줄 비) (법식 례) [비례]
比重 ▷ (견줄 비) (무거울 중) [비중]
湖水 ▷ (호수 호) (물 수) [호수]
江湖 ▷ (강 강) (호수 호) [강호]
的中 ▷ (과녁 적) (가운데 중) [적중]
適中 ▷ 참(맞을 적) (가운데 중) [적중]
湖南 ▷ (호수 호) (남녘 남) [호남]
目的 ▷ (눈 목) (과녁 적) [목적]

公的 ▷ (공평할 공) (과녁 적) [공적]
團結 ▷ (둥글 단) (맺을 결) [단결]
結果 ▷ (맺을 결) (실과 과) [결과]
結合 ▷ (맺을 결) (합할 합) [결합]
理致 ▷ (다스릴 리/이) (이를 치) [이치]
景致 ▷ (볕 경) (이를 치) [경치]

본문학습 28

觀念 ▷ (볼 관) (생각 념) [관념]
景觀 ▷ (볕 경) (볼 관) [경관]
觀光 ▷ (볼 관) (빛 광) [관광]
競賣 ▷ (다툴 경) (팔 매) [경매]
賣店 ▷ (팔 매) (가게 점) [매점]
賣出 ▷ (팔 매) (날 출) [매출]
魚類 ▷ (고기 어) (무리 류) [어류]
養魚 ▷ (기를 양) (고기 어) [양어]
通過 ▷ (통할 통) (지날 과) [통과]
過失 ▷ (지날 과) (잃을 실) [과실]
果實 ▷ 참(실과 과) (열매 실) [과실]
過消費 ▷ [과소비]
(지날 과) (사라질 소) (쓸 비)
雨水 ▷ (비 우) (물 수) [우수]
憂愁 ▷ 참(근심 우) (근심 수) [우수]

優秀 ▷ 참(넉넉할 우) (빼어날 수) [우수]
雨期 ▷ (비 우) (기약할 기) [우기]
風雨 ▷ (바람 풍) (비 우) [풍우]
魚市場 ▷ [어시장]
(고기 어) (저자 시) (마당 장)

본문학습 29

仙才 ▷ (신선 선) (재주 재) [선재]
神仙 ▷ (귀신 신) (신선 선) [신선]
新鮮 ▷ 참(새 신) (고울 선) [신선]
仙藥 ▷ (신선 선) (약 약) [선약]
先約 ▷ 참(먼저 선) (맺을 약) [선약]
充當 ▷ (채울 충) (마땅 당) [충당]
充分 ▷ (채울 충) (나눌 분) [충분]
充電 ▷ (채울 충) (번개 전) [충전]
今時初聞 ▷ [금시초문]
(이제 금) (때 시) (처음 초) (들을 문)
初代 ▷ (처음 초) (대신할 대) [초대]
初面 ▷ (처음 초) (낯 면) [초면]
友愛 ▷ (벗 우) (사랑 애) [우애]
級友 ▷ (등급 급) (벗 우) [급우]
友情 ▷ (벗 우) (뜻 정) [우정]
集團 ▷ (모을 집) (둥글 단) [집단]

團體 ▷ (둥글 단) (몸 체) [단체]
財團 ▷ (재물 재) (둥글 단) [재단]
裁斷 ▷ 참(옷마를 재) (끊을 단) [재단]

본문학습 30

完全 ▷ (완전할 완) (온전 전) [완전]
完成 ▷ (완전할 완) (이룰 성) [완성]
完決 ▷ (완전할 완) (결단할 결) [완결]
序頭 ▷ (차례 서) (머리 두) [서두]
序文 ▷ (차례 서) (글월 문) [서문]
病患 ▷ (병 병) (근심 환) [병환]
後患 ▷ (뒤 후) (근심 환) [후환]
旅路 ▷ (나그네 려/여) (길 로) [여로]
患部 ▷ (근심 환) (떼 부) [환부]
旅客 ▷ (나그네 려/여) (손 객) [여객]
旅費 ▷ (나그네 려/여) (쓸 비) [여비]
結末 ▷ (맺을 결) (끝 말) [결말]
末期 ▷ (끝 말) (기약할 기) [말기]
本末 ▷ (근본 본) (끝 말) [본말]
序曲 ▷ (차례 서) (굽을 곡) [서곡]

본문학습 31

決死反對 ▷ [결사반대]
(결단할 결) (죽을 사) (돌이킬 반) (대할 대)
決算 ▷ (결단할 결) (셈 산) [결산]
決意 ▷ (결단할 결) (뜻 의) [결의]
有口無言 ▷ [유구무언]
(있을 유) (입 구) (없을 무) (말씀 언)
無心 ▷ (없을 무) (마음 심) [무심]
無事 ▷ (없을 무) (일 사) [무사]
相談 ▷ (서로 상) (말씀 담) [상담]
相當 ▷ (서로 상) (마땅 당) [상당]
相關 ▷ (서로 상) (관계할 관) [상관]
自給自足 ▷ [자급자족]
(스스로 자) (줄 급) (스스로 자) (발 족)
給食 ▷ (줄 급) (먹을 식) [급식]
給料 ▷ (줄 급) (헤아릴 료) [급료]
給水 ▷ (줄 급) (물 수) [급수]
級數 ▷ 참(등급 급) (셈 수) [급수]
能通 ▷ (능할 능) (통할 통) [능통]
性能 ▷ (성품 성) (능할 능) [성능]
能動 ▷ (능할 능) (움직일 동) [능동]

본문학습 32

規格 ▷ (법 규) (격식 격) [규격]
規定 ▷ (법 규) (정할 정) [규정]
法規 ▷ (법 법) (법 규) [법규]

買入原價 ▷ [매입원가]
(살 매) (들 입) (언덕 원) (값 가)
賣買 ▷ (팔 매) (살 매) [매매]
每每 ▷ 참(매양 매) (매양 매) [매매]
不買 ▷ (아닐 불) (살 매) [불매]
不賣 ▷ 참(아닐 불) (팔 매) [불매]
直選 ▷ (곧을 직) (가릴 선) [직선]
直線 ▷ 참(곧을 직) (줄 선) [직선]
選集 ▷ (가릴 선) (모을 집) [선집]
選定 ▷ (가릴 선) (정할 정) [선정]
雲集 ▷ (구름 운) (모을 집) [운집]
青雲 ▷ (푸를 청) (구름 운) [청운]
白雲 ▷ (흰 백) (구름 운) [백운]
黑白 ▷ (검을 흑) (흰 백) [흑백]
黑心 ▷ (검을 흑) (마음 심) [흑심]
黑色 ▷ (검을 흑) (빛 색) [흑색]

본문학습 33

億萬 ▷ (억 억) (일만 만) [억만]
億萬長者 ▷ [억만장자]
(억 억) (일만 만) (긴 장) (놈 자)
元金 ▷ (으뜸 원) (쇠 금) [원금]
元老 ▷ (으뜸 원) (늙을 로) [원로]
元來 ▷ (으뜸 원) (올 래) [원래]
原則 ▷ (언덕 원) (법칙 칙) [원칙]
規則 ▷ (법 규) (법칙 칙) [규칙]
鐵則 ▷ (쇠 철) (법칙 칙) [철칙]
可能性 ▷ [가능성]
(옳을 가) (능할 능) (성품 성)
可觀 ▷ (옳을 가) (볼 관) [가관]
可決 ▷ (옳을 가) (결단할 결) [가결]
因果 ▷ (인할 인) (실과 과) [인과]
因習 ▷ (인할 인) (익힐 습) [인습]
因襲 ▷ 참(인할 인) (엄습할 습) [인습]
要因 ▷ (요긴할 요) (인할 인) [요인]

본문학습 34

宅內 ▷ (집 댁) (안 내) [댁내]
家宅 ▷ (집 가) (집 택) [가택]
住宅 ▷ (살 주) (집 택) [주택]
商店 ▷ (장사 상) (가게 점) [상점]
書店 ▷ (글 서) (가게 점) [서점]
開店 ▷ (열 개) (가게 점) [개점]
技能 ▷ (재주 기) (능할 능) [기능]
機能 ▷ 참(틀 기) (능할 능) [기능]
技士 ▷ (재주 기) (선비 사) [기사]

技師 ▷ 참(재주 기) (스승 사) [기사]
棋師 ▷ 참(바둑 기) (스승 사) [기사]
特技 ▷ (특별할 특) (재주 기) [특기]
全景 ▷ (온전 전) (볕 경) [전경]
前景 ▷ 참(앞 전) (볕 경) [전경]
戰警 ▷ 참(싸움 전) (깨우칠 경) [전경]
遠景 ▷ (멀 원) (볕 경) [원경]
情景 ▷ (뜻 정) (볕 경) [정경]
考査 ▷ (생각할 고) (조사할 사) [고사]
調査 ▷ (고를 조) (조사할 사) [조사]
査正 ▷ (조사할 사) (바를 정) [사정]
司正 ▷ 참(맡을 사) (바를 정) [사정]
事情 ▷ 참(일 사) (뜻 정) [사정]

본문학습 35

汽車 ▷ (물끓는김 기) (수레 차) [기차]
汽船 ▷ (물끓는김 기) (배 선) [기선]
機先 ▷ 참(틀 기) (먼저 선) [기선]
熱氣 ▷ (더울 열) (기운 기) [열기]
熱情 ▷ (더울 열) (뜻 정) [열정]
熱意 ▷ (더울 열) (뜻 의) [열의]
過熱 ▷ (지날 과) (더울 열) [과열]
知性 ▷ (알 지) (성품 성) [지성]
至誠 ▷ 참(이를 지) (정성 성) [지성]
知行合一 ▷ [지행합일]
(알 지) (다닐 행) (합할 합) (한 일)
感知 ▷ (느낄 감) (알 지) [감지]
練習 ▷ (익힐 련/연) (익힐 습) [연습]
訓練 ▷ (가르칠 훈) (익힐 련) [훈련]
調練 ▷ (고를 조) (익힐 련) [조련]
擧國的 ▷ [거국적]
(들 거) (나라 국) (과녁 적)
擧行 ▷ (들 거) (다닐 행) [거행]
擧手 ▷ (들 거) (손 수) [거수]

본문학습 36

課業 ▷ (공부할 과) (업 업) [과업]
日課 ▷ (날 일) (공부할 과) [일과]
課題 ▷ (공부할 과) (제목 제) [과제]
費用 ▷ (쓸 비) (쓸 용) [비용]
人件費 ▷ [인건비]
(사람 인) (물건 건) (쓸 비)
歲費 ▷ (해 세) (쓸 비) [세비]
消費 ▷ (사라질 소) (쓸 비) [소비]
所費 ▷ 참(바 소) (쓸 비) [소비]
鼻音 ▷ (코 비) (소리 음) [비음]

週末 ▷ (주일 주) (끝 말) [주말]
週間 ▷ (주일 주) (사이 간) [주간]
週番 ▷ (주일 주) (차례 번) [주번]
領空 ▷ (거느릴령/영) (빌 공) [영공]
領土 ▷ 참(거느릴령/영)(흙 토) [영토]
領海 ▷ 참(거느릴령/영)(바다 해) [영해]
要領 ▷ (요긴할 요) (거느릴 령) [요령]
領事 ▷ (거느릴령/영) (일 사) [영사]
鼻祖 ▷ (코 비) (할아비 조) [비조]

본문학습 37

偉大 ▷ (클 위) (큰 대) [위대]
偉人 ▷ (클 위) (사람 인) [위인]
偉業 ▷ (클 위) (업 업) [위업]
具體的 ▷ [구체적]
(갖출 구) (몸 체) (과녁 적)
具色 ▷ (갖출 구) (빛 색) [구색]
家具 ▷ (집 가) (갖출 구) [가구]
家口 ▷ 참(집 가) (입 구) [가구]
加入 ▷ (더할 가) (들 입) [가입]
加重 ▷ (더할 가) (무거울 중) [가중]
加速 ▷ (더할 가) (빠를 속) [가속]
加熱 ▷ (더할 가) (더울 열) [가열]

告知書 ▷ [고지서]
(알릴 고) (알 지) (글 서)
告發 ▷ (알릴 고) (필 발) [고발]
告白 ▷ (알릴 고) (흰 백) [고백]
基金 ▷ (터 기) (쇠 금) [기금]
基地 ▷ (터 기) (땅[따] 지) [기지]
基本 ▷ (터 기) (근본 본) [기본]

본문학습 38

寒冷前線 ▷ [한랭전선]
(찰 한) (찰 랭) (앞 전) (줄 선)
寒食 ▷ (찰 한) (먹을 식) [한식]
寒流 ▷ (찰 한) (흐를 류) [한류]
寒雪 ▷ (찰 한) (눈 설) [한설]
建國 ▷ (세울 건) (나라 국) [건국]
建立 ▷ (세울 건) (설 립) [건립]
建物 ▷ (세울 건) (물건 물) [건물]
體操 ▷ (몸 체) (잡을 조) [체조]
操心 ▷ (잡을 조) (마음 심) [조심]
操作 ▷ (잡을 조) (지을 작) [조작]
造作 ▷ 참(지을 조) (지을 작) [조작]
曜日 ▷ (빛날 요) (날 일) [요일]
結束 ▷ (맺을 결) (묶을 속) [결속]
團束 ▷ (둥글 단) (묶을 속) [단속]

約束 ▷ (맺을 약) (묶을 속) [약속]

본문학습 39

風流 ▷ (바람 풍) (흐를 류) [풍류]

電流 ▷ (번개 전) (흐를 류) [전류]

主流 ▷ (주인 주) (흐를 류) [주류]

酒類 ▷ 참(술 주) (무리 류) [주류]

天災地變 ▷ [천재지변]
(하늘 천) (재앙 재) (땅[따] 지) (변할 변)

災害 ▷ (재앙 재) (해할 해) [재해]

火災 ▷ (불 화) (재앙 재) [화재]

福音 ▷ (복 복) (소리 음) [복음]

福利 ▷ (복 복) (이할 리) [복리]

多福 ▷ (많을 다) (복 복) [다복]

公約 ▷ (공평할 공) (맺을 약) [공약]

空約 ▷ 참(빌 공) (맺을 약) [공약]

期約 ▷ (기약할 기) (맺을 약) [기약]

節約 ▷ (마디 절) (맺을 약) [절약]

舊面 ▷ (예 구) (낯 면) [구면]

舊習 ▷ (예 구) (익힐 습) [구습]

新舊 ▷ (새 신) (예 구) [신구]

본문학습 40

談話文 ▷ [담화문]
(말씀 담) (말씀 화) (글월 문)

對談 ▷ (대할 대) (말씀 담) [대담]

大談 ▷ 참(큰 대) (말씀 담) [대담]

筆談 ▷ (붓 필) (말씀 담) [필담]

愛賞 ▷ (사랑 애) (상줄 상) [애상]

入賞 ▷ (들 입) (상줄 상) [입상]

賞品 ▷ (상줄 상) (물건 품) [상품]

商品 ▷ 참(장사 상) (물건 품) [상품]

上品 ▷ 참(윗 상) (물건 품) [상품]

都賣 ▷ (도읍 도) (팔 매) [도매]

都合 ▷ (도읍 도) (합할 합) [도합]

都會地 ▷ [도회지]
(도읍 도) (모일 회) (땅[따] 지)

類例 ▷ (무리 류/유) (법식 례) [유례]

種類 ▷ (씨 종) (무리 류) [종류]

類萬不同 ▷ [유만부동]
(무리 류/유) (일만 만) (아닐 불/부) (한가지 동)

屋外 ▷ (집 옥) (바깥 외) [옥외]

家屋 ▷ (집 가) (집 옥) [가옥]

社屋 ▷ (모일 사) (집 옥) [사옥]

한자능력 검정시험

평가문제 / 기출 · 예상문제 해답

학습 도움

평가문제 해답

평가문제 해답[총20회] : 본문학습[1 ~ 2], [3 ~ 4], [5 ~ 6]…을 묶어서 엮은 평가문제(237쪽 ~ 258쪽)의 해답을 모은 것입니다.

기출 · 예상문제 해답

기출 · 예상문제(259쪽 ~ 272쪽)의 해답을 모은 것입니다.

평가문제 해답 1 ~ 2

1.사병 2.노고 3.공덕 4.이해 5.패망 6.곡선미 7.길할 길 8.날랠 용 9.성품 성 10.물건 품 11.물을 문 12.셈 산 13.亡 14.動 15.立春大吉 16.打開 17.兵力 18.公害 19.名曲 20.教壇 21.德性 22.重 23.作 24.(지덕체) : 뜻 ▷ 본문학습 109쪽 참조 25.(불문곡직) : 뜻 ▷ 본문학습 111쪽 참조

익혀서 지혜로

흉일	공로	문답	이해	등급
재해	역도	전쟁	신분	악곡

평가문제 해답 3 ~ 4

1.법칙 2.재산 3.여객 4.변색 5.탄질 6.온순 7.하여금 령 8.배 선 9.끝 말 10.모 방 11.빛 색 12.적을 소, 젊을 소 13.終 : 시종 14.重 : 경중 15.文化財 16.答案 17.道理 18.案件 19.漁船 20.技法 21.重量 22.炭 : 石炭, 炭化 23.交 : 交分, 明 : 分明 24.物 25.風 26.訓 27.戰時 28.少量

익혀서 지혜로

유형	지열	목적	규칙	성질

평가문제 해답 5 ~ 6

1.전례 2.국면 3.염두 4.격식 격 5.가장 최 6.사기 사 7.用 8.答 9.法 10.最 11.先史時代 12.代價 13.改正 14.野史 15.軍士 16.市價 17.時局 18.化學 19.體 20.近 21.以 : 以內, 服 : 內服 22.技 : 技士, 樂 : 樂士(악사) 23.③

익혀서 지혜로

상품	성공	선례	사료	작용

평가문제 해답 7~8

1.저탄 2.염원 3.양약 4.꾸짖을 책 5.전할 전 6.창 창 7.心 : 심신 8.有 : 유무 9.分 10.力 11.有罪 12.宿願 13.願書 14.氷山 15.祝福 16.良書 17.祝 : 祝電, 鐵 : 電鐵 18.材 : 材料, 金 : 料金 19.技 20.競 21.戰 22.~24.使用, 祝願, 記事

익혀서 지혜로

제재	평화	효능	노선	경기

평가문제 해답 9~10

1.병졸 2.재건 3.경로석 4.용건 5.상품 6.임의 7.펼 전 8.해 세 9.꾸짖을 책 10.바랄 망 11.빌 축 12.믿을 신 13.商 : 상품 14.式 : 예식 15.卒業 16.奉養 17.期待 18.思春期 19.事事件件 20.再活 21.定期 22.開 23.愛 24.發電 25.全開 26.④

익혀서 지혜로

활동	기간	의술	과학	통화

평가문제 해답 11~12

1.질감 2.관동 3.착수 4.특허 5.수판 6.낙선 7.누를 황 8.쉴 휴 9.가게 점 10.성 박 11.익힐 련 12.특별할 특 13.無 : 무관 14.工 : 착공 15.品種 16.質感 17.關門 18.各 : 各種, 族 : 種族 19.敎 : 敎養, 分 : 養分 20.案內 21.落花 22.韓牛 23.洗手 24.問 : 문답 25.少 : 다소 26.②

익혀서 지혜로

휴전	완공	약재	회담	당선

평가문제 해답 13 ~ 14

1.낙도 2.냉대 3.낭독 4.구원할 구 5.볼 관 6.아이 아 7.冷 : 냉열 8.善 : 선악 9.韓半 10.男, 女 11.明朗 12.傳記文 13.理性 14.獨善 15.健全 16.教卓 17.價 : 價格, 式 : 格式 18.電 : 電球, 技 : 球技 19.主觀 20.急 21.特 22.害

익혀서 지혜로

이치	약품	구급	착실	동화

평가문제 해답 15 ~ 16

1.역임 2.육상 3.독특 4.경쟁 5.질책 6.말엽 7.도읍 도 8.고기잡을 어 9.다툴 쟁 10.意 11.首 12.識見 13.考案 14.考古學 15.漁場 16.獨白 17.首都 18.來歷 19.遠洋 20.知 21.的 22.國歌 23.競技 24.(책선) : 뜻 ▷ 본문학습 139쪽 참조

익혀서 지혜로

근해	고대	의견	방법	말기

평가문제 해답 17 ~ 18

1.오한 2.악습 3.영애 4.헤아릴 료 5.말씀 담 6.열매 실 7.吉 : 길흉 8.敗 : 승패 9.寫生 10.原理 11.所望 12.~14.成功, 加工, 法則 15.高原 16.歌唱 17.成敗 18.停年 19.消 : 消失, 望 : 失望 20.停 : 停戰, 爭 : 戰爭 21.號 22.郡 23.作 24.③ 25.②

익혀서 지혜로

재료	실패	낙심	덕담	행복

평가문제 해답 19 ~ 20

1.적도 2.곡조 3.동산 4.요약 5.경마 6.욕실 7.줄 선 8.마디 절 9.순할 순 10.강할 강 11.집 원 12.찰 한 13.信 : 신호 14.明 : 광명 15.時調 16.海水浴 17.開天節 18.節電 19.調和 20.國産 21.入院 22.病 23.重 24.(마이동풍) : 뜻▷본문학습 147쪽 참조 25.(이목구비) : 뜻▷본문학습 145쪽 참조 26.②

익혀서 지혜로

재물	평면	직각	회계	지표

평가문제 해답 21 ~ 22

1.실정 2.품류 3.당도 4.붙을 착 5.다를 타 6.바탕 질 7.表 8.直 9.界 10.位 : 품위 11.特 : 특효 12.(지기) : 뜻▷본문학습 151쪽 참조 13.冷情 14.百倍 15.宿 : 宿題, 目 : 題目 16.過 : 過去, 來 : 去來 17.發效 18.他國 19.消去 20.格式 21.倍數 22.格言 23.利己 24.白衣, 倍達

익혀서 지혜로

합격	불행	대결	교훈	약수

평가문제 해답 23 ~ 24

1.당번 2.웅건 3.귀댁 4.겨레 족 5.옮길 운 6.꽃부리 영 7.落 : 당락 8.輕 : 경중 9.意見 10.親筆 11.鮮明 12.當選 13.見學 14.使臣 15.貴重 16.音 : 音樂, 器 : 樂器 17.的 : 的中, 止 : 中止 18.新 19.河 20.寫 21.行動擧止 22.輕工業 23.~25.參席, 朝夕, 氷山, 末席, 高山 26.②

익혀서 지혜로

만년설	선거	구체적	악단	특별

평가문제 해답 25 ~ 26

1.아동 2.참고 3.절실 4.요리 5.실기 6.육교 7.다행 행 8.이를 치 9.그럴 연 10.볼 관 11.쇠 철 12.마당 장 13.手 : 수화 14.過 : 과실 15.固有 16.奉仕 17.以實直告 18.一切 19.固體 20.入場料 21.參加 22.結 23.品 24.實數 25.~27.必要, 料金, 有利, 有料, 告白, 白金, 金利

익혀서 지혜로

철도	운수	대륙	흑심	소용

평가문제 해답 27 ~ 28

1.경매 2.이치 3.대비 4.법식 례 5.쓸 비 6.가게 점 7.買 : 매매 8.出 : 출입 9.觀光 10.通過 11.湖水 12.養魚 13.目的 14.觀念 15.雨期 16.失 : 消失, 風 : 消風, 17.因 : 因果, 實 : 實果, 然 : 果然, 實 : 果實 18.南 19.合 20.公 21.~23.市場, 景致, 團束 24.消火 25.④

익혀서 지혜로

수량	내부	정당	성질	풍물

평가문제 해답 29 ~ 30

1.여객 2.선약 3.말기 4.충당 5.급우 6.집단 7.기약할 기 8.쓸 비 9.처음 초 10.결단할 결 11.재물 재 12.재주 재 13.道 : 도로 14.末 : 종말, 止 : 종지 15.病患 16.完成 17.友情 18.初代 19.完決(完結) 20.旅費 21.充電 22.序曲 23.登 24.部 25.(서두) : 뜻▷본문학습 167쪽 참조 26.(금시초문) : 뜻▷본문학습 165쪽 참조 27.末 : 본말 28.始 : 시종

익혀서 지혜로

신통력	신선	결국	목적	구면

평가문제 해답 31 ~ 32

1.능통 2.규격 3.결산 4.성품 성 5.마땅 당 6.법 법 7.賣 : 매매 8.黑 : 흑백 9.給, 足 10.直選 11.雲集 12.相談 13.選定 14.決意 15.規格 16.給水 17.價 : 原價, 價格 18.無 : 無事, 件 : 事件 19.死 20.靑 21.色 22.~24.通行, 行動, 淸白, 告白

익혀서 지혜로

충당	성격	매매	고정	간선

평가문제 해답 33 ~ 34

1.댁내 2.정경 3.철칙 4.멀 원 5.익힐 습 6.억 억 7.因 : 인과 8.長 : 장단 9.考査 10.可觀 11.特技 12.元老 13.商店 14.可能性 15.可決 16.永 : 永住, 所 : 住所 17.貯 : 貯金, 品 : 金品 18.書 19.正 20.萬 21.~23.體重, 全體, 去來, 重要 24.家 : 가옥 25.正 : 정직 26.① ※ 豆→頭

익혀서 지혜로

습성	공로	재산	사정	근경

평가문제 해답 35 ~ 36

1.기선 2.세비 3.주번 4.요령 5.거수 6.열정 7.알 지 8.익힐 련 9.느낄 감 10.發 : 발화 11.自 : 자습 12.費用 13.調練 14.週間 15.熱意 16.擧行 17.日課 18.練習 19.領空 20.汽車 21.課題 22.(비조) : 뜻 ▷ 본문학습 179쪽 참조 23.(과열) : 뜻 ▷ 본문학습 177쪽 참조 24.②

익혀서 지혜로

직감	반대	고조	주초	명령

평가문제 해답 37 ~ 38

1.고발 2.조작 3.기지 4.찰 랭 5.지날 과 6.둥글 단 7.失 : 실업 8.術 : 수술 9.具色 10.團束 11.加熱 12.建國 13.約束 14.操心 15.主 : 主流, 行 : 流行 16.寒 : 寒雪, 景 : 雪景 17.食 18.曜 19.速 20.~22.電線, 展開, 對立 23.大 : 위대 24.年 : 연세 25.④ ※ 里→理

익혀서 지혜로

생계	적도	국량	실수	실체

평가문제 해답 39 ~ 40

1.재해 2.필담 3.유례 4.마디 절 5.도읍 도 6.모일 사 7.利 : 이해 8.新 : 신구 9.都合 10.期約 11.談話文 12.風 13.多 14.愛 15.電流 16.種類 17.公約 18.福利 19.(천재지변) : 뜻▷본문학습 185쪽 참조 20.(유만부동) : 뜻▷본문학습 187쪽 참조 21.商品, 上品 22.② 23.③

익혀서 지혜로

격식	단체	풍경	공적	승리

(261쪽 ~ 263쪽)

5급II 기출 · 예상문제 해답 제 1 회

01.국면 02.승산 03.주야 04.번호 05.친필 06.표정 07.고백 08.단결 09.도착 10.병사 11.사설 12.식별 13.온실 14.은행 15.특사 16.한복 17.과실 18.광선 19.급류 20.체감 21.대망 22.성질 23.합격 24.동화 25.숙제 26.약물 27.운집 28.관념 29.속력 30.수석 31.약속 32.양육 33.재산 34.종류 35.상반 36.근본 본 37.섬길 사 38.머리 두 39.길 로 40.일할 로 41.받들 봉 42.홀로 독 43.복 복 44.집 댁/택 45.누를 황 46.결단할 결 47.순할 순 48.셀 계 49.비 우 50.마땅 당 51.어제 작 52.기름 유 53.클 태 54. 겨레 족 55.물건 품 56.반드시 필 57.푸를 록 58.참여할 참 59.花草 60.每事 61.成功 62.孝子 63.少年 64.作家 65.氣道 66.登場 67.外界 68.公共 69.休校 70.山林 71.信用 72.風聞 73.農村 74.運動 75.代金 76.飮食 77.自身 78.水門 79.⑤ 80.④ 81.① 82.③ 83.⑤ 84.② 85.⑦ 86.③ 87.⑥ 88.① 89.國旗 90.戰果 91.始球 92.반값 93.센 정도 94.전기를 아껴 씀 95.図 96.発 97.体 98.③ 99.④ 100.②

(264쪽 ~ 266쪽)

5급II 기출 · 예상문제 해답 제 2 회

01.과외 02.기념 03.연도 04.자기 05.결산 06.경례 07.부분 08.역임 09.당국 10.동종 11.주요 12.특별 13.가격 14.관망 15.신문 16.표정 17.농지 18.통과 19.식견 20.광고 21.금주 22.상점 23.성공 24.시간 25.유실 26.행복 27.독립 28.등장 29.졸병 30.친구 31.안락 32.유명 33.집계 34.불법화 35.세계적 36.열개 37.뿌리 근 38.성 성 39.둥글 단 40.기다릴 대 41.서울 경 42.반드시 필 43.뭍 륙 44.고을 주 45.하여금 사 46.익힐 습 47.갖출 구 48.이름 호 49.느낄 감 50.맺을 결 51.변할 변 52.글 장 53.꾸짖을 책 54.차례 번 55.법 전 56.본받을 효 57.기름 유 58.모양 형 59.勇 60.空 61.里 62.秋 63.祖 64.山林 65.敎育 66.每月 67.對答 68.命中 69.二重 70.果然 71.放心 72.風車 73.短身 74.班長 75.窓門 76.利用 77.住所 78.植物 79.夕 80.下 81.先/前 82.⑥ 83.② 84.④ 85.⑥ 86.⑤ 87.① 88.⑦ 89.③ 90.⑥ 91.② 92.③ 93.② 94.⑥ 95.学 96.来 97.会 98.④ 99.⑤ 100.⑥

(267쪽 ~ 268쪽)

5급 기출 · 예상문제 해답 제 1 회

01. 여객 02.개량 03.요인 04.신선 05.집중 06.비중 07.책망 08.덕성 09.촌락 10.빙탄 11.고안 12.약국 13.교탁 14.체조 15.귀댁 16.실수 17.죄악 18.재건 19.견문 20.고정 21.매매 22.역임 23.사료 24.임야 25.음식 26.충당 27.정지 28.절약 29.지식 30.곡선 31.종류 32.어부 33.은하 34.부동산 35.잎 엽 36.수컷 웅 37.일할 로 38.쉴 휴 39.재주 기 40.가벼울 경 41.쇠 철 42.기 기 43.예 구 44.가릴 선 45.공경 경 46.뜻 정 47.이를 도 48.고을 군 49.편할 편, 똥오줌 변 50.그림 화 51.열매 실 52.재앙 재 53.묶을 속 54.집 원 55.목욕할 욕 56.흉할 흉 57.④ 58.⑥ 59.⑦ 60.勝利 61.車道 62.天地 63.大門 64.淸算 65.高級 66.愛國 67.夜間 68.人命 69.感氣 70.發表 71.前後 72.農土 73.代身 74.祖上 75.⑥ 76.⑦ 77.① 78.⑤ 79.② 80.① 81.④ 82.② 83.② 84.④ 85.① 86.習 87.對 88.功 89.待 90.庭 91.白 92.朝 93.海 94.溫 95.말다툼 96.물을 저장함 97.오늘과 내일 사이 98.体 99.礼=礼 100.号

(269쪽 ~ 270쪽)

5급 기출 · 예상문제 해답 제 2 회

01. 광고 02.염두 03.분명 04.가중 05.숙원 06.품격 07.완전 08.관광 09.최후 10.설교 11.낙엽 12.화단 13.상금 14.구정 15.수재 16.명령 17.정담 18.상업 19.차도 20.신작 21.방향 22.다각 23.의도 24.당선 25.전시 26.조사 27.식탁 28.과실 29.효과 30.원료 31.은행 32.문안 33.주목 34.반도 35.패할 패 36.빌 축 37.책상 안 38.옷 복 39.구원할 구 40.낳을 산 41.전할 전 42.쌓을 저 43.이를 치 44.가벼울 경 45.호수 호 46.곱 배 47.맑을 청 48.칠 타 49.반드시 필 50.팔 매 51.터 기 52.받들 봉 53.얼음 빙 54.고기잡을 어 55.쓸 비 56.거느릴 령 57.③ 58.⑩ 59.⑤ 60.自習 61.午前 62.兄弟 63.開校 64.上下 65.利用 66.陽地 67.時間 68.堂堂 69.窓門 70.消火 71.花草 72.弱體 73.速度 74.石油 75.⑧ 76.② 77.⑤ 78.③ 79.⑥ 80.③ 81.② 82.① 83.③ 84.④ 85.③ 86.部 87.使 88.紙 89.題 90.幸 91.少 92.樂 93.今 94.北 95.첫머리 96.정신을 잃음 97.내년 98.対 99.万 100.発

(271쪽 ~ 272쪽)

5급 기출 · 예상문제 해답 제 3 회

01. 대화 02.최초 03.냉해 04.재단 05.반생 06.조회 07.병졸 08.요일 09.명령 10.분류 11.무죄 12.조사 13.부당 14.역사 15.성질 16.자연 17.절전 18.열정 19.타개 20.효과 21.호수 22.서점 23.도시 24.결산 25.패망 26.능동 27.말기 28.객차 29.참가 30.원인 31.요령 32.여비 33.행운 34.세련 35.맺을 결 36.살 매 37.생각 념 38.골 동 39.지날 과 40.붓 필 41.갖출 구 42.바랄 망 43.부를 창 44.근심 환 45.떨어질 락 46.원할 원 47.말미암을 유 48.머리 수 49.알 지 50.신하 신 51.이를 치 52.구름 운 53.귀 이 54.물끓는김 기 55.채울 충 56.해 세 57.⑥ 58.⑥ 59.⑧ 60.長短 61.江村 62.北西 63.三千 64.農村 65.後孫 66.物色 67.太祖 68.全身 69.失手 70.注意 71.方今 72.形便 73.年少者 74.所在地 75.⑤ 76.⑧ 77.⑥ 78.② 79.④ 80.③ 81.① 82.② 83.① 84.④ 85.② 86.庭 87.育 88.各 89.強 90.集 91.答 92.發 93.重 94.新 95.비가 많이 내리는 시기 96.사계절, 봄 · 여름 · 가을 · 겨울 97.이룩하여 세움 98.読 99.会 100.国

한자능력 검정시험

배정한자 (가나다순)

(8급 ~ 5급 : 500자)

5급 부수별 배정한자

一(一)七(一)下(一)三(一)世(一)上(一)不(一)中(丨)主(丶)九(乙)事(亅)五(二)二(二)亡(亠)交(亠)京(亠)住(人)
仙(人)仕(人)今(人)件(人)代(人)健(人)億(人)價(人)例(人)倍(人)來(人)令(人)信(人)休(人)使(人)便(人)他(人)
人(人)以(人)停(人)任(人)位(人)作(人)偉(人)傳(人)光(儿)兒(儿)充(儿)元(儿)先(儿)兄(儿)全(入)入(入)內(入)
公(八)共(八)典(八)六(八)具(八)兵(八)八(八)再(冂)冷(冫)冬(冫)出(凵)凶(凵)利(刀)前(刀)別(刀)分(刀)切(刀)
則(刀)到(刀)初(刀)勞(力)力(力)勝(力)動(力)勇(力)加(力)功(力)化(匕)北(匕)區(匚)千(十)十(十)卓(十)南(十)
卒(十)午(十)半(十)原(厂)參(厶)去(厶)反(又)友(又)各(口)向(口)品(口)命(口)問(口)可(口)名(口)同(口)吉(口)
唱(口)告(口)善(口)合(口)口(口)右(口)古(口)商(口)和(口)史(口)四(囗)國(囗)園(囗)團(囗)因(囗)固(囗)圖(囗)
在(土)壇(土)基(土)土(土)堂(土)場(土)地(土)士(士)夏(夊)外(夕)夕(夕)多(夕)夜(夕)奉(大)大(大)天(大)失(大)
夫(大)太(大)姓(女)女(女)始(女)字(子)學(子)孝(子)孫(子)子(子)定(宀)宅(宀)寫(宀)室(宀)實(宀)完(宀)家(宀)
宿(宀)安(宀)害(宀)寒(宀)客(宀)寸(寸)對(寸)小(小)少(小)展(尸)局(尸)屋(尸)島(山)山(山)州(巛)川(巛)左(工)
工(工)己(己)市(巾)席(巾)平(干)幸(干)年(干)店(广)序(广)庭(广)度(广)廣(广)建(廴)式(弋)弱(弓)弟(弓)強(弓)
形(彡)後(彳)德(彳)待(彳)心(心)思(心)急(心)愛(心)情(心)感(心)患(心)惡(心)性(心)意(心)念(心)必(心)戰(戈)
成(戈)所(戶)擧(手)打(手)技(手)手(手)操(手)才(手)救(攴)效(攴)放(攴)數(攴)敗(攴)敬(攴)敎(攴)改(攴)文(文)
料(斗)新(斤)旗(方)族(方)方(方)旅(方)時(日)春(日)晝(日)曜(日)明(日)昨(日)景(日)日(日)會(曰)書(曰)最(曰)
曲(曰)朝(月)服(月)期(月)有(月)朗(月)望(月)月(月)板(木)果(木)校(木)格(木)根(木)橋(木)末(木)束(木)業(木)
樂(木)植(木)本(木)材(木)朴(木)村(木)案(木)林(木)樹(木)木(木)東(木)査(木)李(木)歌(欠)歷(止)歲(止)止(止)
正(止)死(歹)母(毋)每(毋)比(比)民(氏)氣(气)江(水)洞(水)流(水)湖(水)汽(水)氷(水)活(水)浴(水)永(水)漢(水)
水(水)注(水)消(水)河(水)漁(水)洗(水)洋(水)法(水)淸(水)溫(水)油(水)決(水)海(水)災(火)然(火)火(火)熱(火)
無(火)炭(火)爭(爪)父(父)牛(牛)特(牛)物(牛)獨(犬)班(玉)理(玉)球(玉)王(玉)現(玉)產(生)生(生)用(用)由(田)
當(田)男(田)番(田)畫(田)界(田)病(疒)發(癶)登(癶)的(白)百(白)白(白)着(目)相(目)省(目)目(目)直(目)短(矢)
知(矢)石(石)祝(示)福(示)禮(示)社(示)祖(示)示(示)神(示)科(禾)種(禾)秋(禾)窓(穴)空(穴)競(立)章(立)童(立)
立(立)算(竹)筆(竹)節(竹)答(竹)第(竹)等(竹)米(米)約(糸)給(糸)級(糸)綠(糸)練(糸)終(糸)線(糸)結(糸)紙(糸)
罪(罒)美(羊)習(羽)老(老)考(老)者(老)耳(耳)聞(耳)育(肉)能(肉)臣(臣)自(自)致(至)舊(臼)船(舟)良(艮)色(色)
花(艸)萬(艸)英(艸)草(艸)葉(艸)藥(艸)落(艸)苦(艸)號(虍)術(行)行(行)表(衣)衣(衣)西(襾)要(襾)觀(見)親(見)
見(見)規(見)角(角)訓(言)言(言)許(言)課(言)語(言)調(言)話(言)記(言)計(言)讀(言)說(言)識(言)變(言)談(言)
買(貝)賣(貝)責(貝)財(貝)費(貝)貯(貝)貴(貝)質(貝)賞(貝)赤(赤)路(足)足(足)身(身)輕(車)車(車)軍(車)農(辰)
近(辶)通(辶)週(辶)過(辶)速(辶)遠(辶)運(辶)選(辶)道(辶)都(邑)邑(邑)郡(邑)部(邑)醫(酉)野(里)里(里)量(里)
重(里)鐵(金)金(金)銀(金)長(長)開(門)關(門)門(門)間(門)陸(阜)陽(阜)院(阜)集(隹)雄(隹)雪(雨)雨(雨)雲(雨)
電(雨)靑(靑)面(面)韓(韋)音(音)順(頁)題(頁)願(頁)類(頁)領(頁)頭(頁)風(風)食(食)養(食)飮(食)首(首)馬(馬)
體(骨)高(高)魚(魚)鮮(魚)黃(黃)黑(黑)鼻(鼻)

배정한자 ㄱ

價	5Ⅱ	값	가	人-총15획
加	5급	더할	가	力-총 5획
可	5급	옳을	가	口-총 5획
歌	7급	노래	가	欠-총14획
家	7Ⅱ	집	가	宀-총10획
各	6Ⅱ	각각	각	口-총 6획
角	6Ⅱ	뿔	각	角-총 7획
間	7Ⅱ	사이	간	門-총12획
感	6급	느낄	감	心-총13획
強	6급	강할[強=强]	강	弓-총11획
江	7Ⅱ	강	강	水-총 6획
改	5급	고칠	개	攴-총 7획
開	6급	열	개	門-총12획
客	5Ⅱ	손	객	宀-총 9획
去	5급	갈	거	厶-총 5획
擧	5급	들	거	手-총18획
車	7Ⅱ	수레	거	
		수레	차	車-총 7획
健	5급	굳셀	건	人-총11획
件	5급	물건	건	人-총 6획
建	5급	세울	건	廴-총 9획
格	5Ⅱ	격식	격	木-총10획
見	5Ⅱ	볼	견	
		뵈올	현	見-총 7획
決	5Ⅱ	결단할	결	水-총 7획
結	5Ⅱ	맺을	결	糸-총12획
輕	5급	가벼울	경	車-총14획
敬	5Ⅱ	공경	경	攴-총13획
競	5급	다툴	경	立-총20획
景	5급	볕	경	日-총12획
京	6급	서울	경	亠-총 8획
計	6Ⅱ	셀	계	言-총 9획
界	6Ⅱ	지경	계	田-총 9획
告	5Ⅱ	고할	고	口-총 7획
固	5급	굳을	고	囗-총 8획
考	5급	생각할	고	老-총 6획
高	6Ⅱ	높을	고	高-총10획
苦	6급	쓸[味覺]	고	艸-총 9획
古	6급	예	고	口-총 5획
曲	5급	굽을	곡	曰-총 6획
功	6Ⅱ	공[勳]	공	力-총 5획
公	6Ⅱ	공평할	공	-총 4획
共	6Ⅱ	한가지	공	八-총 6획
空	7Ⅱ	빌[虛]	공	穴-총 8획
工	7Ⅱ	장인	공	工-총 3획
課	5Ⅱ	공부할	과	
		과정	과	言-총15획
過	5Ⅱ	지날	과	辶-총13획
科	6Ⅱ	과목	과	禾-총 9획
果	6Ⅱ	실과	과	木-총 8획
關	5Ⅱ	관계할	관	門-총19획
觀	5Ⅱ	볼	관	見-총25획
廣	5Ⅱ	넓을	광	广-총15획
光	6Ⅱ	빛	광	儿-총 6획
橋	5급	다리	교	木-총16획
交	6급	사귈	교	亠-총 6획
敎	8급	가르칠	교	攴-총11획
校	8급	학교	교	木-총10획
具	5Ⅱ	갖출	구	八-총 8획
救	5급	구원할	구	攴-총11획
舊	5Ⅱ	예	구	臼-총18획
球	6Ⅱ	공	구	玉-총11획
區	6급	구분할	구	
		지경	구	匸-총11획
口	7급	입	구	口-총 3획
九	8급	아홉	구	乙-총 2획
局	5Ⅱ	판[形局]	국	尸-총 7획
國	8급	나라	국	囗-총11획
郡	6급	고을	군	邑-총10획
軍	8급	군사	군	車-총 9획
貴	5급	귀할	귀	貝-총12획
規	5급	법	규	見-총11획
近	6급	가까울	근	辶-총 8획
根	6급	뿌리	근	木-총10획
今	6Ⅱ	이제	금	人-총 4획
金	8급	쇠	금	
		성姓	김	金-총 8획
給	5급	줄	급	糸-총12획
急	6Ⅱ	급할	급	心-총 9획
級	6급	등급	급	糸-총10획
汽	5급	물끓는김	기	水-총 7획
期	5급	기약할	기	月-총12획
己	5Ⅱ	몸	기	己-총 3획
技	5급	재주	기	手-총 7획
基	5Ⅱ	터	기	土-총11획

旗 7급 기 기 方-총14획
記 7Ⅱ 기록할 기 言-총10획
氣 7Ⅱ 기운 기 气-총10획
吉 5급 길할 길 口-총 6획

배정한자 ㄴ

男 7Ⅱ 사내 남 田-총 7획
南 8급 남녘 남 十-총 9획
內 7Ⅱ 안 내 入-총 4획
女 8급 계집 녀 女-총 3획
年 8급 해 년 干-총 6획
念 5Ⅱ 생각 념 心-총 8획
農 7Ⅱ 농사 농 辰-총13획
能 5Ⅱ 능할 능 肉-총10획

배정한자 ㄷ

多 6급 많을 다 夕-총 6획
壇 5급 단 단 土-총16획
團 5Ⅱ 둥글 단 囗-총14획
短 6Ⅱ 짧을 단 矢-총12획
談 5급 말씀 담 言-총15획
答 7Ⅱ 대답 답 竹-총12획
當 5Ⅱ 마땅 당 田-총13획
堂 6Ⅱ 집 당 土-총11획
待 6급 기다릴 대 彳-총 9획
代 6Ⅱ 대신할 대 人-총 5획
對 6Ⅱ 대할 대 寸-총14획
大 8급 큰 대 大-총 3획
德 5Ⅱ 큰 덕 彳-총15획
都 5급 도읍 도 邑-총12획
島 5급 섬 도 山-총10획
到 5Ⅱ 이를 도 刀-총 8획
圖 6Ⅱ 그림 도 囗-총14획
度 6급 법도 도
헤아릴 탁 广-총 9획
道 7Ⅱ 길 도
말할 도 辶-총13획
獨 5Ⅱ 홀로 독 犬-총16획
讀 6Ⅱ 읽을 독
구절 두 言-총22획
童 6Ⅱ 아이 동 立-총12획
冬 7급 겨울 동 冫-총 5획
洞 7급 골 동
밝을 통 水-총 9획
動 7Ⅱ 움직일 동 力-총11획
同 7급 한가지 동 口-총 6획
東 8급 동녘 동 木-총 8획
頭 6급 머리 두 頁-총16획
等 6Ⅱ 무리 등 竹-총12획
登 7급 오를[登山] 등 癶-총12획

배정한자 ㄹ

落 5급 떨어질 락 艸-총13획
樂 6Ⅱ 즐길 락
노래 악
좋아할 요 木-총15획
朗 5Ⅱ 밝을 랑 月-총11획
良 5Ⅱ 어질 량 艮-총 7획
量 5급 헤아릴 량 里-총12획
旅 5Ⅱ 나그네 려 方-총10획
歷 5Ⅱ 지날 력 止-총16획
力 7Ⅱ 힘 력 力-총 2획
練 5Ⅱ 익힐 련 糸-총15획
領 5급 거느릴 령 頁-총14획
令 5급 하여금 령 人-총 5획
來 7급 올 래 人-총 8획
冷 5급 찰 랭 冫-총 7획
例 6급 법식 례 人-총 8획
禮 6급 예도 례 示-총18획
勞 5Ⅱ 일할 로 力-총12획
路 6급 길 로 足-총13획
老 7급 늙을 로 老-총 6획
綠 6급 푸를 록 糸-총14획
料 5급 헤아릴 료 斗-총10획
類 5Ⅱ 무리 류 頁-총19획
流 5Ⅱ 흐를 류 水-총10획
陸 5Ⅱ 뭍 륙 阜-총11획
六 8급 여섯 륙 八-총 4획
理 6Ⅱ 다스릴 리 玉-총11획
里 7급 마을 리 里-총 7획
李 6급 오얏 리
성姓 리 木-총 7획
利 6Ⅱ 이할 리 刀-총 7획

林 7급 수풀 림 木-총 8획
立 7Ⅱ 설 립 立-총 5획

배정한자 ㅁ

馬 5급 말 마 馬-총10획
萬 8급 일만 만 艸-총13획
末 5급 끝 말 木-총 5획
亡 5급 망할 망 亠-총 3획
望 5Ⅱ 바랄 망 月-총11획
買 5급 살 매 貝-총12획
賣 5급 팔[賣買] 매 貝-총15획
每 7Ⅱ 매양 매 毋-총 7획
面 7급 낯 면 面-총 9획
明 6Ⅱ 밝을 명 日-총 8획
命 7급 목숨 명 口-총 8획
名 7Ⅱ 이름 명 口-총 6획
母 8급 어미 모 毋-총 5획
目 6급 눈 목 目-총 5획
木 8급 나무 목 木-총 4획
無 5급 없을 무 火-총12획
聞 6Ⅱ 들을 문 耳-총14획
文 7급 글월 문 文-총 4획
問 7급 물을 문 口-총11획
門 8급 문 문 門-총 8획
物 7Ⅱ 물건 물 牛-총 8획
米 6급 쌀 미 米-총 6획
美 6급 아름다울 미 羊-총 9획
民 8급 백성 민 氏-총 5획

배정한자 ㅂ

朴 6급 성姓 박 木-총 6획
班 6Ⅱ 나눌 반 玉-총10획
反 6Ⅱ 돌이킬 반 又-총 4획
半 6Ⅱ 반 반 十-총 5획
發 6Ⅱ 필 발 癶-총12획
放 6Ⅱ 놓을 방 攴-총 8획
方 7Ⅱ 모[四角] 방 方-총 4획
倍 5급 곱 배 人-총10획
百 7급 일백 백 白-총 6획
白 8급 흰 백 白-총 5획
番 6급 차례 번 田-총12획
法 5Ⅱ 법 법 水-총 8획
變 5Ⅱ 변할 변 言-총23획
別 6급 다를 별
나눌 별 刀-총 7획
兵 5Ⅱ 병사 병 八-총 7획
病 6급 병 병 疒-총10획
福 5Ⅱ 복 복 示-총14획
服 6급 옷 복 月-총 8획
本 6급 근본 본 木-총 5획
奉 5Ⅱ 받들 봉 大-총 8획
部 6Ⅱ 떼[部類] 부 邑-총11획
夫 7급 지아비 부 大-총 4획
父 8급 아비 부 父-총 4획
北 8급 북녘 북
달아날 배 匕-총 5획
分 6Ⅱ 나눌 분 刀-총 4획
不 7Ⅱ 아닐 불 一-총 4획
比 5급 견줄 비 比-총 4획
費 5급 쓸 비 貝-총12획
鼻 5급 코 비 鼻-총14획
氷 5급 얼음 빙 水-총 5획

배정한자 ㅅ

寫 5급 베낄 사 宀-총15획
史 5Ⅱ 사기 사 口-총 5획
思 5급 생각 사 心-총 9획
士 5Ⅱ 선비 사 士-총 3획
仕 5Ⅱ 섬길 사 人-총 5획
査 5급 조사할 사 木-총 9획
社 6Ⅱ 모일 사 示-총 8획
死 6급 죽을 사 歹-총 6획
使 6급 하여금 사
부릴 사 人-총 8획
事 7Ⅱ 일 사 亅-총 8획
四 8급 넉 사 囗-총 5획
産 5Ⅱ 낳을 산 生-총11획
算 7급 셈 산 竹-총14획
山 8급 메 산 山-총 3획
三 8급 석 삼 一-총 3획
賞 5급 상줄 상 貝-총15획

相 5Ⅱ 서로 상 目-총 9획
商 5Ⅱ 장사 상 口-총11획
上 7Ⅱ 윗 상 一-총 3획
色 7급 빛 색 色-총 6획
生 8급 날 생
낳을 생 生-총 5획
序 5급 차례 서 广-총 7획
書 6Ⅱ 글 서 曰-총10획
西 8급 서녘 서 襾-총 6획
石 6급 돌 석 石-총 5획
席 6급 자리 석 巾-총10획
夕 7급 저녁 석 夕-총 3획
選 5급 가릴 선 辶-총16획
鮮 5Ⅱ 고울 선 魚-총17획
船 5급 배[漁船] 선 舟-총11획
仙 5Ⅱ 신선 선 人-총 5획
善 5급 착할 선 口-총12획
線 6Ⅱ 줄[直線] 선 糸-총15획
先 8급 먼저 선 儿-총 6획
說 5Ⅱ 말씀 설
달랠 세 言-총14획
雪 6Ⅱ 눈 설 雨-총11획
性 5Ⅱ 성품 성 心-총 8획
省 6Ⅱ 살필 성
덜 생 目-총 9획
成 6Ⅱ 이룰 성 戈-총 7획
姓 7Ⅱ 성姓 성 女-총 8획
洗 5Ⅱ 씻을 세 水-총 9획
歲 5Ⅱ 해 세 止-총13획
世 7Ⅱ 인간 세 一-총 5획

消 6Ⅱ 사라질 소 水-총10획
所 7급 바 소 戶-총 8획
少 7급 적을 소 小-총 4획
小 8급 작을 소 小-총 3획
束 5Ⅱ 묶을 속 木-총 7획
速 6급 빠를 속 辶-총11획
孫 6급 손자 손 子-총10획
首 5Ⅱ 머리 수 首-총 9획
樹 6급 나무 수 木-총16획
數 7급 셈 수 攴-총15획
手 7Ⅱ 손 수 手-총 4획
水 8급 물 수 水-총 4획
宿 5Ⅱ 잘 숙
별자리 수 宀-총11획
順 5Ⅱ 순할 순 頁-총12획
術 6Ⅱ 재주 술 行-총11획
習 6급 익힐 습 羽-총11획
勝 6급 이길 승 力-총12획
示 5급 보일 시 示-총 5획
始 6Ⅱ 비로소 시 女-총 8획
時 7Ⅱ 때 시 日-총10획
市 7Ⅱ 저자 시 巾-총 5획
識 5Ⅱ 알 식
기록할 지 言-총19획
式 6급 법 식 弋-총 6획
食 7Ⅱ 먹을 식
밥 식 食-총 9획
植 7급 심을 식 木-총12획
臣 5Ⅱ 신하 신 臣-총 6획
神 6Ⅱ 귀신 신 示-총10획

身 6Ⅱ 몸 신 身-총 7획
信 6Ⅱ 믿을 신 人-총 9획
新 6Ⅱ 새 신 斤-총13획
實 5Ⅱ 열매 실 宀-총14획
失 6급 잃을 실 大-총 5획
室 8급 집 실 宀-총 9획
心 7급 마음 심 心-총 4획
十 8급 열 십 十-총 2획

배정한자

兒 5Ⅱ 아이 아 儿-총 8획
惡 5Ⅱ 악할 악
미워할 오 心-총12획
案 5급 책상 안 木-총10획
安 7Ⅱ 편안 안 宀-총 6획
愛 6급 사랑 애 心-총13획
野 6급 들[坪] 야 里-총11획
夜 6급 밤 야 夕-총 8획
約 5Ⅱ 맺을 약 糸-총 9획
藥 6Ⅱ 약 약 艸-총19획
弱 6Ⅱ 약할 약 弓-총10획
養 5Ⅱ 기를 양 食-총15획
陽 6급 볕 양 阜-총12획
洋 6급 큰바다 양 水-총 9획
魚 5급 고기 어
물고기 어 魚-총11획
漁 5급 고기잡을 어 水-총14획

語	7급	말씀	어	言-총14획
億	5급	억[數字]	억	人-총15획
言	6급	말씀	언	言-총 7획
業	6Ⅱ	업	업	木-총13획
然	7급	그럴	연	火-총12획
熱	5급	더울	열	火-총15획
葉	5급	잎	엽	艸-총13획
永	6급	길	영	水-총 5획
英	6급	꽃부리	영	艸-총 9획
午	7Ⅱ	낮	오	十-총 4획
五	8급	다섯	오	二-총 4획
屋	5급	집	옥	尸-총 9획
溫	6급	따뜻할	온	水-총13획
完	5급	완전할	완	宀-총 7획
王	8급	임금	왕	玉-총 4획
外	8급	바깥	외	夕-총 5획
曜	5급	빛날	요	日-총18획
要	5Ⅱ	요긴할	요	襾-총 9획
浴	5급	목욕할	욕	水-총10획
勇	6Ⅱ	날랠	용	力-총 9획
用	6Ⅱ	쓸	용	用-총 5획
友	5Ⅱ	벗	우	又-총 4획
雨	5Ⅱ	비	우	雨-총 8획
牛	5급	소	우	牛-총 4획
右	7Ⅱ	오를	우	
		오른(쪽)	우	口-총 5획
雲	5Ⅱ	구름	운	雨-총12획
運	6Ⅱ	옮길	운	辶-총13획
雄	5급	수컷	웅	隹-총12획
原	5급	언덕	원	厂-총10획
願	5급	원할	원	頁-총19획
元	5Ⅱ	으뜸	원	儿-총 4획
院	5급	집	원	阜-총10획
園	6급	동산	원	口-총13획
遠	6급	멀	원	辶-총14획
月	8급	달	월	月-총 4획
位	5급	자리	위	人-총 7획
偉	5Ⅱ	클	위	人-총11획
油	6급	기름	유	水-총 8획
由	6급	말미암을	유	田-총 5획
有	7급	있을	유	月-총 6획
育	7급	기를	육	肉-총 8획
銀	6급	은	은	金-총14획
飮	6Ⅱ	마실	음	食-총13획
音	6Ⅱ	소리	음	音-총 9획
邑	7급	고을	읍	邑-총 7획
意	6Ⅱ	뜻	의	心-총13획
衣	6급	옷	의	衣-총 6획
醫	6급	의원	의	酉-총18획
耳	5급	귀	이	耳-총 6획
以	5Ⅱ	써	이	人-총 5획
二	8급	두	이	二-총 2획
因	5급	인할	인	口-총 6획
人	8급	사람	인	人-총 2획
日	8급	날	일	日-총 4획
一	8급	한	일	一-총 1획
任	5Ⅱ	맡길	임	人-총 6획
入	7급	들	입	入-총 2획

배정한자 ㅈ

者	6급	놈	자	老-총 9획
字	7급	글자	자	子-총 6획
自	7Ⅱ	스스로	자	自-총 6획
子	7Ⅱ	아들	자	子-총 3획
昨	6Ⅱ	어제	작	日-총 9획
作	6Ⅱ	지을	작	人-총 7획
章	6급	글	장	立-총11획
場	7Ⅱ	마당	장	土-총12획
長	8급	긴	장	長-총 8획
再	5급	두	재	冂-총 6획
材	5Ⅱ	재목	재	木-총 7획
財	5Ⅱ	재물	재	貝-총10획
災	5급	재앙	재	火-총 7획
在	6급	있을	재	土-총 6획
才	6Ⅱ	재주	재	手-총 3획
爭	5급	다툴	쟁	爪-총 8획
貯	5급	쌓을	저	貝-총12획
的	5Ⅱ	과녁	적	白-총 8획
赤	5급	붉을	적	赤-총 7획
典	5Ⅱ	법	전	八-총 8획
傳	5Ⅱ	전할	전	人-총13획
展	5Ⅱ	펼	전	尸-총10획
戰	6Ⅱ	싸움	전	戈-총16획
電	7Ⅱ	번개	전	雨-총13획
前	7Ⅱ	앞	전	刀-총 9획
全	7Ⅱ	온전	전	入-총 6획

切 5II 끊을 절
온통 체 刀-총 4획
節 5II 마디 절 竹-총15획
店 5II 가게 점 广-총 8획
情 5II 뜻 정 心-총11획
停 5급 머무를 정 人-총11획
庭 6II 뜰 정 广-총10획
定 6급 정할 정 宀-총 8획
正 7II 바를 정 止-총 5획
題 6II 제목 제 頁-총18획
第 6II 차례 제 竹-총11획
弟 8급 아우 제 弓-총 7획
調 5II 고를 조 言-총15획
操 5급 잡을 조 手-총16획
朝 6급 아침 조 月-총12획
祖 7급 할아비 조 示-총10획
族 6급 겨레 족 方-총11획
足 7II 발 족 足-총 7획
卒 5II 마칠 졸 十-총 8획
終 5급 마칠 종 糸-총11획
種 5II 씨 종 禾-총14획
左 7II 왼 좌 工-총 5획
罪 5급 허물 죄 罒-총13획
週 5II 주일 주 辶-총12획
州 5II 고을 주 巛-총 6획
晝 6급 낮 주 日-총11획
注 6II 부을 주 水-총 8획
住 7급 살 주 人-총 7획
主 7급 임금 주
주인 주 丶-총 5획

重 7급 무거울 중 里-총 9획
中 8급 가운데 중 丨-총 4획
止 5급 그칠 지 止-총 4획
知 5II 알 지 矢-총 8획
地 7급 땅[따] 지 土-총 6획
紙 7급 종이 지 糸-총10획
直 7II 곧을 직 目-총 8획
質 5II 바탕 질 貝-총15획
集 6II 모을 집 隹-총12획

배정한자 ㅊ

着 5II 붙을 착 目-총12획
參 5II 참여할 참
갖은석 삼 厶-총11획
唱 5급 부를 창 口-총11획
窓 6II 창 창 穴-총11획
責 5II 꾸짖을 책 貝-총11획
川 7급 내 천 巛-총 3획
千 7급 일천 천 十-총 3획
天 7급 하늘 천 大-총 4획
鐵 5급 쇠 철 金-총21획
清 6II 맑을 청 水-총11획
青 8급 푸를 청 青-총 8획
體 6II 몸 체 骨-총23획
初 5급 처음 초 刀-총 7획
草 7급 풀 초 艸-총10획
村 7급 마을 촌 木-총 7획

寸 8급 마디 촌 寸-총 3획
最 5급 가장 최 曰-총12획
秋 7급 가을 추 禾-총 9획
祝 5급 빌[祝福] 축 示-총10획
春 7급 봄 춘 日-총 9획
出 7급 날 출 凵-총 5획
充 5II 채울[充5획] 충 儿-총 6획
致 5급 이를 치 至-총10획
則 5급 법칙法則 칙
곧 즉 刀-총 9획
親 6급 친할 친 見-총16획
七 8급 일곱 칠 一-총 2획

배정한자 ㅌ

他 5급 다를 타 人-총 5획
打 5급 칠 타 手-총 5획
卓 5급 높을 탁 十-총 8획
炭 5급 숯 탄 火-총 9획
太 6급 클 태 大-총 4획
宅 5II 집 댁/택 宀-총 6획
土 8급 흙 토 土-총 3획
通 6급 통할 통 辶-총11획
特 6급 특별할 특 牛-총10획

배정한자 ㅍ

板	5급	널	판	木-총 8획
八	8급	여덟	팔	八-총 2획
敗	5급	패할	패	攴-총11획
便	7급	편할	편	
		똥오줌	변	人-총 9획
平	7Ⅱ	평평할	평	干-총 5획
表	6Ⅱ	겉	표	衣-총 8획
品	5Ⅱ	물건	품	口-총 9획
風	6Ⅱ	바람	풍	風-총 9획
必	5Ⅱ	반드시	필	心-총 5획
筆	5Ⅱ	붓	필	竹-총12획

배정한자 ㅎ

河	5급	물	하	水-총 8획
下	7Ⅱ	아래	하	一-총 3획
夏	7급	여름	하	夊-총10획
學	8급	배울	학	子-총16획
寒	5급	찰	한	宀-총12획
漢	7Ⅱ	한수漢水	한	
		한나라	한	水-총14획
韓	8급	한국	한	
		나라	한	韋-총17획
合	6급	합할	합	口-총 6획
害	5Ⅱ	해할	해	
		해칠	해	宀-총10획
海	7Ⅱ	바다	해	水-총10획
行	6급	다닐	행	
		항렬	항	行-총 6획
幸	6Ⅱ	다행	행	干-총 8획
向	6급	향할	향	口-총 6획
許	5급	허락할	허	言-총11획
現	6Ⅱ	나타날[現象]	현	玉-총11획
形	6Ⅱ	모양	형	彡-총 7획
兄	8급	형	형	儿-총 5획
湖	5급	호수	호	水-총12획
號	6급	이름	호	虍-총13획
化	5Ⅱ	될	화	匕-총 4획
畫	6급	그림[畵]	화	
		그을[劃]	획	田-총13획
和	6Ⅱ	화할	화	口-총 8획
花	7급	꽃	화	艸-총 8획
話	7Ⅱ	말씀	화	言-총13획
火	8급	불	화	火-총 4획
患	5급	근심	환	心-총11획
活	7Ⅱ	살[生活]	활	水-총 9획
黃	6급	누를	황	黃-총12획
會	6Ⅱ	모일	회	曰-총13획
效	5Ⅱ	본받을	효	攴-총10획
孝	7Ⅱ	효도	효	子-총 7획
後	7Ⅱ	뒤	후	彳-총 9획
訓	6급	가르칠	훈	言-총10획
休	7급	쉴	휴	人-총 6획
凶	5Ⅱ	흉할	흉	凵-총 4획
黑	5급	검을	흑	黑-총12획

※ 이상 5급 배정한자 500자 가나다순

명시감상

작자作者 : 윤두서尹斗緖

옥에 흙이 묻어 길가에 바렸으니

오는 이 가는 이 흙이라 하는고야

두어라 알 이 있을지니 흙인 듯이 있거라

해석 : 옥에 흙이 묻었기에 흙이라 여겨 버려 있으니
오는 사람 가는 사람 모두들 흙이라고 여긴다.
하지만 알아 줄 사람 있을 것이니 그 때를 기다려라.

설 명

- 위 시는 어질고 총명한 선비는 아무리 깊은 초야에 묻혀 있어도 자연히 세상에 알려진다는 겸허한 처세관을 노래한 것이다. 이는 출세를 위해 마음을 쓰기보다는 자신을 위한 수양과 학식을 넓혀 실력을 갖추어야 함을 강조한 것이라고 하겠다.

- 작자 윤두서尹斗緖는 윤선도의 증손曾孫으로, 아호雅號는 공재恭齋이다. 각 방면에 능통했던 그는 조선 후기에 당파黨派 싸움이 심해지자, 벼슬을 포기하고 시・서・화詩書畫로 생애를 보내며 뛰어난 재능을 발휘했다.

한자능력 검정시험

쓰기연습

(5급 신습한자 200자)

학습 도움

쓰기연습 안내

① 쓰기연습은 기본서 학습을 보충하기 위하여 엮은 한자 쓰기연습 교재입니다.
② 아래 설명에 따라 충실히 학습한다면 아름답고 바른 글씨는 물론, 한자의 바른 이해를 구하는 데 많은 도움이 될 것입니다.

학습방법

① 먼저 기본서를 학습도움 설명에 따라 충분히 학습하여야 합니다.
② 기본서에 수록된 평가문제를 학습하기에 앞서, 본 쓰기연습을 학습하면 복습의 효과가 있습니다.
③ 한자를 쓰는 과정에서 그 한자와 관련된 한자어를 연상하여 그 뜻을 헤아려 본다면 더 없이 좋은 학습이 될 것입니다.
④ 쓰기연습을 학습할 때에는 한 번에 9자를 쓰기보다는, 3자씩 아래로 나누어 내려쓰는 것이 바람직합니다.

✔ 5급 쓰기연습은 6급 배정한자(300자)를 제외한 5급 신습 배정한자(200자)를 본문학습 순서에 따라 실은 것입니다.

본문학습 1 ~ 2

吉	
吉(길할 길)(口)	一十士吉吉
壇	
壇(단 단)(土)	扌 圹 坾 墇 壇
兵	
兵(병사 병)(八)	𠂆 F 斤 丘 兵
勞	
勞(일할 로)(力)	𠂇 炏 𤇾 㝸 勞
德	
德(큰 덕)(彳)	彳 彳 徳 德 德
位	
位(자리 위)(人)	亻 亻 仁 信 位
害	
害(해할 해)(宀)	宀 宀 宇 宝 害
亡	
亡(망할 망)(亠)	丶 亠 亡
打	
打(칠 타)(手)	一 亅 扌 扌 打
曲	
曲(굽을 곡)(曰)	冂 冂 曲 曲 曲

도움글

「手」자는 부수로 쓰일 때에는 「扌, 才」 등으로 모양이 변하기도 하며, 「재방변」으로 읽기도 한다.

본문학습 3 ~ 4

案

案(책상 안)(木) 宀 安 安 案 案

法

法(법 법)(水) 氵 氵 汁 注 法

炭

炭(숯 탄)(火) 山 山 岸 岸 炭

示

示(보일 시)(示) 一 二 亍 示 示

終

終(마칠 종)(糸) 幺 糸 紗 終 終

船

船(배 선)(舟) 丿 月 舟 舡 船

變

變(변할 변)(言) 言 結 䜌 變 變

財

財(재물 재)(貝) 冂 目 貝 財 財

量

量(헤아릴 량)(里) 冂 昌 昌 量 量

順

順(순할 순)(頁) 丿 川 川 順 順

도움글

부수는 한자의 뜻과 대부분 연관성을 갖고 있다. 예 船 - (舟 : 배 주), 財 - (貝 : 조개 패), 勞 - (力 : 힘 력)

본문학습 5 ~ 6

價

價(값 가)(人) 亻 伒 價 價 價

以

以(써 이)(人) ㅣ ㅣ ㅣ 以 以

典

典(법 전)(八) 冂 曰 曲 曲 典

化

化(될 화)(匕) 丿 亻 亻 化

史

史(사기 사)(口) 丶 口 口 史 史

士

士(선비 사)(士) 一 十 士

局

局(판 국)(尸) ㄱ ㅋ 尸 局 局

念

念(생각 념)(心) 人 今 今 念 念

改

改(고칠 개)(攴) ㄱ ㄹ 己 改 改

最

最(가장 최)(曰) 曰 旦 旦 最 最

도움글

「化」자와 같이 모두 부수 글자[亻, 匕]로 이루어진 한자는 주의하여 부수를 가려야 한다.

본문학습 7 ~ 8

材	
材(재목 재)(木)	十 木 村 村 材
氷	
氷(얼음 빙)(水)	亅 刂 扌 氵 氷
爭	
爭(다툴 쟁)(爪)	乛 爫 乌 爭 爭
祝	
祝(빌 축)(示)	亠 礻 祀 祀 祝
罪	
罪(허물 죄)(罒)	罒 罒 罪 罪 罪
良	
良(어질 량)(艮)	乛 彐 自 良 良
說	
說(말씀 설)(言)	亠 言 訁 說 說
貯	
貯(쌓을 저)(貝)	冂 貝 貝 貯 貯
鐵	
鐵(쇠 철)(金)	金 釒 鐵 鐵 鐵
願	
願(원할 원)(頁)	厂 原 原 願 願

도움글

「氷」자는 「冰」자와 쓰임이 같은 이체자이나 서로 부수를 달리한다. 「冰」자의 부수는 「冫」이다.

본문학습 9 ~ 10

件

件(물건 건)(人) 亻 亻 亻 仁 件

任

任(맡길 임)(人) 亻 亻 仁 仟 任

再

再(두 재)(冂) 一 冂 冂 冄 再

卒

卒(마칠 졸)(十) 亠 亣 亣 卒 卒

商

商(장사 상)(口) 亠 亣 产 啇 商

奉

奉(받들 봉)(大) 三 声 夫 叁 奉

展

展(펼 전)(尸) 尸 尸 屈 屈 展

思

思(생각 사)(心) 冂 田 田 思 思

敬

敬(공경 경)(攴) 艹 苟 苟 敬 敬

期

期(기약할 기)(月) 卄 甘 其 期 期

도움글

「敬」자의 부수와 같이 「攴」자는 부수로 쓰일 때에는 「攵」으로 모양이 변하여 쓰이기도 한다.

板

板(널 판)(木) 十 木 朾 析 板

洗

洗(씻을 세)(水) 氵 氵 汢 涉 洗

牛

牛(소 우)(牛) ノ 𠂉 𠂉 牛

種

種(씨 종)(禾) 千 禾 秱 種 種

着

着(붙을 착)(目) 丷 䒑 羊 着 着

落

落(떨어질 락)(艸) 艹 艹 莎 落 落

許

許(허락할 허)(言) 亠 言 訁 訁 許

質

質(바탕 질)(貝) 厂 斤 斦 質 質

關

關(관계할 관)(門) 門 闗 闗 關 關

養

養(기를 양)(食) 䒑 关 养 養 養

도움글

「落」자의 부수와 같이 「艸」자는 부수로 쓰일 때에는 「艹, 艹」로 모양이 변하여 쓰이기도 한다.

본문학습 13 ~ 14

健

健(굳셀 건)(人) 亻亻亻亻律健

傳

傳(전할 전)(人) 亻 伸 伸 傳 傳

冷

冷(찰 랭)(冫) 冫 冷 冷 冷 冷

卓

卓(높을 탁)(十) ⺊ 占 占 卓 卓

善

善(착할 선)(口) 䒑 羊 羊 善 善

客

客(손 객)(宀) 丶 宀 宀 安 客

島

島(섬 도)(山) 丿 户 鸟 島 島

性

性(성품 성)(心) 丨 忄 忄 性 性

救

救(구원할 구)(攴) 十 求 求 求 救

朗

朗(밝을 랑)(月) 亠 彐 良 良 朗

도움글

「性」자의 부수와 같이 「心」자가 부수로 쓰일 때에는 「忄, 㣺」으로 모양이 변하여 쓰이기도 한다.

본문학습 15 ~ 16

歷

歷(지날 력)(止) 厂 厂 厤 厤 歷

漁

漁(고기잡을 어)(水) 氵 氵 洎 渔 漁

獨

獨(홀로 독)(犬) 丿 犭 犸 猬 獨

競

競(다툴 경)(立) 立 音 竞 竸 競

考

考(생각할 고)(老) 十 土 耂 耂 考

葉

葉(잎 엽)(艸) 艹 艹 苹 華 葉

識

識(알 식)(言) 言 訁 語 識 識

責

責(꾸짖을 책)(貝) 二 キ 主 青 責

陸

陸(뭍 륙)(阜) 阝 阝 阝 陆 陸

首

首(머리 수)(首) 丷 䒑 产 首 首

도움글

「獨」자의 부수와 같이 「犬(개 견)」자가 부수로 쓰일 때에는 「犭」으로 모양이 변하여 쓰이기도 한다.

본문학습 17 ~ 18

令	
令(하여금 령)(人)	丿 人 亼 今 令
停	
停(머무를 정)(人)	亻 伫 佇 停 停
凶	
凶(흉할 흉)(凵)	丿 乂 凶 凶
原	
原(언덕 원)(厂)	一 厂 盾 原 原
唱	
唱(부를 창)(口)	口 叩 唱 唱 唱
寫	
寫(베낄 사)(宀)	宀 宁 审 寫 寫
州	
州(고을 주)(巛)	丶 ⺉ 州 州 州
惡	
惡(악할 악)(心)	一 丅 亞 亞 惡
敗	
敗(패할 패)(攴)	目 貝 貝 敗 敗
望	
望(바랄 망)(月)	亠 亡 胡 望 望

도움글

「寫」자와 같이 모두 부수 글자[宀, 臼, 勹, 灬]로 이루어진 한자는 주의하여 부수를 가려야 한다.

본문학습 19 ~ 20

歲

歲(해 세)(止) 止 产 岸 歲 歲

浴

浴(목욕할 욕)(水) 氵 氵 氵 浴 浴

產

產(낳을 산)(生) 亠 立 产 彦 產

節

節(마디 절)(竹) 竹 竹 節 節 節

耳

耳(귀 이)(耳) 丆 下 F 王 耳

要

要(요긴할 요)(襾) 襾 襾 西 要 要

調

調(고를 조)(言) 言 言 訂 調 調

赤

赤(붉을 적)(赤) 十 土 赤 赤 赤

院

院(집 원)(阜) 阝 阝 阝 院 院

馬

馬(말 마)(馬) 丨 F 用 馬 馬

도움글

「院」자의 부수 「阝」자는 글자의 왼쪽에서는 「阜(언덕 부)」, 오른쪽에서는 「邑(고을 읍)」자로 쓰인다.

본문학습 21 ~ 22

倍									
倍(곱 배)(人) 亻 亻 伫 倅 倍									
他									
他(다를 타)(人) 丿 亻 仂 仲 他									
到									
到(이를 도)(刀) 𠫓 至 至 到 到									
去									
去(갈 거)(厶) 一 十 土 去 去									
品									
品(물건 품)(口) 口 口 口 品 品									
宿									
宿(잘 숙)(宀) 丶 丶 宀 宿 宿									
己									
己(몸 기)(己) ㇆ コ 己									
情									
情(뜻 정)(心) 丶 忄 忄 情 情									
效									
效(본받을 효)(攴) 亠 交 交 効 效									
格									
格(격식 격)(木) 十 木 朾 枚 格									

도움글

「宿」자는 쓰임에 따라 훈과 음이 달라지는 글자이다. (잘 숙, 별자리 수) 예 宿食(숙식), 辰宿(진수)

본문학습 23 ~ 24

止	
止(그칠 지)(止)	丨 卜 屮 止
河	
河(물 하)(水)	氵 汇 沔 河 河
當	
當(마땅 당)(田)	⺌ 尚 尚 當 當
筆	
筆(붓 필)(竹)	⺮ 竺 笙 筆 筆
臣	
臣(신하 신)(臣)	一 丆 丏 臣 臣
見	
見(볼 견)(見)	冂 冃 目 貝 見
貴	
貴(귀할 귀)(貝)	口 中 冑 貴 貴
輕	
輕(가벼울 경)(車)	亘 車 輊 輕 輕
雄	
雄(수컷 웅)(隹)	𠂇 厷 広 雄 雄
鮮	
鮮(고울 선)(魚)	各 魚 魚 魠 鮮

도움글

「鮮」자는 「곱다, 뚜렷하다, 깨끗하다, 드물다」 등으로 뜻이 다양하게 쓰이는 글자이다.

본문학습 25 ~ 26

仕

仕(섬길 사)(人) 丿 亻 仁 什 仕

兒

兒(아이 아)(儿) 丿 𠂉 臼 臼 兒

切

切(끊을 절)(刀) 一 七 切 切

參

參(참여할 참)(厶) 厶 厽 厽 叅 參

固

固(굳을 고)(口) 冂 冂 円 固 固

實

實(열매 실)(宀) 宀 宀 宀 實 實

廣

廣(넓을 광)(广) 广 广 庐 廣 廣

必

必(반드시 필)(心) 丶 ノ 义 必 必

料

料(헤아릴 료)(斗) 丷 半 米 料 料

橋

橋(다리 교)(木) 木 杧 椦 橋 橋

도움글

「切」자는 쓰임에 따라 훈과 음이 달라지는 글자이다. (끊을 절, 온통 체) 예 切實(절실), 一切(일체)

比 (견줄 비) (比)	一 ト ヒ 比 比
湖 (호수 호) (水)	氵 汁 沽 湖 湖
的 (과녁 적) (白)	白 白 白 的 的
結 (맺을 결) (糸)	糸 糸 紅 結 結
致 (이를 치) (至)	至 至 至 致 致
觀 (볼 관) (見)	艹 萑 雚 觀 觀
賣 (팔 매) (貝)	士 声 売 賣 賣
過 (지날 과) (辶)	冂 冎 咼 過 過
雨 (비 우) (雨)	一 冂 币 雨 雨
魚 (고기 어) (魚)	勹 各 角 魚 魚

도움글

「比(견줄 비)」자의 「견줄(=견주다)」은 「(둘 이상의 사물의 질·양 따위를) 서로 마주 대어 보다」는 뜻이다.

본문학습 29 ~ 30

仙

仙(신선 선)(人) 丿 亻 亻' 仙 仙

充

充(채울 충)(儿) 亠 亡 云 产 充

初

初(처음 초)(刀) 亠 衤 衤 初 初

友

友(벗 우)(又) 一 ナ 方 友

團

團(둥글 단)(口) 冂 囘 團 團 團

完

完(완전할 완)(宀) 丶 宀 宀 宀 完

序

序(차례 서)(广) 亠 广 庐 庐 序

患

患(근심 환)(心) 口 吕 串 患 患

旅

旅(나그네 려)(方) 方 方 方 旅 旅

末

末(끝 말)(木) 一 二 キ 末 末

도움글

「末(끝 말)」자의 아래 「一」자는 짧게, 「未(아닐 미)」자의 아래 「一」자는 길게 쓴다.

決

決(결단할 결)(水) 氵 氵 汀 江 泱 決

無

無(없을 무)(火) 𠂉 𠂉 無 無 無

相

相(서로 상)(目) 十 オ 木 相 相

給

給(줄 급)(糸) 幺 糸 紒 給 給

能

能(능할 능)(肉) 自 自 䏍 能 能

規

規(법 규)(見) 二 夫 規 規 規

買

買(살 매)(貝) 罒 罒 罒 買 買

選

選(가릴 선)(辶) 巳 巳 巽 巽 選

雲

雲(구름 운)(雨) 𠂊 雨 雨 雲 雲

黑

黑(검을 흑)(黑) 冂 里 里 黑 黑

도움글

「能(능할 능)」자의 「능할(=능하다)」은 「서투른 데가 없이 익숙하게 잘함」을 이르는 말이다.

본문학습 33 ~ 34

億

億(억 억)(人) 亻 伫 偣 億 億

元

元(으뜸 원)(儿) 一 二 テ 元

則

則(법칙 칙)(刀) 冂 月 貝 則 則

可

可(옳을 가)(口) 一 丁 𠮙 可 可

因

因(인할 인)(囗) 冂 冃 冄 因 因

宅

宅(집 택)(宀) 丶 宀 㝉 宅 宅

店

店(가게 점)(广) 亠 广 庀 庐 店

技

技(재주 기)(手) 扌 扌 扩 技 技

景

景(볕 경)(日) 日 旦 昌 景 景

查

査(조사할 사)(木) 十 木 杳 杳 査

도움글

「宅」자는 쓰임에 따라 음이 달라지는 글자이다. (집 택, 집 댁) 예 住宅(주택), 貴宅(귀댁)

본문학습 35 ~ 36

汽

汽(물끓는김 기)(水) 氵 氵 汽 汽 汽

熱

熱(더울 열)(火) 土 坴 坴 埶 熱

知

知(알 지)(矢) 𠂉 午 矢 知 知

練

練(익힐 련)(糸) 糸 絧 絅 紳 練

擧

擧(들 거)(手) 𦥑 與 與 舉 擧

課

課(공부할 과)(言) 言 言 誯 課 課

費

費(쓸 비)(貝) 5급 一 ㄱ 弓 弗 費

週

週(주일 주)(辶) 冂 用 周 调 週

領

領(거느릴 령)(頁) 令 令 領 領 領

鼻

鼻(코 비)(鼻) 白 白 鼻 畠 鼻

도움글

「熱」자의 부수인 「火」자는 부수로 쓰일 때에는 「灬」로 변하여 쓰이기도 한다.

본문학습 37 ~ 38

한자	뜻과 음 (부수)	필순
偉	偉(클 위)(人)	亻' 伫 偉 偉 偉
具	具(갖출 구)(八)	冂 目 且 具 具
加	加(더할 가)(力)	ㄱ 力 加 加 加
告	告(고할 고)(口)	丿 牛 生 告 告
基	基(터 기)(土)	甘 甘 其 基 基
寒	寒(찰 한)(宀)	宀 宀 宙 実 寒
建	建(세울 건)(廴)	ㄱ ㅋ 申 聿 建
操	操(잡을 조)(手)	扌 扩 押 搡 操
曜	曜(빛날 요)(日)	日 旫 晭 曜 曜
束	束(묶을 속)(木)	一 口 申 束 束

도움글

「基(터 기)」자의 「터」는 「자리나 장소, 또는 활동의 토대나 일이 이루어지는 밑자리」를 뜻하는 말이다.

본문학습 39 ~ 40

한자	훈음 (부수)	필순
流	流(흐를 류)(水)	氵 汒 泫 浐 流
災	災(재앙 재)(火)	巛 巛 巛 災 災
福	福(복 복)(示)	礻 礻 祀 福 福
約	約(맺을 약)(糸)	纟 纟 糹 約 約
舊	舊(예 구)(臼)	艹 萑 萑 舊 舊
談	談(말씀 담)(言)	言 言 訁 談 談
賞	賞(상줄 상)(貝)	䒑 尚 尚 賞 賞
都	都(도읍 도)(邑)	土 耂 者 都 都
類	類(무리 류)(頁)	米 类 类 類 類
屋	屋(집 옥)(尸)	尸 尸 尸 层 屋

도움글

「都」자의 부수인 「阝」자는 글자의 오른쪽에서는 「邑(읍)」으로, 왼쪽에서는 「阜(부)」로 읽는다.

한자능력 검정시험
5급(5급II 포함)

- **인 쇄** · 2024년 4월 1일
- **발 행** · 2024년 4월 10일

- **엮은이** · 원 기 춘
- **발행인** · 최 현 동
- **발행처** · 신 지 원

- **주 소** · 07532
  서울특별시 강서구 양천로 551-17, 813호(가양동, 한화비[illegible]트로 1차)

- **T E L** · (02) 2013-8080~1
  F A X · (02) 2013-8090
- **등 록** · 제16-1242호

정가 18,000원

ISBN 979-11-6633-409-2 15710